谨以此书纪念彭德怀元帅诞辰120周年

（1898—2018）

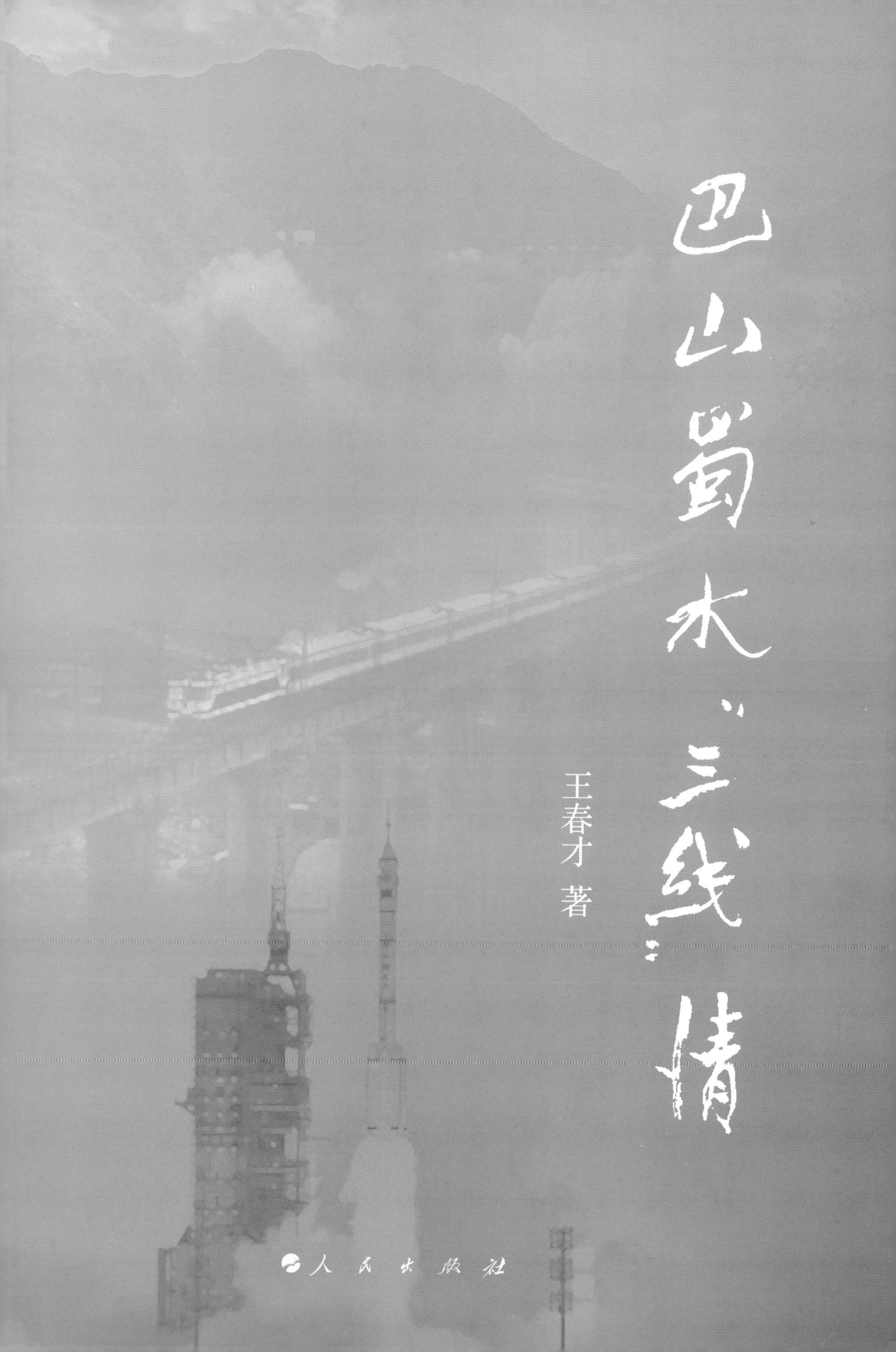

巴山蜀水三线情

王春才 著

人民出版社

代 序

王春瑜

　　家兄春才的这本集子，是我建议他以《巴山蜀水"三线"情》作为书名的。本来，陈荒煤老人生前就已给本书题签：《我写彭德怀》。这当然是我很早就知道的。陈老也熟悉我，1994年我们在一起座谈《彭德怀在"三线"》电影剧本。才兄为此向一些友人咨询，说法不一，他犹豫了一阵，权衡再三后，还是采纳了我的建议。

　　本书的篇什，是描写彭德怀元帅忍辱负重，在"三线"的种种逸事，以及为搜集、钩沉彭总的往事，而采访一个又一个知情者的琐闻。而无论是前者，还是后者，都不能不是在一个特定的历史氛围中发生并延续的。彭总因敢于说真话，为民请命，被罢了官；"文化大革命"中仍不肯放过，将他押回北京，批斗、隔离、折磨，居然将他的骨灰改名换姓，再一次放逐到这"血染枝头恨正长"的望帝故都来。呵！产生过多少英雄豪杰、忠臣良将、文星诗仙的巴山蜀水，载负一代元戎、千古忠良的彭总的骨灰及辛酸往事，难道不觉得过于沉重了吗？山无语，只有奔腾不息的蜀水的惊涛拍岸，似乎让我们听到了它为彭总痛哭、抗争、咆哮。在艰难岁月里，彭总几乎踏遍巴山蜀水，献出他对祖国、人民的一片赤子之心。

　　春才兄的这些文章，实际上是追寻他当年的足迹。这是很有历史价值的，让当代及后代的有心人，毋忘在人民共和国发生的巨大悲剧，时刻警惕以任何形式出现的历史悲剧的重演；毋忘彭总的铮铮铁骨、高风亮节，他才是大写的"中国人"！因此，才兄在繁忙的行政工作之余，挤出了别人打扑克、搓麻将、喝咖啡的时间，积沙成塔，在写成曾产生过广泛社会影响的《彭德怀在"三线"》一书后，又完成了这部书，他的精力绝没有白费。

当然，在21世纪之初，我们应当站在更高的历史高度，去看待、思考彭总的悲剧。历史上曾不断发生"一代名将史，千年孤臣泪"。2000年，我在上海、北京的学术讨论会上说，回顾20世纪，如果我们不能在政治文化方面走出龙的阴影，也就是封建专制主义残余的阴影，我们在21世纪就难以阔步前进。我想，到21世纪的中叶或末叶，那时的读者来读才兄的这部书，就会发现，我们的民族，曾经迈着多么艰辛、沉重的脚步！因此，彼时彼地，本书仍然不会失去它的价值。

春才兄仅比我大三岁，我们是同时上小学、读初中的，因家贫，不仅合盖过一条被子，甚至合穿过一条裤子。语曰："一娘生九等。"有趣的是，无论是在小学，还是在初中，他的算术、数学很好，语文则较差；而我语文一向很不错，但数理化的成绩，一向离及格"隔三差五"。想不到无论是他还是我，在1978年党的十一届三中全会以后，在正业之外，拿起笔，干起了文学副业，并被社会承认，成了作家。这使我感到特别欣慰。除了社会条件外，没有父母含辛茹苦的培育，没有长兄王荫的关爱、启蒙，无论是才兄还是我，都不会有今天的成绩。我这些心中的话，肯定也是才兄心中的话。"前人栽树，后人乘凉"，先辈大德，岂能相忘！

王春瑜

2016年5月

（注：王春瑜现为中国社会科学院历史研究员、历史学家、杂文家、中国作家协会会员、中国出版集团学术顾问、宁波市廉正文化研究会顾问。）

目　录

附　录

上篇

彭总丹心昭日月

一、彭德怀向毛泽东主席保证自食其力

1959 年 7 月中旬，在党中央召开的庐山会议上，彭德怀根据他深入群众、实地视察的所见所闻，针对"大跃进"与人民公社工作中存在的问题、给国家带来的困难，为民请命，坦率地提出了自己的看法和意见。但意见未被接受，反而受到了错误的批判，被打成"右倾机会主义反党集团"，紧接着便被免去了国防部长等职务。

彭德怀回到北京后，中共中央开了一个月的军委扩大会议。全军高级干部 1000 余人对彭德怀的批判刚结束，彭德怀就让妻子浦安修去找中共中央办公厅主任杨尚昆，提出他搬出中南海的

1953 年 5 月 17 日，刘少奇、彭德怀、王光美、浦安修等同志在中南海瀛台散步

要求。他对妻子说："我没有工作了，中南海也没有活动的地方，再住会玷污党中央的声誉。你说我请求找个能劳动的地方住，实现我对毛主席的保证：劳动生产，自食其力。锄头一响，不愁吃穿。"

中南海从 1949 年以来，就是中国共产党和新生的人民共和国核心领导人物的住地，是搏动着党和国家心脏的地方。彭德怀在这里住了 7 年多。从 11 岁离家给富农刘十六家放牛以来，他的一生是在谋生的奔波与战争的搏杀中度过的。中南海，这是他从小离家以来驻留最久的地方。1959 年 9 月 30 日中华人民共和国成立 10 周年的前夕，彭德怀举家从中南海永福堂迁出。新的去处是北京西郊颐和园附近的挂甲屯吴家花园。

几天前，他把崭新的蔚蓝色元帅服、狐皮军大衣、几件军装、几枚勋章、一幅辛亥革命元老廖仲恺夫人何香凝绘赠的猛虎图，上交给了党中央。留下书籍、必要的换洗衣服和日常用品，还有几件具有特殊纪念意义的东西：一支左轮手枪、一枚红星勋章、一包历史资料、八块红军时代保存下来的分"伙食尾子"所得的银圆。他将要开始一种从来没有体验过的生活——离群索居，闭门思"过"、

1956 年 9 月，中共中央政治局委员彭德怀和毛泽东主席、周恩来副主席在中国共产党第八次全国代表大会上

2007 年 11 月 30 日，92 岁的原西南"三线"建委机械局副局长郭万夫，接受笔者采访。他 1933 年参加革命，1937 年担任八路军先遣支队第一大队政治部主任，有幸经常接触八路军副总司令彭德怀。在西南"三线"建委工作期间，郭万夫与彭德怀同住永兴巷 7 号。郭万夫讲，他有 7 个儿女，彭德怀没有儿女，生活简朴，在院内还种菜，讲起这事，两位老人伤心地哭了

劳动、自食其力。彭德怀被罢官之后，给毛泽东写了一封信，谈他今后的打算是，读一点马列主义著作，做一些社会调查，参加一些劳动，自食其力。毛泽东对前两条表示同意，对第三条则认为他年纪大了，不必了。

（原载《彭德怀"三线"岁月》，中国文史出版社 2013 年版）

二、在广安看"干打垒"

——彭德怀和周万松

四川省广安县是邓小平的家乡，也是彭德怀川东之行的第二站。1965年12月14日上午，彭德怀在第五机械工业部副部长朱光、西南"三线"建委副秘书长杨沛等人陪同下，来到了广安县华蓥山天池，国营华光仪器厂（308厂）就建在这里。这是一座普通的军工厂，它是西南"三线"建委、川东"三线"指挥部抓的走工农结合、厂社结合的路子，学大庆搞"干打垒"的典型，名声在外。虽然内部有规定不让彭德怀接触军工，但这是刚刚开始建设的大工地，朱光副部长还是热情地陪他来工地视察了。

彭德怀驱车来到天池旁的华光仪器厂工地，广安县代县长石永寿、华光仪器厂党委书记、厂长、建厂指挥长周万松前来迎接。彭德怀见天池水面宽阔，心旷神怡，高兴地问："天池这地方有多高？"石永寿回答："大约海拔680米。"彭德怀点点头说："这地方好，有这么个大自然湖，真是靠山近水扎大营的好地方。"他又指着天池湖面上的小岛问："上面有社员住吗？"石永寿回答："没有社员住。小岛是一个公园，原是四川都督蒲殿俊发起募捐修的。那些房子是管理公园的人住的，周围还有桂花林，您去不去看？"彭德怀说："下次来。先看看工厂'干打垒'。"

彭德怀一行来到华光仪器厂工地，工厂处于初建阶段，条件艰苦，先遣职工只能借住在农民家中。工地上，上千名职工、民工在开山、平地、修路、改土造田。彭德怀来到刚盖好的几幢"干打垒"房子前，颇感兴趣地问："搞'干打垒'此地土质如何？"周万松书

1965 年 11 月 30 日，彭德怀（左三）奉命复出，离开北京到成都担任西南"三线"建委第三副主任，12 月 14 日在五机部副部长、西南"三线"建委常委朱光将军陪同下赶到四川省广安县华蓥山视察正在抢建的"三线"338 厂（国营明光仪器厂）、308 厂（国营华光仪器厂）工地。那特殊的年代，上面规定不准为彭德怀照相。338 厂厂办王干事，手握该厂生产的珠江牌照相机，悄悄抢拍了彭德怀在厂区爬山的情景

记挥长说："此地土质又黏又硬，打的土墙很结实，里面还加上竹筋、石灰，很坚固。"他又问："这些材料是哪里来的？"周指挥长说："是向当地农民买的，农民自动送到现场。竹子满山遍野，取之不尽。石灰是农民烧的。因华蓥山都是石灰岩层，农民都会烧石灰，加之天池一带山里到处都有煤，农民自己挖煤自己烧，很便宜，三四元一吨。"彭德怀又问道："这些砌房子的工人是哪里来的？"周指挥长说："都是当地农村的木匠、石匠、瓦匠、砖匠、泥水匠，总称为五匠，他们既有造房经验，又能吃苦，不计条件，很会造土墙房子。"彭德怀走近墙边，用力推了一下，感到确实很坚固，表示满意。彭德怀点点头又问道："每平方米造价是多少？"周指挥长说："每平方米造价 25 元。"彭德怀思索了一下，赞同地说："可以，不算贵。为了准备打仗，你们在山中扎大营，土洋结合，建了大片营房，职工有了住处。"

彭德怀又走上山坡，站在高处，俯视工厂，他见整个建设没有占用良田沃土，称赞道："因地制宜，不与农民争地，群众就拥护我们办工厂了，打起仗来，他们会保护工厂的。"当他看到排列整齐的"干打垒"房子，再次强调说："就地取材造价便宜，就地

1965 年 12 月 14 日，南充地区广安县县长石永寿陪同西南 "三线" 建委第三副主任彭德怀视察广安 "三线" 建设中的 308 厂、338 厂。"文化大革命" 中惨遭批斗腰骨被打断，全家人受苦。粉碎 "四人帮" 后，石永寿被平反安排在南充绢纺厂任厂长。此为石永寿夫妇合影

雇工修起来快；这能体现投资小、见效快搞建设的精神。"他与周指挥长一行并肩走下山来，又问："'干打垒'房子能住多少年？"周指挥长扶着彭德怀边走边说："根据当地农民的经验，修修补补可以住两代人。冬天暖和，夏天凉爽。"彭德怀点头挥手感慨地说："你们发扬了延安艰苦奋斗的作风，学习大庆，自力更生搞建设，现场工作搞得好呀。四川人口多，山地多，平地少，建厂要想到农民，修路、接电、接水要让农民受益。这样，可以缩小城乡差别。职工从城里来住'干打垒'不习惯，生产发展了，条件好了，再盖高楼嘛！"彭德怀的话虽不多，但是讲得很实在，他时时想的是群众利益。

彭德怀参观工地与 "干打垒" 后，转身又回到停车的地方，再次远眺天池，秀丽的风景、银白的水面深深地吸引了他。石永寿借机向彭德怀再次汇报说："县委决定把天池好好整修一下，同时把池里的水用来灌山下的田，这样，天池用处就大了。"彭德怀听后赞同说："对，这个想法很好。"石永寿接着说："我们还给邓小平总书记写了信，汇报了这个情况，小平同志得知后，很赞成我们的想法，叫我们把天池湖搞好，听说他还要回来看看呢。"

彭德怀听后爽朗地笑开了，说："你们的想法是对的，水稻要有水才行，一定要尽快搞好，等总书记回来看看。你们县里还有什么困难，厂里也可以帮助解决，农民支援了工厂，工厂也应该支援农民嘛。"这时陪同参观的朱光副部长与厂党委书记周万松也连声表示："对，我们照办。"

彭德怀又问石永寿："华蓥山还有什么矿藏？"石永寿回答："有煤、硫黄、铁、磷矿石等，还有石灰石满山都是。"彭德怀得知煤

的蕴藏量很丰富时，他说："好，铁路可以修到这里，这里不光搞一个机械工业基地，还可以搞一个能源基地，你们要好好建设。当前，县里要把'三线'建设当大事来抓，你们与工厂配合得不错，华光仪器厂建设快，'干打垒'质量好。"临行前彭德怀与周万松指挥长握手告别，朱光副部长向彭德怀介绍说："周万松同志原在北京五机部一个情报所任所长，1958年调到成都光明器材厂任党委书记，这次又来支援"三线"建设，他是江苏淮阴人。"彭德怀听了朱光一席话后，再次与周万松握手，并高兴地说："噢，你是周总理的老乡，好啊！你是南征北战，好人好马上'三线'！"在场的人都开心地笑了。周万松激动地目送着彭德怀一行的小车在高山深处消失。

1965年国家第五机械工业部副部长、西南"三线"建委常委朱光将军（前第一人）在四川省广安县华蓥山为308厂、338厂选厂址。1965年12月14日陪西南"三线"建委第三副主任彭德怀视察308厂、338厂建设工地

（原载《彭德怀在"三线"》，四川省社会科学院出版社1988年版）

三、马识途夜访彭老总

四川省作家协会主席、著名老作家马识途同志，虽然已是93岁高龄，但身体健康，思维清晰，笔耕不辍，为人彬彬有礼，话语亲切。2007年4月23日他向笔者回忆起42年前在南充夜访彭德怀元帅的情景。

1965年12月15日，彭德怀考察南充炼油厂和南充丝绸厂，住在南充莲花池宾馆。碰巧，作为西南局下放干部，马识途也住在那里。他有一种强烈的愿望，要去看望彭总。马识途趁着彭总一个人在房间里休息的时候，闯了进去，自我介绍是西南局宣传部的干部，彭总接待了他。彭总身着陈旧的黑色粗呢制服，脚蹬一双黑色布鞋，显得朴素、沉稳而坚定。

马识途和彭德怀围坐在小火炉前，随意攀谈起来。彭德怀是贫苦农民出身，到了哪里总是关心农民的生活。他知道马识途正在农村走动搞调研，便问他所到的乡下农民生活情况。马识途是位敢讲真话的领导干部，他对彭德怀如实地说："我们穿着四个兜的干净的制服，每天在招待所吃着几荤几素的伙食，哪里知道有的社员还是穿得巾巾吊吊，吃的汤汤水水(方言，大意指吃不饱，穿不暖)？"

彭德怀见马识途敢于直言，便对他有了好感，谈话更随便一些了。马识途把搞"四清"时的狼狈情况告诉他。那时发动社员诉苦，社员把他们那里饿死人说成是由于自然灾害造成的，彭德怀听了很不悦，于是又反问马识途："那几年四川农村情况有那么严重吗？"马识途说，那几年四川好像比外省更要困难一些。四川"人民公社"办的食堂比别的省多坚持了几个月，因此多饿死了一些人。另外，据社员说，那几年征购粮食征得太多，把他们的口粮弄得没有多少了，有的地方征粮简直是翻箱倒柜，整得鸡飞狗跳。有的地方关系紧张到社员反抗，不得不派武装民兵去镇压。彭德怀问："怎么闹得那么严重？"马识途说这是吃了好大喜功的亏。上面强迫命令，硬往下压指标，下面为了争表现，迎合领导，便弄虚作假，谎报产量，上面就向四川多征购了数十亿斤粮食，向上级说了大话，就要兑现，不得不把社员的口粮也征购进去。这样一来，哪有不饿死人的？

说到这里，他们的话题自然就转到"大跃进"搞浮夸以致庐山会议的事。彭德怀说他在庐山会议上的发言，是调查了实际情况才说的，他说他哪里想反对毛主席，只是毛主席想搞快点，他想搞慢点，快慢之争罢了。没想过问题有那么严重，以致毛主席说他彭德怀再带兵，他就要上山打游击，话说得那么重，他还敢说什么？只得认错，结果给他头上戴上一顶"右倾机会主义"帽子。

马识途说："你认错，被戴上帽子倒也罢了，却给四川好多干部也带来一顶'右倾机会主义分子'的帽子。"彭德怀莫名其妙地

2007 年 4 月 23 日，电子工业部原部长、国务院"三线"办副主任、西南"三线"建委副主任钱敏（92 岁，中）与四川省作家协会主席、著名老作家、书法家马识途（右，93 岁），原国家计委"三线"办主任、作家王春才在成都合影。回忆 1965 年到 1966 年与西南"三线"建委第三副主任彭德怀接触的往事。（杨显光　摄）

看着马识途，等他解开这个谜。马识途把庐山会议后全国开展捉"右倾机会主义分子"运动，四川搞了一个特别做法的情况对彭德怀说了。他说："当时在四川捉'右倾机会主义分子'，搞得风声鹤唳，人人自危，因为四川搞这个运动有创造性的发展，采取'突然袭击'的办法。就是把党政机关的领导干部集中起来，先不告诉庐山会议的内情，把你彭德怀和张闻天的发言稿发给大家讨论，大家以为你们都是中央领导同志，说话一般不会有错，而且你们的发言，可以说正中大家下怀，于是纷纷表态拥护，并且被记录在案。这下好了，按发言记录捉'右倾机会主义'分子，一抓一大把，得心应手，成绩斐然，可这批干部就苦了。"

彭德怀听了眉头越皱越紧，他说："我还没有想到我彭德怀一个人犯错误，会给你们四川的干部带来灾难。"

马识途说："这哪能怪你彭总，不过后来又搞'一风吹'，那些'右倾机会主义分子'都不算数才解决了。"彭德怀听了不觉哑然失笑。

当时，全国主要报纸都刊登批《海瑞罢官》的文章，实际上是

2005 年 1 月 28 日，91 岁高龄的四川省作家协会主席马识途（左）在成都华兴正街悦来茶楼作家迎春茶话会上与《彭德怀在"三线"》作者、作家王春才合影

批判彭德怀，为了划清界限，一些领导干部尽量回避他。而马识途认为彭德怀到"三线"工作，是逆境受命气犹壮，为国为民心无私，不顾67岁高龄，忍辱负重巡视"三线"建设工地的举动，深深感动了他，所以他甘冒政治上的风险看望彭德怀，与他谈心。彭德怀心情很激动，从中得到了宽慰。要是彭德怀知道马识途还是一位知名作家，他会更高兴的。因为彭德怀一贯尊重人民作家，在抗日战争年代，他在一些人的反对声中，批准作家赵树理出版了《小二黑结婚》的书，成为名著，在文艺界传为佳话。

李井泉在西南局机关一次中层干部会议上打过招呼："毛主席对我有交代，彭德怀同志到西南'三线'工作，要支持。"李井泉又说，彭德怀同志有什么情况要及时向他报告。马识途听了这话心里很不舒服，深感上面对彭总仍然不信任。两个月后，马识途由南充回成都过春节，正月初二，西南局机关在永兴巷7号小礼堂举行春节联欢会，马识途再次见到了彭总，眼见西南局头头很不知趣，坐在前几排沙发上，而彭总与中层干部一样，坐在后几排木椅上，头头们对彭总很冷淡。节目开演后，彭总趁灯光暗下时，悄悄从旁门退出去了。从那以后，马识途再也没有见到彭德怀了。

马老很珍视他与彭总在南充的那次会见，后来还作了一首七律诗，并写成回忆文章，收入《马识途文集》。记得1991年秋天，马老在他家中接待了作家、编审沈重同志与笔者，他高兴地谈起在南充、成都见到彭德怀的情景，又说他已看了笔者著的《元帅的最后岁月——彭德怀在"三线"》的书，鼓励笔者改编成电影，他还对有关领导、编导打了招呼。在马老关心指导下，1996年3月18日，由中共四川省委党史研究室与北京电影制片厂共同摄制的《彭德怀在"三线"》影片在人民大会堂举行了隆重的首映式。

4月2日，中共四川省委宣传部长席义方同志，又邀请省里领导同志在峨影厂电影放映厅观看《彭德怀在"三线"》，马识途同志在座谈会上谈了观感："这是一部好电影，也是一首正气歌，再现了彭总在'三线'的高风亮节，他不仅关心工业，而且关心农业，关心农民温饱,一些情节很感人。"

2008 年 10 月 24 日是彭德怀元帅诞辰 110 周年,四川人民出版社决定修订再版《元帅的最后岁月——彭德怀在"三线"》一书,笔者请马老题词,他满口答应了。2007 年 5 月 15 日,笔者荣幸地收到了马老用毛笔写在宣纸上的一首七律诗,是颂扬彭总的。抄录如下:

彭大将军谁复识,灯前白发老衰翁。

为民请命千秋范,立马横刀百代功。

皎皎易污随处是,峣峣必折古今同。

任他朔北霜风劲,岂撼长城铁甲松。

(原载《纵横》2008 年第 3 期)

四、彭总在"三线"

1959 年庐山会议之后，彭德怀同志便被罢官免职。他把元帅制服交给军委办公厅后，把家从北京中南海永福堂东房迁到了西郊挂甲屯吴家花园。他高兴地对工作人员与警卫班的战士说："锄头一响，不愁吃穿！"在吴家花园，彭德怀除了劳动之外，就是看书、看报、看文件，每星期还抽出时间参加高级党校学习。他不仅自己学习，而且也要警卫参谋景希珍、秘书綦魁英、司机赵凤池刻苦学习，并安排他们在党校学习文化课。在彭德怀带领下，吴家花园不但成为一个生产劳动的场所，同时也成为一所培养干部的学校。这种村民式的生活，一晃就过了 6 年。1965 年 9 月 11 日，秘书綦魁英跑到田间向他报告：彭真同志来电话，要在人民大会堂会见他。彭真同志时任中共中央政治局委员、书记处书记。他在人民大会堂向彭德怀传达了党中央作出"三线"建设部署的决定，特别传达了毛泽东主席的意见，要他到成都抓西南大"三线"建设。这时的彭德怀陷入了巨大的矛盾、痛苦之中：庐山会议加在他头上的那顶"三反分子"的帽子重如大山；1962 年 6 月 16 日他又向党中央、毛主席上书八万言，陈述心声，可仍在挂甲屯种地务农；党的八届八中全会《关于以彭德怀同志为首的反党集团的错误的决议》尚在，他怎么出来工作？他向彭真讲了许多心里话，表示不愿干这个差使。后来，他告诉身边的工作人员："我不能答应啊！我不懂工业，也不想搞和军队有关的事，因为我早与军队脱离关系了。"当天晚上，他给毛泽东写了封信，表示下决心当一辈子农民，回老家或到外地国营农场去种地。这位戎马半生的元帅，对"三线"建设的重要性是非常清楚的，可对于去大"三线"工作的问题，他的思想斗争仍然是激烈的。

毛泽东听了彭真的汇报，又收到了中央机要局转来的彭德怀的信，多少感到有些不安。毛泽东决定亲自找彭德怀谈谈。

1965 年 9 月 23 日清晨，彭德怀从果林里散步回来，还未进门，綦魁英就听到电话铃响。他拿起话筒，一听是毛泽东办公室打来的，主席要亲自与彭总见面。这时，彭德怀进门了，有点意外，接过话筒，传来了毛主席秘书的声音："彭总吗？你现在来吧，毛主席等你。"

毛泽东在颐年堂门前静静等候老战友。颐年堂是毛泽东主持重要会议与会客的地方。9 时许，一辆黑色轿车开来了，彭德怀走下车，一眼见到毛主席，激动不已，疾步迎了上去。毛泽东微笑着伸手向彭德怀走来，两双大手紧紧地握着，两对目光亲切地端详着。

毛泽东的书房里到处堆放着各类书籍。坐下之后，毛泽东点燃一支烟，彭德怀也点上一支。

"记得你早已戒烟了嘛！"毛泽东笑着说。

"是戒了。在庐山时又抽上了，很凶。"彭德怀说着深深地吸了一口。

毛泽东以略带责备的口气说："你这个人哪，还是那个犟脾气！平时总不来，好长时间也

1966 年 4 月 1 日，彭德怀在渡口市建设副总指挥李非平陪同下，来到了渡口市太平洋平峒，彭德怀进峒走一段，李非平劝他不要再往里走并说："巷道才开不久，不安全。"彭德怀叮嘱李非平说："煤矿巷道支撑不能马虎，要绝对保证工人生产安全。"

不写信，写信不写则已，一写就是几万言。你为什么不打个电话来，写个纸条来，花那么大工夫写长信干什么？你费了力气，我也看不大懂，彼此都不满意，何苦？我们还要谈谈，吵架可以，骂娘可以，你有话可以说，你还是政治局委员嘛，你还是我们的同志嘛！"

毛泽东吸了几口烟，沉默片刻，接着说："历史上，真正的同志绝不是什么争论都没有，不是从始到终，从生到死都是一致的，有争论，有分歧不要紧，要服从真理，要顾全大局，大局面前要把个人意见放一放。所以，你来了，我欢迎！"

彭德怀说："我是无事不登三宝殿呀，主席。"

毛泽东摆了摆手："不要这么说嘛，我这里你随时都可以来。今天还有少奇、小平、彭真同志，等一会儿也来参加。恩来去接西哈努克，所以不能来。我们一起谈谈吧！"

在谈到派彭德怀去"三线"时，毛泽东说，现在要建设大小"三线"，准备战争。按比例，西南投资最多，战略后方也特别重要。你去西南是合适的。西南地区有各种资源，地理也适宜，大有作为。你去也许会搞出一点名堂来。建立党的统一领导，李井泉为主，你为副，还有程子华。将来还可以带兵去打仗，以便恢复名誉。

听到"名誉"二字，彭德怀脸上掠过一丝淡淡苦笑，说："我已经被批臭了，还是不去好。背着这一身'臭名'怎么去？到了那里，接触群众不方便，人家接触我也不方便。再说，在庐山会议时，我向你作过三条保证。"

毛泽东问："哪三条？"

彭德怀说："在任何情况下不会做反革命；在任何情况下不会自杀；今后工作不好做了，劳动生产，自食其力。"

毛泽东深深地吸着烟，微微点了点头说："你说的三条保证，后面两条我还记得。老彭，庐山会议已经过去了，现在看来，也许真理在你那边。让历史去做结论吧！你也不要发牢骚，不要把事情弄得一成不变，臭了还可以香起来嘛！对你的事，看来是批评过了，等几年再说吧。但你自己不要等，要振作，要把力气用到办事情上去。我没有忘了你。日久见人心，这些年我一直想你的事。我们共事几十年了，不要庐山一别，分手到底。我们都是六七十岁的人了，应当为后代多想事，多出力。我们再一起往前走吧！派你去西南，这是党的决定，如有人不同意，要他同我来谈。我过去反对你彭德怀同志是积极的，现在支持你也是诚心诚意的。对你老彭的看法应当是一分为二，我自己也是这样。为什么一个人犯了错误，一定要否定一切呢？你搞军事工作多年，"三线" 建设与军事有密切关系，让你到西南 "三线" 任副总指挥，对你没有什么保密的，你想看什么地方就看什么地方。"

彭德怀认真地听着，不住地点头。

毛泽东高兴地继续说："德怀，你还是去西南吧！我让少奇、小平同志召集西南地区有关同志开一次会，把问题讲清楚。我送你几句话：既往不咎，意见保留，努力工作，作出成绩，必要时带兵去打仗。"

听了毛泽东的这番话，彭德怀的气消了，马上表态："主席，我听你的，我去西南！"

12 点钟，刘少奇、邓小平、彭真等中央领导来到颐年堂，他们与彭德怀紧紧握手，相互问候，场面十分感人。下午 3 点左右，毛泽东、刘少奇、朱德、陈云、邓小平、彭真、陈毅等中央领导送彭德怀走出丰泽园，在轿车边一一与他握手告别。

彭德怀返回住地后，将身边工作人员召集在一块，向大家传达了与毛泽东会见的情况。他说："我很快就要到西南大 "三线" 去了，感谢你们这些年来对我的关怀和照顾。现在好了，我和你们总算解放了。你们还年轻，我准备给组织讲一讲，离开我吧！或去住住学校，或下部队锻炼锻炼，这对你们是有好处的……"

没等他说完，大家就议论开了，纷纷表示不愿离开他。

翌日，彭德怀跑到中央办公厅找到办公厅主任杨尚昆，谈了去西南的安排之后，便讲到工作人员的去向问题。杨尚昆马上将此事报告给邓小平。邓小平指示：在家的全跟着去。几天后，中央办公厅正式通知：景希珍、綦魁英、赵凤池随彭德怀同志去西南"三线"建设委员会工作，随带家属，供给关系转到成都军区。

得知消息后，三人激动万分，把彭德怀围在中间，差点把他抬起来。彭德怀向他们下达命令：马上投入去西南的准备工作。

彭德怀知道綦魁英家中有个聋哑小女儿芳芳，他不放心，亲自打电话给中央办公厅，询问西南有没有聋哑学校，如果没有，就不让綦魁英去了，叫西南局另配秘书。中央办公厅来电话说，成都有聋哑学校。彭德怀将这一消息告诉綦魁英后，綦魁英感动得久久说不出话来。

这天清晨，杨尚昆突然打来电话，通知彭德怀到中南海怀仁堂小礼堂出席一个会议。

会议由邓小平主持。这是毛泽东主席委托召开的一个特别会议，中央部分领导及有关部委负责人、西南局、西南"三线"建委以及四川省领导人参加了会议。李井泉、程子华、吕正操、阎秀峰、李大章、廖志高、任白戈等分别在会上介绍了西南大"三线"

1966年4月1日，彭德怀视察渡口市时，正在举行攀枝花铁矿正岇开工誓师大会。岇上横幅大标语为："把毛主席的书当作我们各项工作的最高指示！"

的建设准备情况。刘少奇转达了毛泽东要大家支持彭德怀工作的意见,"毛主席说,要注意,彭德怀同志有什么意见,你们不要阻拦他,让他提,让他送来。"

彭德怀沉浸在多年不曾有过的临战前摩拳擦掌的兴奋惬意之中。美中不足的是,他一直没有见到周恩来总理。彭德怀几次要通总理办公室电话,可周恩来总是不在家,他不免有点伤感:"人人都忙,总理更忙,可我彭德怀却闲待了6年,惭愧呀!"

周恩来一直惦念着彭德怀。一天饭后,周恩来亲自打来电话,请彭德怀马上去中南海家里。碰巧,彭德怀的司机不在家,他只好给总理回电话:"总理,我的车驶不动了,改日再拜访您吧!"

周恩来说:"你的车驶不动,就用我的车去驶你,这叫舍车保帅嘛!"

在总理家,周恩来和邓颖超热情地接待了他。彭德怀把与毛泽东会见的情景叙述了一番,周恩来听后很高兴:"主席说得对,不能分手分到底,要团结,'风物长宜放眼量'嘛,我们前面有很多的大事业等待我们去完成,'三线'建设主席很重视啊,建设不起来,他睡不好觉,希望你振作精神,再立新功!"

彭德怀的夫人浦安修在北京师范大学工作,她为彭德怀重新工作而高兴,紧张地为彭德怀收拾行装,在家中为他送行。

彭德怀与挂甲屯的乡亲们有着很深厚的感情,现在要与他们分别了,真有点恋恋不舍。他说:"在挂甲屯我是如鱼得水,没有群众,我这条'鱼'恐怕早成鱼干了。"

6年来,他与挂甲屯的乡亲们朝夕相处,最使挂甲屯乡亲们不能忘怀的是"彭村长"解决了全屯群众的吃水问题。乡亲们感动地说,这叫"青天水"。如今,他又获得了重新为人民服务的机会。他怀着一种欣慰心情,在家中举行了一个朴素的告别宴会。被邀请来的乡亲们为他再度走马上任而高兴,频频举杯,祝他宝刀不老,再建奇功。

彭德怀一切准备就绪,急于出征。可是,一个月过去了,冬天又来临了，他仍没动身。彭德怀默默不语，一脸的惆怅与凄迷。最后他对人说："看来我又难以起来了，有什么好准备的，打着铺盖卷走就是了，可现在还未得到起程通知，我急于上'三线'哟！"

中共中央西南局书记、西南"三线"建委第一副主任程子华很重视他的老首长彭德怀来建委工作。1965年11月中旬在秘书陪同下，专程由成都乘飞机赶到北京，两次去吴家花园看望彭德怀，向他介绍西南大"三线"建设进展情况，欢迎他早日赴任。彭德怀听后更坐不住了，让秘书綦魁英向有关方面催问启程日期。11月25日，彭德怀终于接到中央办公厅通知，他可以近期赴川。他马上确定了启程日期：1965年11月28日离京赴川。这日子对于彭德怀的一生太重要了。15年前，他率领志愿军赴朝鲜抗美援朝，是为了保家卫国；15年后的现在，他出征"三线"备战，特别是在挂甲屯闲住6年后重新工作，那种高兴的劲头更不用说了。

挂甲屯的乡亲们拥到车站为彭德怀送行，当列车缓缓开动时，送行的队伍里传出哭声。

彭德怀再次踏上征途。

列车到达成都已是11月30日上午8点多钟。彭德怀被安排住在永兴巷7号。彭德怀来成都时，"三线"筹备工作已拉开序幕。

"三线"建委专门安排了留守机关的杨沛副秘书长向彭德怀汇报"三线"建设情况。汇报整整用了5天时间。汇报结束时，同志们请彭德怀作点指示。他谦虚地说："我没有搞过工业，对'二线'建设是外行，李井泉主任、程子华和其他几位副主任搞工业多年，情况熟悉，又有经验。毛主席派我来，我来了，向大家学习。你们来得早，又是专家，不懂的再向你们请教。"他从沙发上站起来，背着手，踱着步，沉思了一会儿，停下来对汇报的干部讲："听了几天的情况介绍，西南大'三线'是重要的战略后方，要加快建设。项目很多，按中央部署，重点是明确的。综观全局，是不是突出一点、一线、一片。""集中力量，保攀枝花钢铁基地的建设，在大西南的地图上，这是一个点。"他转过身，面对挂图，指着说："成昆铁路、贵昆铁路是通向攀枝花的大动脉,与攀钢要同步建设,这是一线。""贵州六盘水煤矿基地的建设要跟上,与其配套的电站及其他的国防工业项目也要跟上,这是一片。"听者连连点头,佩服彭德怀军事家的战略眼光、缜密的战术思想和果断决策。他休息了一会儿,喝了口水,又斩钉截铁地说:"毛主席最关心攀枝花钢铁基地的建设,指示我们一要加快,二不要潦草。建设不好主席睡不好觉,主席决心很大呀!他说没有钱,把他的工资拿出来;没有路,骑毛驴去;没有铁轨,把沿海铁路拆下来,一定要把成昆线打通。我们要急毛主席所急。我彭德怀也 67 岁了,还想拼老命干一下,只要我们苦干 3 年,就会打开'三线'建设的局面。"彭德怀一番话即使大家充满信心,又深感责任重大。大家表示一定要把"三线"建设好,让毛主席睡好觉。彭德怀送走客人后,请建委帮他安排个日程,去"三线"工地看一看。

彭德怀到"三线"后被分工管煤炭、天然气、电力建设工作。他在"三线"工作的一年多时间里,把大部分时间和主要精力放在调查研究、巡视"三线"现场上,他的足迹踏遍四川、贵州几千里青山。

他视察德阳第二重型机械厂工地,指导施工部队总结了"三结合""五统一"经验,运用人民解放军打歼灭战的办法建设煤矿,既加快了工程建设速度,又节约了投资,也确保了工程质量。

尽管有人布置:"他的指示你们觉得不合适也可以不执行。"但广大干部和群众还是表示:"我们一定按彭总指示办,请彭总放心。"

尽管有人交代:"不让他接触军工。"但军工战线的同志们都热烈地欢迎他来视察工作。同志们坚定地表示:"彭总发了命令,我们坚决执行。"

尽管有人下达命令:"彭德怀到哪个部队,不要向他汇报工作,不要让他接近部队,不准战士与他握手。"但彭德怀每到一地,指战员们欢声雷动,热烈鼓掌,争着与他握手问好。他仍然是全军广大指战员所敬仰的彭老总。

尽管有人限制他与群众接触，但他们不懂得彭老总与群众的血肉联系是任何邪恶势力都隔不断的。他每到一处，就和工人交谈，了解建设和生活情况，群众都乐意跟他谈心里话。他坚持与工人住一样的房，吃一样的饭，哪儿艰苦，他就到哪儿去体验。

群众也关心他，热爱他，从心眼里想把他照顾好。1966 年 3 月 25 日上午，彭德怀沿成昆铁路线去攀枝花，途中特地到了四川石棉矿，他要去矿山看看。这时，山顶上的高音喇叭在放了一阵欢快的乐曲之后，又放出《毛主席派人来》的歌曲。职工们听到这信号，不约而同，从车间、工地、办公室和宿舍拥出来，上夜班正在睡觉的工人也从床上爬了起来。大家自动地排好队伍，夹道欢迎从山下崎岖小路走来的白发苍苍的彭元帅。自动形成的欢迎现场欢声雷动，群情沸腾，大家久久不愿离去。

彭德怀去"三线"时，"文化大革命"正在兴起。就在他到达成都的那一天，《人民日报》在"学术研究"专栏里转载了姚文元 11 月 10 日在《文汇报》上刊登的《评新编历史剧〈海瑞罢官〉》。彭德怀因忙于听西南"三线"建委有关局汇报工作，几天没顾上看报纸。12 月 4 日，他偶然翻阅《人民日报》，看到这篇文章，气得一拳击在报上，厉声骂道："简直是胡说八道！"景参谋、綦秘书见他发这么大的火，上前询问，彭德怀抓起报纸："你们看！你们看！"景、綦二人拿过报纸，扫视一遍，心里凉了下来，转而又竭力安慰他。这时彭德怀已冷静下来，笑着说："你们真傻！这是含沙射影，打了我彭德怀一个耳光。"过了一会儿，又自言自语说："当然啦，吴晗这个人我见过，可没有交往。他写的是戏，不一定是为我打抱不平。自古宣扬忠臣良将的戏多着哩，我怎么能这样疑神疑鬼？"

"文化大革命"在迅猛发展，刘少奇、邓小平都遭到厄运，北京市委第一书记彭真被赶下台，彭德怀为之震动，预感到"文化大革命"将逐步升级，并担心"三线"建设受到影响。1966 年 6 月

1996 年 3 月 18 日，时任宜宾地委书记孙文启（左）在北京与王春才在人民大会堂看了《彭德怀在"三线"》电影首映后，座谈回忆起他当年任珙县县委第一书记时，向彭德怀汇报珙县农业生产的情况。（张官尧 摄）

中旬，西南"三线"建委干部集中学习"五一六"通知。那时"三线"建委在成都总府街招待所（现改名为四川宾馆）西楼办公，学习也在这里。局级以上干部在二楼会议室单独组织学习，就在这个不到 20 人的小范围内对彭德怀进行了批判。批判会开得很神秘，规定会上内容不能外传。主持会议的是一位负责同志。他引导大家发言表态，但发言并不踊跃，有的翻文件，有的看报纸，有的不断抽烟。最后大家不得不发言，找事由批判，基本上唱的是一个调子。彭德怀仰靠在沙发上，一言不发。当主持会议的那位负责人点他反党、反毛主席，并问他与彭真、邓小平是什么关系时，彭德怀才说了话："我是不愿意来'三线'工作的。去年 9 月，先是彭真代表党中央找我谈话，动员我到'三线'来，抓一下大'三线'建设。我对他说，我不懂工业，干不了，我还是当农民好。后来，是毛主席亲自打电话给我，找我谈话，做了工作，我才来的。毛主席对我说：老彭啊，我们还可以合作，你还可以工作，现在搞'三线'建设了，你去西南抓一抓。还说，庐山会议过去几年了，已经成了历史问题了，旧账都不要算了，要向前看。庐山会议的真理也可能在你那方面。毛主席与我谈了两个多小时，还请我吃了饭，喝了酒。

临行前，小平同志劝慰我，让我到西南好好工作。"彭德怀点燃烟，深深地吸一口，突然昂起头，放大嗓门说："庐山会议是快与慢之争，主席要快一点，我的意见是慢一点，都是建设社会主义，不是什么两条路线的斗争。搞建设，不按经济规律办事，就必然导致比例失调。我说到三到五年翻一番，就很不容易了。欲速则不达。"会议室里鸦雀无声。彭德怀喝了口水，又说："毛主席说人民解放军跟你彭德怀走，我就去打游击。主席说到这种程度了，因此，我对庐山会议的决议只好服从，个人意见保留了。一个人犯了错误，不能把历史上的一些过错拿来算总账，这样的做法不是实事求是的做法，怎么能体现既往不咎呢?"最后，彭德怀郑重地说："我彭德怀向中央写过信、写过材料，我给中央也表过态：其一，我可以自食其力；其二，我不会叛党；其三，中央说我那个问题（指里通外国）没有这回事；我彭德怀有错，也有功，功一面，错一面，但不能说我反革命一面，革命一面。那样说我，我不服!"说到这里，彭德怀用两只颤抖的手使劲地握着沙发扶手，满含泪水痛苦地说："那些人叫我'三反分子'，叫他们去问问毛主席，主席绝不会同意的。我已是政治上的僵尸了，有什么好批的!"说到此，彭德怀再也不说话了。他仰靠在沙发上，闭了一会儿眼睛，让自己这颗剧烈跳动的心慢慢平静下来。会场气氛一下降到零点。开了一个星期的批判会再也开不下去了，主持会议的负责人十分为难，请军工局徐奕培、于荣光两位副局长搞个简报。他们推脱了。但上面又在催问建委运动开展情况，无奈这位负责人只好说："彭德怀只是'死老虎'，态度不好，不再批判了。"他还亲自给毛主席、党中央写了一封信。这样做，在当时的条件下，客观上起了保护彭德怀的作用。"四人帮"粉碎后，才查清批彭德怀之风的风源，是由戚本禹、关锋于1966年6月16日向江青、康生、陈伯达三人献策的一封信而生起的。

1966年8月，彭德怀从贵州视察回成都，成都大街上已经出现了"炮轰西南局、打倒李井泉""解放大西南"等标语口号。李大章、阎秀峰以及西南局保卫科的同志通过建委副秘书长杨沛、警卫参谋景希珍，要他们说服彭德怀去内江西南局招待所躲一躲。彭德怀不去。他说："群众起来了有什么可怕的呢？"还对劝说他的杨沛说："杨秘书长，谢谢你一片好心，我问你，中央派我到西南来干什么的？是叫我和大家一道建设好强大的后方战略基地，备战、备荒、为人民。现在还没建设好，就惊慌失措地溜之大吉，几百万大"三线"建设大军，在深山老林安营扎寨，艰苦奋战，要是遇到困难也溜了，溜到老家去，还有谁来搞建设？下面未溜，我先溜，我又怎么向党中央、向毛主席交代呢？这跟在战场上逃命丢下阵地有什么两样？你们都走好了，反正我一个人也要坚守阵地，下个月，我们还要在锦江宾馆召开西南'三线'工作会议，我在着手准备呢！"

彭德怀已经预感到林彪、江青一伙会很快把他揪走，但他毫无惧色，显得更加镇静。果然，3个月后，即12月22日夜里，一个北京串到成都的"揪彭兵团"在林彪的授意下，由江青力主，康生主张，戚本禹布置，在永兴巷7号彭德怀家中，将彭德怀绑架去北京。

彭德怀被监护后，于1967年元旦给毛泽东写了一封亲笔信。这是他一生中最后一次上书毛主席。信中对毛主席交给的"三线"建设任务做了一个交代，同时汇报了自己的处境。信中写道：

主席：您命我去"三线"建委，除任第三副主任外，未担任其他任何工作，辜负了您的期望。12月22日我在成都被北京航空学院红卫兵抓到该部驻成都分部。23日转北京地质学院东方红红卫兵。于27日押解北京，现被关在中央警卫部队与红卫兵共同看押。向您最后一次敬礼！

祝您万寿无疆！

彭德怀

一九六七年一月一日

1967 年 4 月以后，彭德怀被监禁进行所谓专案审查。7 月，江青又指使人对彭德怀进行批斗。在北航一次小型批斗会上彭德怀被打伤，肋骨骨折。以后又遭受长期肉体摧残和精神折磨。我们的开国元勋，此时处在生活的困境之中。1967 年初夏，西南"三线"建委秘书处生活秘书雷文，收到彭德怀从囹圄里转送出的一张小纸条，内容是："我需要订些报纸，还买些肥皂、牙膏；衣服也穿烂了，身上的痤疮已化脓，我没衬衣换洗，需添置一些；我的老花镜度数不够了，看书不行了，需要另配；每月 23 元生活费刚够交伙食费，景希珍夫妇给我汇来一些钱，几个月都花了，他们孩子多，经济困难，我不能再用他们的钱。可否每月在我的存款里多给我几元钱？"雷文看过纸条，忍不住哭了。她望着字条自言自语："彭总真可怜呵！"她拿着字条去找建委机关掌大权的"大联委"负责人，并说："你们看嘛，彭总这么大年纪了，弄成这个样子，挺可怜的，替他加点钱吧！"钱总算加了。从此以后，雷文每季度除按时寄 69 斤粮票外，同时寄出 169 元，布证、工业品券也按时寄出，她一直寄了 10 年。但彭德怀从 1968 年 6 月以后，就再没有收到过从大"三

1966 年 4 月 1 日中午，彭德怀在渡口市（后改为攀枝花市）建设副总指挥李非平陪同下在江边待渡。李非平向彭德怀汇报："渡口大桥目前全国跨度最大的箱型钢板拱桥，我们作为重点工程来抓。"彭德怀高兴地说："希望尽快建成通车！"图为建成后的渡口大桥

线"寄来的生活费和粮票了。1973年4月10日，彭德怀患直肠癌住进北京解放军301医院。这位气息奄奄的老人，这时仍被严密监管着，连病房的窗子都糊上了纸，终日不见阳光。他自知将不久于人世，对前来探望的侄女彭钢、彭梅魁说："你们要记住啊！我是被特务害死的！"1974年11月29日下午3时35分，在凛凛的寒风中，在没有任何人看护的病室里，我们这位统率过千军万马的共和国功臣含冤去世，终年76岁。

中国的天空，一颗将星悄然陨落了！

可是"三线"人还盼着彭总回来哩！彭总视察"三线"时住过的工棚里的工人，在盼着他回来；彭总钻过的煤洞里的煤矿工人，在盼着他回来；同彭总在大食堂里吃过饭的职工在盼着他回来；彭总排长队去治牙时看的牙科大夫在盼着他回来！……"三线"广大干部、科研人员、工人、家属盼了多少年，终未盼到！彭总，你在哪里？要是他们知道彭德怀的骨灰已来到"三线"，他们盼来的彭总只是一把骨灰，他们能答应吗？

彭德怀的遗体被秘密火化后，骨灰被偷运到成都。骨灰盒上没有彭德怀的姓名，只有一个化名"王川"。这是"四人帮"一伙决定的，"王川"者，亡命四川也！这不但是"四人帮"一伙对共和国元帅的恶毒攻击，也是对"三线"建设的极端仇视。

彭德怀辞世两年后，党和人民终于粉碎了林彪、江青反革命集团，并将这伙人押上了历史的审判台。

1978年12月，在中共十一届三中全会上，中央作出决定：为含冤去世的老一辈无产阶级革命家彭德怀同志彻底平反昭雪。同月24日下午，彭德怀同志平反昭雪追悼大会在京隆重举行。

党和国家领导人以及首都群众代表两千多人参加了追悼大会。彭德怀同志的骨灰盒上覆盖着中国共产党党旗。叶剑英同志宣布追悼会开始，邓小平同志在追悼会上致悼词。

党和人民不能忘记忠贞不屈的元帅，屡立战功的功臣！

"三线"人永记彭大将军最后岁月中为"三线"建设所作出的

卓越贡献，为共和国的国防树立起的一块历史的丰碑！彭德怀同志忠于党、忠于人民、为人民服务鞠躬尽瘁死而后已的高尚品德，坚持真理、身处逆境而刚直不阿的大无畏精神，艰苦奋斗、关心群众的优秀作风，值得我们永远学习。

1998 年 10 月 24 日，是彭德怀元帅百年诞辰，我们更加缅怀在"三线"艰难岁月中的彭总。

（原载 1993 年 10 月 30 日《军工报》）

五、彭总用过的名字

1898 年 10 月 24 日，彭德怀诞生于湖南省湘潭县乌石峰彭家围子的农民家庭。他父亲彭民言喜得头生子，高兴地为他取个乳名叫钟伢子，意思是钟情可爱的娃娃。待他会走路时，他父亲根据宗字班辈为他起个大名叫彭清宗，号得华，含义是将来长大了有出息，有了荣华富贵，还要清清白白做人，对得起祖宗。

1922 年夏天，24 岁的彭德怀到湖南陆军讲武堂学习时，改名为彭德怀，含义是当一名合格的军人要做到德才兼备，胸怀祖国，胸怀人民。

1966 年 12 月 25 日，北京地质学院"东方红"红卫兵造反派去成都将彭总揪回北京，他身陷囹圄时，只好写信给他的亲密战友、敬爱的周恩来总理。他在信中详告了四川石棉矿矿渣中含有大量钙、镁、磷等矿物质及加工等情况，此信的落款是石穿。石穿是彭总青年时代入伍后看到石洞中滴水穿石得到启示而起的雅号，用以自勉刻苦读书练武。另外，别人给彭总用过两个名字，但彭总本人并不知道。一是 1965 年 11 月 30 日，彭总由北京乘火车去成都，任西南"三线"建委副主任住永兴巷 7 号时，"三线"建委生活秘书雷文为了彭总的安全，给他在当地梓潼桥正街派出所报户口时用了化名叫季春，含义是四季长春，又是寄存的意思。二是彭总在遭受林彪、"四人帮"残酷迫害折磨后，不幸于 1974 年 11 月 29 日在北京 301 医院逝世。他的遗体被偷偷火化，连他住在北京的夫人浦安修与他的侄儿、侄女都不知道。"四人帮"把彭总的骨灰放在用粗糙的木板钉成的骨灰盒里，派人秘密地专送成都东郊火葬场寄存，骨灰盒上写上化名"王川"二字，意思是亡命于四川。由此可见"四人帮"用心的狠毒。

（原载 1998 年 2 月 3 日《中国军工报》）

六、"你今天为我这么精心打扮，我还是大姑娘上轿头一回呢"

——彭德怀和贾月泉

1965 年冬，彭德怀到成都任西南"三线"建委副主任。同时也结束了自 1959 年庐山被罢官后即由警卫参谋景希珍替他理发的日子。景希珍风趣地对他说："首长，您解放了，我也该解放了。下次不帮您理发了，我也理不好，总府街招待所办公的地方也有理发室，请理发师理吧！"彭德怀爽朗地笑了，并说："你这个小景，真会开玩笑。好，听你的，是该解放了！"从此，彭德怀一直在总府街招待所（后改名四川宾馆）西楼底层理发室理发。他在西楼二层办公，理发是很方便的。

理发室有 3 个理发员，轮流上班。一天，彭德怀又该理发了，景希珍事先为他买好了理发票，带他到理发室后就出去了。理发师贾月泉见彭德怀来了，忙站起来说："首长，请坐。"彭德怀与他热情握手后，在长椅上坐下，关心地问长问短。

贾月泉经常看到彭德怀来上班，但一直没有与他说过话。今天，小贾要为彭德怀理发，着实高兴，但也有些紧张。他默默地想，给彭德怀理发不是闹着玩的，要认真细致。他将转椅检查了一下，便说："请首长这里坐"，顺手接过彭德怀递交的理发票。

彭德怀在转椅上坐定后，贾月泉替他卷起领子，围上白绸围巾。贾月泉发现，他的外衣是淡灰的中山装，白色的衬衫领子虽补着补丁，但很干净，脚上穿着一双黑色布鞋。彭德怀低着头与贾月泉聊开了："师傅贵姓啊！""姓贾，名月泉。""是贾宝玉的贾吗？""首长，对头。""好好，就叫你贾同志吧。贾同志你习惯称首长，看来当过兵？""首长猜对了，我当过兵，还是志愿军呢！""噢！那我们是一个山头的，哪一年去的朝鲜？""1956年入朝，1958年回国，是骑兵通讯员。""很好，不过你去朝鲜时我已回国了。""我今年29岁了，还未成家，老家在达县农村，父亲去世得早，我是在舅舅家长大的，我会放牛、割草，15岁就当学徒，学理发，从朝鲜回国后，转业到成都，直到现在。干这行，我还是很喜欢的，要说生活，比新中国成立前好多了，但1961年日子不好过，我外婆就是在乡下得水肿病死的。"彭德怀听到这里，心里不是滋味，停顿了一下问道："为啥得水肿病？日子不好过是怎么回事？"贾月泉将转椅转了一个90度，迎着窗子光线，用嘴吹了吹推子上的头发答道："多种原因，一方面是自然灾害，一方面是苏联逼债。好在，这几年经济恢复得还算快！"彭德怀欣慰地说："你说得对，群众的眼睛是亮的，四川不错，市场东西不少，人们的精神面貌也好了。贾同志，要有信心。我们国家大有希望，生活困难是暂时

1965年11月至1966年12月，彭德怀在西南"三线"建委工作期间，由前中国人民志愿军贾月泉理发师在成都总府街省政府招待所理发室为他理发。1987年10月9日，贾月泉理发师为王春才理发，一边理发一边回忆为彭德怀理发逸事，并合影留念。（王爱中　摄）

的。毛主席领导我们向前走,要相信我们党是伟大的,我们的国家是伟大的,会克服这样那样的困难,生活会一天天好起来的。我们搞'三线'建设,是为了国家强大。你年轻,实践会证明这点,走着瞧吧!"贾月泉听着这些话,心里热乎乎的。这时,头发已理完了,小贾便给彭德怀洗头。洗头时,小贾问彭德怀:"头皮哪儿痒?我给你抓抓痒多洗几遍。""不痒,这样就可以了,谢谢。"彭德怀说。洗完头后,小贾又把毛巾打了香皂,搓了又搓,然后给彭德怀擦脸。而后小贾将剃刀在磨布上刮了几次,手指在刀口上摸了摸,平滑锋利,于是轻轻地为彭德怀修面。彭德怀配合得很好,闭起眼睛,安详地仰坐在转椅上。小贾看着彭德怀那张黑里透红丰满的脸和两颊紧紧的肌肉,从心底感到高兴,真诚地希望这位彭大将军长命百岁。面修好了,小贾又为彭德怀擦了香脂,彭德怀睁开眼睛说:"贾同志,你今天为我这么精心打扮,我还是大姑娘上轿头一回呢。"小贾连忙说:"首长,不要起身,我把你的鼻孔毛剪一下。"就在剪鼻孔毛的时候,彭德怀才仔细端详了这个勤快的小伙子,那端正的四方脸,透着刚毅的性格;黑黑的浓眉下,两只炯炯有神的大眼睛显得聪颖,可看出他对理发工作是那么热爱。彭德怀从这位年轻人身上看到了希望,服务行业多么需要这样的年轻人啊!

贾月泉给彭德怀剪完鼻孔毛后,按一般的理发程序就可以算完事了,可是贾月泉双手在彭德怀面部轻轻按摩,又在他的头部、颈部揉揉拍拍。彭德怀觉得全身舒服,满意地说:"挺好,挺好!"

就在彭德怀起身准备与贾月泉握手告别时,他突然想起一件事,便问贾月泉:"贾同志,我向你打听一个人,你知道邓华将军住在什么地方?我想去看看他。""晓得,晓得,他家住在童子街29号,我常给他理发。"贾月泉请彭德怀坐下,热心地向他介绍了自己给邓华理发的情况。

彭德怀听后,高兴极了,感激地握着贾月泉的手说:"贾同志,邓华是我的老战友,我一直惦念他,听了你的介绍,我很高兴,他身体不好，你很体贴他，为他上门理发，难得，难得啊！我代他向你再次表示感谢。"贾月泉眼里闪着泪花，咬着嘴唇，激动地说："首长，这是我应该做的，首长，您什么时候来理发都可以，我包下了，请您多提意见。"彭德怀说："理得好，理得好，我这个老头，又不讲究，随便理一下就行了，不要太耽误工夫了，好，我走了，再见！"贾月泉热情地将彭德怀送出大门。小贾看到他用右手摸了摸头，健步踏着楼梯回办公室了，心里乐滋滋的。就这样，彭德怀在这里工作一年多，小贾每三个星期为他理一次发。1966 年 10 月以后，小贾感到彭德怀与自己握手没有初次那么有劲了，人消瘦了，白发增多了，脸上的肌肉也松弛了。小贾心里很难过。12 月，彭德怀没有再来理发，后来听说他被造反派绑架走了……

1978 年 12 月 25 日，贾月泉从广播里听到彭德怀的平反昭雪追悼大会在北京召开，他赶忙跑到收发室取回了《四川日报》，他看着彭德怀的遗像，认真地阅读着邓小平的悼词，往事一幕幕浮现在眼前。

总府街招待所后来改名为东风饭店，贾月泉一直在饭店理发。1981 年，组织上选派他到我国驻朝鲜大使馆理发。8 月，贾月泉来到了北京，他办的第一件事就是去军事博物馆参观，他在彭德怀生平事迹陈列柜旁认真观看，得知彭德怀小时候讨饭、挖煤，晚年遭林彪、"四人帮"的残酷迫害。当他见到彭德怀被关押时穿的破烂内裤、上衣时，不由得一阵心酸，哭了起来。他暗暗地向首长表示：要为使馆同志理好发。

1981 年 10 月，邓小平等中央领导同志访问了朝鲜，并去中国驻朝使馆看望了全体工作人员。邓小平热情地与贾月泉握手，摄影师拍下了这珍贵的镜头。贾月泉说，邓小平为彭总平反昭雪立了功，如果彭总在天之灵有知，定会为贾月泉受到邓小平接见而欣喜。

1983 年，贾月泉回国后，再次去军事博物馆，站在彭德怀生平事迹陈列柜前默默地报告："首长，我'服役'期满回来了。"

1995年，贾月泉60岁，退休了，仍在成都四川新华书店楼上理发室理发，我是他理发的常客，他三句话离不开彭总逸事的话题。贾师傅晚年生活过得很愉快。

（原载《彭德怀在"三线"》，四川省社会科学院出版社1988年版）

七、"我怕牵连人家呀！"

——彭德怀和邓华

1965 年冬天，彭德怀从总府街招待所理发室理完发回到住地，高兴地叫来景希珍。景希珍看见彭德怀乐呵呵的样子，料定他又遇上什么喜事了，还未来得及发问，彭德怀就说："小景，今天给我理发的贾月泉是从志愿军转业回来的，对我很客气，我从他那里打听到老战友邓华的住处，住在童子街 29 号。你替我买一张成都市地图来，看看童子街在什么位置？"景希珍也认识邓华。抗美援朝期间，彭德怀任志愿军司令员，邓华任副司令员，他们朝夕相处，情谊深厚。1959 年庐山会议时，彭德怀与邓华受到错误批判，从此两人都被贬谪下来。1960 年邓华被下放到四川。离京前邓将军将黄色军装染成黑色，以示不满。在成都住下后，成都军区首长贺炳炎、黄新廷、张国华、郭林祥、梁兴初、秦基伟、吴克华将军经常去看他。彭德怀对老战友感情很深，一心想去看望邓华。彭德怀略带伤感地对景希珍说："你也知道，我与邓华是老战友了，共同打过美国鬼子，可是我的名声不好，邓华的名声也不好，我想去看看他，哪天晚上天黑了再去。"

景希珍将地图在桌子上摊开，彭德怀戴上了老花镜，在地图上首先找到了他的住处永兴巷，随即找到了童子街，并用红铅笔画了一个圈，兴奋地说："小景，找到了，就在这个位置，西边，离我们住处不远，太好了，太好了！"

景希珍接过地图，又在彭德怀画红圈的地方仔细看了看，把方向搞清楚。他对成都街道不熟悉，为了不使首长走错路，他事先

"侦察"了一下，按门牌号找到了童子街 29 号。这个大院是西南局司局长以上干部的宿舍。大院西侧围墙边有一幢两层楼的小院，那就是邓华住处。景希珍向彭德怀报告了"侦察"到的情况，彭德怀满意地说："小景，好样的，你这个老侦察兵，今天总算有用武之地了。你看，今晚你陪我走一趟，行吗？"

"好，不过得化装一下。"景希珍说。"不，不不，化什么装呀？大明大白地去。""彭总，不是这个意思，我们到成都不久，对社会情况不了解，我要对你的安全负责。""那好，简单地化装一下。"彭德怀爽快地答应下来。

晚饭后，夜幕降临了，老天不帮忙，下起了濛濛细雨，又湿又冷。景希珍给彭德怀戴了个大口罩，又给他戴了顶旧帽子，把帽檐拉到了眉心。这样一打扮，即使与彭德怀对面相遇的熟人也不会立刻认出来。景希珍让赵凤池开车送他去，彭德怀拒绝了，说路不远，散散步就到了，一来可以锻炼身体，二来可以节约汽油。景希珍觉得有道理，只好陪他串街走巷了。在昏暗的路灯下，彭德怀走在前面，景希珍尾随其后。此刻景希珍心情非常不安，这次见面，

抗美援朝期间、彭德怀司令员和陈赓（左）、邓华（右）副司令在朝鲜前线司令部合影

会给彭总、给邓华同志带来什么样的影响和后果呢？可是他又不忍心劝阻彭德怀，怎么能阻挡曾经生死与共的老战友会面呢。特别是在两人心境不好的时候，更需要这种同志的友情。这样边走边想，童子街很快就到了。

景希珍指着围墙里面那栋小楼房，告诉彭德怀那就是邓华的住所。彭德怀停下步来，仰望二层楼窗户射出来的灯光、人影，非常激动，眼睛湿润了。一会儿，他转过身，低着头往回走。景希珍上前几步，轻声问他："为什么不进去啊！"彭德怀说："看看地方就行了，行了，行了啊！"

彭德怀默默地走了一段路，对景希珍说："我与邓华并肩战斗了几十年，打过鬼子，闯过了多少难关，如今同住一个城市，相隔几条街，却不能见，我怕牵连人家啊！"

从此之后，彭德怀再也没有去过那个地方。其实，邓华与彭德怀心连心，当他得知彭德怀重新工作时非常高兴。六年不见了，很想见见老战友。一天早上，邓华来到总府街招待所彭德怀办公的地方，等待彭德怀上班，他站在门厅向院坝望去，见彭德怀在景希珍陪同下徒步向大楼走来。邓华见老战友身体健康，从心眼里高兴，情不自禁地点头。但当彭德怀快要走近时，他立即退到了走廊。他跟彭德怀的想法一样，不愿给老战友带来政治上的麻烦，想见而不敢见。彭德怀不知道邓华来看望他，要是知道了，他该多么高兴啊！

此后，景希珍下过几回决心，也没敢向邓华传递彭德怀想见他的信息。打倒"四人帮"后，景希珍去过邓华住地，不巧未遇，邓华已调到北京工作。1978 年 12 月 24 日，邓华出席了党中央在人民大会堂举行的"彭德怀同志平反昭雪追悼大会"。他没有想到，在总府街招待所那次彭德怀没有察觉的见面，竟成了与老战友最后的诀别。他对着骨灰盒，深深三鞠躬，心情无比悲痛。

后来，邓华曾任四川省副省长，分管农业机械方面工作。

（原载《元帅的最后岁月》，四川人民出版社 1991 年版）

八、彭德怀拜年记

彭德怀在成都永兴巷 7 号住地愉快地迎来了 1966 年的春节。正月初一，天还没有大亮，他就在阵阵鞭炮声中起床了。他满心欢喜地备好花生、糖果、柑橘，准备欢迎来拜年的客人。

清早，炊事员刘云给彭德怀煮好了汤圆，彭德怀边吃边说："我们湖南老家的习惯，大年初一早上吃汤圆，小刘，今日中午饭，增加油炸汤圆怎么样？让你爱人、孩子一起来吃吧。这几个月你为我做饭，很少与家人在一起，这样吧，你马上领我去看看他们，给他们拜个年，然后中午到这里吃饭，这是我的一点心意。"

刘云非常感动，考虑到路途远，便向彭德怀说："反正我爱人孩子上午要来向您拜年，就不必去了。"彭德怀爽朗地笑开了，他放下碗筷，起身说："也好，我先到院子里的各家走走，向大家拜个年，等一会儿小曾（刘云的爱人叫曾万莲）与孩子们来了可不能让他们走哇。"

"好，好，他们不会走，孩子还要给彭爷爷磕头呢！"刘云满口答应了彭德怀。

"哈哈，不兴磕头。你打开我的电视机，让他们看电视、吃糖……"

彭德怀走出食堂，先后到警卫参谋景希珍、司机赵凤池的家，随后又由秘书綦魁英领着他来到大院招待所，招待所楼上住了 20 多位西南"三线"建委机关干部，彭德怀在向大家一一拜年之后又来到西南"三线"建委副秘书长兼综合局局长杨沛家中。

1986 年原西南"三线"
建委副秘书长杨沛与夫人
劳成之在北京合影

　　杨沛原是国家计委综合局局长，1964 年年底随国家计委副主任程子华来到成都组建西南"三线"建委。今年他没有空回北京，爱人劳成之便领着三个女儿由北京来成都过春节。一家人挤在招待所二层一个小套间里。按山东老家过年习惯，早上也是吃饺子。此时，杨沛、劳成之正收拾碗筷，孩子们围在小圆桌子旁做作业，听到有人敲门，杨沛忙去开门，夫妇俩愣住了，站在面前的竟是彭德怀。彭德怀身穿灰布棉大衣，头上戴着一顶灰色棉帽子，脚穿黑色元宝口棉鞋，黑里透红的脸上露出慈祥的笑容。他操着湖南口音，进屋就说："老杨，我来向你们拜年啦！节日过得好吧?"

　　杨沛感动地说："彭总，您先来了，我们还未向您拜年，真过意不去。"并把爱人劳成之介绍给彭德怀。劳成之走上前去紧紧握着彭德怀的手上下打量着他，似乎寻找着昔日的记忆。孩子们也站了起来，望着这位陌生的老人。全家人你搬凳子他泡茶，忙了一阵，彭德怀让大家坐下，见杨怡平、杨怡华姊妹俩又继续伏案做作业，非常欣喜地说："姑娘，大年初一也不休息啊，真用功！让彭爷爷看看你们的作业。"怡平当时已 17 岁，怡华比姐姐小 3 岁，在彭爷爷面前怪不好意思呢，脸上泛着红晕，顺手将作业本拿给彭爷爷看。彭德怀看后说:"我不懂代数、几何,但看出你们作业做得很认真,字迹清晰、端正,好啊!你们长大想干什么呀?"怡平、怡华低下了头,对视了一下,不知如何答复。杨沛夫妇忙对孩子说:"快告诉彭爷爷。"怡平先说道:"我长大想当兵。"妹妹怡华接着说:"我也是一样。"彭德怀笑了,停顿了一下说:"参军当兵保卫祖国当然很好,但学习科学技术也很重要,国家要强大,人民要富裕,建设社会主义需要多方面的人才呀!"

"彭爷爷说得对,要学出真本事,到时国家需要你们干什么,就干什么。"劳成之插话说。

"对,对。"彭德怀喝了口水,点点头。劳成之望着彭德怀那慈祥的面容,听着他那朴实的话语,不由得浮想联翩,她想起自己走上革命道路的经历,激动地述说道:"彭总,我与杨沛投身革命是1937年10月在西安师范广场上听了您的报告后才下的决心。杨沛是山东大学数学系的,我是北师大物理系的。面对着人生的路,我们一直徘徊着,犹豫着。在西安时,亲耳聆听了您的抗日救国演讲和到前线去的号召,我们心潮澎湃,怀着一腔热血,与16个青年徒步到拐儿镇辗转西北,投身革命。今天回想起来,真该感谢您呀!"

彭德怀笑了笑,谦虚地说:"我是遵照党中央、毛主席指示做工作的。"说到此,彭德怀不由得上下打量着这对夫妇,觉得他们大约是年过半百的人了(劳52岁,杨53岁),还分居两地,便又与他们拉起了家常。

"成之同志,你在北京哪个部门工作?"

"农业部。"

"好,好,解决5亿农民吃饭是个大事,你的工作很重要,我很喜欢农业。"

彭德怀眉开眼笑,又继续问:"几个孩子了?"

"5个,这次来了3个姑娘,小五子怡丽出去玩了。"

"噢,那么怡平是老三,怡华是老四了?"彭德怀望着做作业的姑娘说。

"对，对！"杨沛忙回答。彭德怀又安慰劳成之说："成之同志，你们孩子多，老杨来'三线'工作，家务全落在你身上，够辛苦了。"劳成之往彭德怀茶杯中加水，感动地说："谢谢彭总关怀！您穿得好朴素，还是当年的模样，没有多大变化，看不出老相，只是比过去胖了些，彭总，您身体健康，我们也高兴哟！"

彭德怀有些欣慰，感叹着向劳成之说："成之同志，人老啦，今天又添了一岁，68岁了，不过我还想多干几年，把'三线'建设搞完。我来这里时间不长，不熟悉工业，从工作到生活，多亏杨沛副秘书长的关照，谢谢他了，也有你一份功劳呀！"

杨沛听彭德怀表扬他了，心里感到不安，剥了一只橘子递给彭德怀："请彭总吃橘子。我照顾不周，请多原谅。过去您领导我们打仗，今天我们需要您指挥'三线'建设，祝您健康长寿。"

彭德怀谦虚地说；"不叫指挥，我们一起搞'三线'建设，今年是建设高潮，年底要有点成效。"说完，彭德怀看了一下手表，已是上午10点了，便起身说："你们春节团圆了，我很高兴，老杨，成都是个好地方，成之同志未来过，青羊宫有花会，陪她与孩子去看看。"

"谢谢彭总的关心，老杨要带我们去的。"劳成之扶着彭德怀的胳膊，与杨沛及孩子一起送彭德怀走出房门。彭德怀转身与杨沛全家人握手告别，示意让他们回去，杨沛坚持陪彭德怀一起给建委机关干部拜年。

彭德怀整整忙了一上午，赶回家中与刘云一家又度过了愉快的中午。

（原载《元帅的最后岁月——彭德怀在大西南》，

四川人民出版社 2008 年版）

九、元帅与炊事员亲密无间的故事

——彭德怀和刘云

饭粒不要掉在地上

1965 年初冬的一天，中共中央西南局管理局膳食科老科长吴玉祥，找食堂炊事员刘云谈话。吴玉祥说："小刘，中央一位首长要来西南'三线'建委工作，你红案、白案都行，经研究，选派你给首长烧饭。是哪位首长，我也不清楚，听说还是个元帅呢。你把手头的工作尽快移交，首长不久就要来了，抓紧准备。"刘云感到组织上把这个重任交给他，是对他的信任，他暗自下决心要为首长烧好饭。当时没有电冰箱，也没有煤气和液化气。他请泥水工砌了一个灶，买了一吨煤，米、面、油、盐、酱、醋一切皆准备就绪。

11 月 30 日下午，管理局何光副局长把刘云及服务员辛大兴叫来介绍给彭德怀。辛大兴说："首长，我是刚从部队转业下来的。"彭德怀高兴地说："很好，我们都是当兵的。"刘云一眼认出了这位身材魁梧的首长就是在庐山被罢官的彭德怀元帅。他自我介绍说："我是四川泸县人，34 岁。"

"好，好。家里几口人？爱人在哪里工作？""爱人名叫曾万莲，没有工作，家中有 4 个小孩。"彭德怀点燃烟，抽了一口，又问刘云："哪年参加工作？多少工资？家中还有老人吗？"

"13 岁在泸州北方餐馆学徒，1952 年参加工作，月工资 52 元，五级厨师。老家还有哥哥，姐姐……"彭德怀笑着说："哟！你还是个老厨师呢！我一个人吃饭，动用了你这个大师傅，过意不去，过意不去。"

彭德怀告诉刘云，他没有子女，老伴、侄儿、侄女工作学习都很忙，他们在北京，不来成都了。做饭前，刘云主动征求彭德怀的意见，请他点菜，彭德怀表示听他安排，做什么吃什么，力求简单，午饭一个菜一个汤就行了。可是刘云每天早晨都给彭德怀煮豆浆、蒸馒头；中午、晚上则两菜一汤，并经常擀面条、包饺子。一天早上，彭德怀到饭厅用餐，桌上摆了一碗银耳汤，他坐下来喝了一口，撂下筷子，请刘云到他桌前坐下，和气地说："小刘，你给我做的饭已经很好了。全国人民，尤其是五亿农民的生活还不富，不知哪一年农民才能过上我这种生活。毛主席领导我们建设社会主义，号召艰苦奋斗。我吃得太好，不忍心啊！"刘云说："首长，你年纪大，过去吃了很多苦，没有营养补充怎么行呢？公家没有补贴。每月一切开支才四十多元。"彭德怀点点头，不再说什么了。饭后，彭德怀到厨房对刘云说："小刘，银耳汤有营养，下次多做点，你爱人体弱多病，有什么好吃的都到娃娃嘴里去，下次把她和孩子叫来吃点银耳汤。"刘云婉言谢绝。彭德怀说："就这样定了，不然我就不再吃银耳汤了。"以后，刘云领他爱人、孩子和彭德怀在一起吃过好几次银耳汤。一次过节，彭德怀把刘云、景参谋、綦秘书、赵司机四家人请来聚餐。彭德怀见到孩子们非常高兴，叫孩子们多吃菜，不断给孩子们碗中夹鱼、夹肉、夹鸡蛋，并叮嘱孩子："慢慢吃，饭粒不要掉在地上，农民伯伯种粮食好辛苦哟。"孩子们规规矩矩将饭菜都吃光了。彭德怀点燃烟，坐在一旁笑眯眯地看着。

平时，除了中共中央西南局、四川省委几位领导来看望彭德怀，很少有人与他接触。院子里不免有些冷清。彭德怀经常在院内给花木锄草、浇水、剪枝。刘云和景参谋、綦秘书也跟着他一起劳动。彭德怀将特意从北京吴家花园住地带来的良种葡萄种在院内并精心培植。每逢周六晚上、周日，彭德怀就让刘云、景希珍、綦魁英、赵凤池回家把孩子请到他的会客室看电视。有时看电视的人多了，室内坐不下，就把电视机搬到院内放在圆石桌上。一边看电视，彭德怀一边给孩子们发糖果、饼干。彭德怀对綦魁英的哑巴女儿芳芳特别关照，总要给她多发一些糖果。有时，彭德怀还给孩子们讲故事，解答他们提出的问题。

他娘的，我又输了，再来一盘

彭德怀爱下棋，朱德是他的"老对手"。在新住地，他经常和刘云、辛大兴、景希珍对弈。刘云留着平头，小个子，圆脸，眼睛不大却很有神，显得十分精干。他与彭德怀下棋，心里有些胆怯，心想，他是元帅，我是小兵，我赢了怎么办呢？彭德怀猜透了他的心思，便说："我们都是同志。要斗智，不能谦让。"彭德怀的棋艺确实高一筹，刘云自然败多胜少。偶尔刘云也打败过他，但彭德怀不服输，激动时，喃喃道："他娘的，我又输了，再来一盘。"有时一连下了好多盘，彭德怀一看手表说："天晚了，不下了。你回去帮你爱人做点家务事，过问一下孩子们的学习。"

服务员辛大兴的家属、孩子在农村，平时单身一人，晚上经

1952年，彭德怀从朝鲜战场回北京汇报工作期间和朱德在十三陵水库下棋，右立者为邓小平，观棋男孩为邓朴方

常陪伴彭德怀，当刘云不在时，彭德怀就喊道："大兴，来，快来，下棋。"辛大兴也常和首长对弈。他平日话不多，埋头做事，为彭德怀房间打扫卫生、打开水、送报纸，还与首长在院子里一起种菜、施肥、浇水，亲如一家，辛大兴棋艺很高，彭德怀不是他的对手，两人越下越上瘾，越下越精彩，越下越亲热。

彭德怀得知刘云四个孩子都上学，负担较重。一天晚饭后，他掏出30元钱交给刘云，要刘云给孩子们交学费。刘云见首长平时很节俭，却关心他一家人，顿时流下了热泪。当晚，刘云赶回家把钱交给他妻子曾万莲，曾万莲激动得伏在桌子上哭了，并抽泣着说："哪有这样好的领导，这几天我正为交学费发愁呢。"她叮嘱刘云要加倍照顾好首长的生活，多陪彭总下棋。

亩产 5 万斤骗人，要实事求是

刘云与彭德怀相处得非常和谐，彭德怀经常找他谈心，刘云也经常提出一些问题请彭德怀解答。他问彭德怀："首长，我看过一个新闻纪录片，解说词说一个代表团到湖南视察，有你的名字，怎么没见到你呢？"彭德怀笑嘻嘻地说道："很简单，我不愿走在队伍前面，跟在后边，最后溜到农民家中访问去了，所以摄影机就摄不到我了。"刘云又提出另一个问题："1958年'大跃进'，我到一个公社参观，那里的人说他们的水稻亩产5万斤，后来了解这是好多亩稻子移植在一块地里的产量。他们在说假话，吹牛皮。"彭德怀说："其他地方也有类似情况。骗人，乱弹琴。说假话，害国害民，一定要实事求是！"

不久，在一个寒冷的夜里，彭德怀被"揪彭兵团"绑架走了。刘云早上做的饭没有人来吃，他悲痛地放声大哭："首长，你到哪里去了？"他抱着头蹲在厨房里呼喊，到处打听彭德怀的去向，要为彭德怀送饭。一名"造反派"来找他了解彭德怀新的"三反"言行，刘云愤怒地说："彭德怀是好领导、好党员，他热爱党，尊敬毛主

1991年秋天，彭德怀的原炊事员刘云（右）与王春才在成都永兴巷的彭老总住地平房餐室前合影。（王建平 摄）

席，大公无私为人民。他与我不分上下，关心我们一家。他就是好，好得很。他是首长，我是炊事员，我只希望他吃得好，健康长寿。你们问他这样那样，我怎么晓得。"听了刘云一席话，那个"造反派"只好灰溜溜地走了。刘云一直期待着彭德怀回来，再给他做饭。可是眼望穿了还见不到他的影子。刘云经常翻阅一份载有中共中央为彭德怀举行隆重追悼会的报道和邓小平同志致悼词的《四川日报》，一家人对彭德怀怀着无限的深情。

（原载 2009 年 5 月 25 日《扬子晚报》）

十、彭德怀与电影的故事

彭德怀到成都赴任后，组织关系也由北京转到西南"三线"建委，编在建委秘书处党支部的一个党小组，成员有彭德怀、景希珍、綦魁英、赵凤池、辛大兴，即元帅、警卫参谋、秘书、司机、服务员。

成立党小组那天，彭德怀第一个发言："我选景希珍同志担任党小组长，今后我们的思想、工作、生活有什么情况，可以找他交换意见。綦秘书、小赵你们赞成吗？"

"小景当组长，我们赞成。"綦魁英、赵凤池几乎同声表示。"好，一致通过。"彭德怀做了一下手势，目光移向了景希珍，景希珍表态说："你们选我当小组长，我也不推了，支部有什么布置、要求，我及时传达。我们四个人，主要任务是照顾好彭总，刚来这里还不太适应，有些工作还未跟上，我们照顾不够，请彭总多提意见。"

彭德怀坐在客厅沙发上，合着两手，安然地说："你们照顾得很好。成都是个好地方，组织上对我很关心，安排得不错，这个小院子挺安静，又配了炊事员、服务员，没有什么要求了。我也不讲究，先把你们的家安置好，能随我尽快到基层去熟悉情况。"

三位工作人员把各自安家情况又向彭德怀叙述了一遍，大家都表示满意。然后，景希珍宣布过第一次组织生活，开展批评与自我批评。第一个发言的还是彭德怀，他说：

"希珍同志，我向你反映一个情况，你得向组织上反映一下，我要罢看电影了。"

"彭总，出了什么事？"景希珍感到惊讶。

"院子小礼堂时常放电影，放的大部分是新影片，看的人为什么那么少？是专门为我彭德怀放的吧？共产党员能这样搞特殊吗？这是脱离群众！"彭德怀从沙发上起身，在室内踱着步子。綦魁英解释说："彭总，西南局保卫科同志出于安全原因，未对外卖票。"

彭德怀生气了，停下脚步说："这是什么理由，我在街上散步，也没出事嘛。我要求对外公开卖电影票，我与你们，包括你们的家属、孩子看电影都要买票，买电影票的钱由我包干。如果不改变这个做法，我绝不再看为我单独放映的电影。今天，我在党小组会上检讨，我事先未向西南局办公厅的同志们打招呼，为我搞了特殊，这也不怪他们。我彭德怀喜欢看电影，但不愿意这样看。小景，你将这个情况向党支部汇报一下，要求办公厅予以纠正。"

景希珍向党支部作了汇报，有关领导专门召开了会议，一致表示执行彭总指示，作出相应的安排。从此，小礼堂每周放一至两场电影，都向西南局、建委机关公开售票，职工家属都及时看到了新影片，丰富了文化生活。彭德怀也高兴地领着工作人员及他们的家属、孩子入场，在门口让工作人员验票撕角。电影开映前，彭德怀环视场内座无虚席，秩序井然，他会心地笑了，为自己成为普通一名观众而高兴。他的警卫参谋景希珍与西南局保卫科干事郭昌元坐在他的后排。

彭德怀不仅对自己严格要求，对部下要求也是严格的。景参谋曾向笔者讲述了这样一段经历。

1953年7月27日，朝鲜战争停火了。中国人民志愿军司令员彭德怀亲赴开城，在停战协定上签字，随即到驻守在开城和板门店东侧的志愿军四十六军阵地视察。

那一天，彭德怀一行来到前沿阵地，率先钻进一条坑道，三拐两拐，到了一处比较开阔的地方。豆油灯下，随军记者沈重与十几个战士正坐在炮弹箱子上吃饭。彭德怀走了过去，拉过一个炮弹箱，坐了下来。

"给双筷子，尝尝你们炊事班的手艺。"

战士们见来了个穿军装的"老兵"，也没有问他是谁，递过一双筷子。战争期间，前沿阵地往来的人很多，有运送粮食弹药的，通讯联络的，联系工作的，慰问演出的，等等，不管是谁，只要有全军通用的餐券，就可以就地吃饭。

"味道不错。"彭德怀夹了两口菜说："每天都能吃这样的饭菜？"

"如果不打仗，每天都差不多。"有几个战士同声回答。

"我好像在哪儿见过你。"一位新战士看着彭德怀有点面熟。

"是吗？我怎么不认识你呢？"彭德怀笑着说。

还是一位老战士有经验，他向彭德怀身后一看，好家伙！军、师、团各级首长都站在那里，就猜到这位"老兵"非同一般。他掏出慰问团送的纪念册，上面有三张照片，即毛泽东主席、金日成首相和彭德怀司令员。

"我看你有点像他。"老战士翻到有彭德怀照片的那一页，递了过去。彭德怀接过纪念册，端详了一下，笑道："我看怎么不大像呢？"

战士们霍地一声站了起来，兴奋地高声喊道："彭总好！""坐下，坐下，我们边吃边谈嘛。"彭德怀仔细询问了战士们的生活、战斗和工作情况，又到坑道的各个角落查询了一遍，看样子还比较满意。临走时，彭德怀突然问："你们在前沿阵地，还缺少些什么？"

"我们什么都不缺。"战士们齐声回答。

"不要紧，你们缺什么，说！想要什么也尽管讲。"

"彭总，我们想看看电影。"一位战士轻声说："从电影里看看祖国的变化。"

"应该放给你们看。有好久没看电影了？"

这一下战士们就七嘴八舌地嚷开了。有的说两个月，有的说三个月，有的还报了一大堆想看的影片名称。

"这是怎么回事？"彭德怀转过头望着军的各级领导干部："你们的电影放映队呢？"

指挥员们不知道该怎么回答，大家面面相觑。这个师的宣传科长觉得是自己的分内事，只好站出来解释："彭总，前沿阵地的部队太分散，这里又靠近板门店，战斗频繁，电影放映队上不来。"

"总部规定，前沿阵地的连队一个多月换一次防，总不能两三个月都看不上一场电影啊！"彭德怀有点生气，不由得提高了声音："仗是靠连队战士去打，坑道得靠连队战士去挖。各级领导机关一切工作的出发点，都要把连队战士放在第一位，全心全意为连队战士服务。"他略停了一下，接着说："我提个建议：今后来了新影片，可不可以让连队战士先看？"彭德怀立即叫随行秘书过来，口授命令："通知所有部队，今后只要来了新影片，必须先在连队放映。凡是连队战士没有看过的新影片，机关的'老爷们'要等一等再看。"彭德怀看看大家，解释道："规定这么一条，放映队就会真正下连队。哪一级干部想先看影片，可以跟着放映队到下面去看，一边也可以了解连队情况，解决些实际问题，这叫一举两得。"从这以后，军直机关就再也不能提前放映新影片了。头脑灵活的人躲到放映队的试映室去先睹为快。但试映室毕竟太小，容纳不了几个人，于是下连队看新影片的人也就多了起来。

（原载《元帅的最后岁月》，四川人民出版社 1991 年版）

十一、我坐在彭总身边看电影

—— 彭德怀和王春才

回首往事，有许许多多早已淡漠、遗忘。可是，有一件事却永远使我刻骨铭心，留下了美好的记忆。

这是 1966 年 9 月 15 日的夜晚，成都锦江宾馆 9 楼大会议室正在放映一部反映解放战争的电影《战上海》。电影刚放映，一位观众才匆匆赶来。身穿白色上衣的年轻女服务员与一位警卫打着手电筒引导他到前面找座位，他看到 12 排最边上有个空位就坐下了，正巧与我的座位挨着。借着银幕的亮光，我和同排几位参加西南"三线"工作会议的代表惊喜万分，原来，眼前这位身材魁梧正在脱帽的老人竟是彭德怀！代表们一个个都连忙起身致意。满头白发的彭总转过身来，微微弯腰向大家表示感谢，同时连连摆手，示

1987 年 7 月 16 日，彭德怀夫人浦安修（右）在北京家中与王春才（左）交谈出版《彭德怀在"三线"》一书事宜。喜看影集中接触彭总人员的相片。她告诉王春才，《彭大将军》电影是她策划摄制的，剧组负责人与主要演员采访她多次，进行交流。（江颖 摄）

意代表们快坐下，不要讲话，以免妨碍身后同志看电影。不一会儿，那位女服务员端来一杯茶水，轻轻地放在彭总面前的桌子上，说："请彭总用茶。"彭总亲切地看着服务员，点点头说："谢谢。"接着就伸手把茶杯放到我面前，示意让我喝。看着这杯茶水，我心头一热。不知怎么的，鼻子一酸，眼前模糊了。此刻，正落魄的彭大将军，竟然坐在我身边，心中不觉一阵酸楚。彭德怀在庐山会议以后的事我也知道：上书、罢官、归田，来"三线"，时下正在批判这位庐山"海瑞"。而他却心胸开阔，淡然对之，平易近人，与参加"三线"会议的代表一起看电影，这不禁联想起我的童年。我是1943年在苏北建湖县高作乡老解放区开始上学读书的，第一课课文就是："一二一，新四军来了，一二一，八路军来了；欢迎，欢迎！"老师向同学们讲解每个字的发音与意思，特别讲了八路军总司令是朱德，副总司令是彭德怀，百团大战打得鬼子落花流水，鬼

1953年，彭德怀同志与侄女彭钢在中南海合影

子可害怕彭副总司令呢！因此，在我扛着红缨枪、站岗放哨当儿童团员的时候，就很敬慕彭老总，盼望着有一天见到他。时隔20多年后，这个夙愿竟成为活生生的现实。由于在"三线"领导机关工作的关系，我经常见到彭总，多次聆听过他的教诲，现在又坐在他身边看电影，这怎能不使我激动呢?!彭总见我不喝茶水，又客气地让管德如同志喝，管德如同志也不好意思喝，忙站起来将杯子俯身放在彭总面前。为了不影响周围同志看电影，彭总不再推让了。但是我的心还是直跳，平静不下来。这时，银幕上出现了

解放军大队人马呼喊着向敌人阵地冲锋的场面，彭总看到这里微微地笑了，然后转过脸来轻声地对我说："不是这样冲，如果这样冲，我们要吃亏的。"我回答说："彭总说得对。"他点点头，目光又移向银幕，看得是那么认真。那天晚上一连放映了几部片子，由于放映时间太长，彭总有事未看完就起身告辞了。临走时，他弯着腰与大家一一握手告别。我心里泛起了一股热潮。电影散场后，我久久不愿离去，又坐在彭总坐过的位子上，用手抚摸这杯未喝的茶水，沉浸在无比幸福的回忆之中……立志有朝一日，要为彭总补碑立传。

1995年我多年的愿望终于实现了。北京电影制片厂与中共四川省委党史研究室将我的著作《彭德怀在"三线"》联合摄制同名电影，编导白宏，国家一级特型演员雷飞饰演彭德怀。1996年3月18日在人民大会堂举办了首映式，被评为华表提名奖，四川"五一工程"奖。著名老作家马识途看了影片后，赞美作品是一部正气歌。

48年后，好事接连而来，上海电视台纪实频道往事制片主任陈菱、高级编导冯乔看了我的著作（《元帅的最后岁月——彭德怀在大西南》）后，2014年12月20日专程到成都采访我，我陪他们参观了彭德怀1965年11月30日至1966年12月22日住处——成都永兴巷7号（现改为15号）大院、总府街西南"三线"建委办公的东风招待所（现改为四川宾馆）。他们工作认真，忙着取镜头、摄影、录像。

3个月后，陈菱主任邀请我到上海电视台纪实频道影视大厅接受采访，主讲彭德怀元帅在"三线"的往事。我对上海交通不熟悉，我的好友66岁的倪同正，是由四川彭州"三线"锦江厂退休返回上海居住的。他主编了中国"三线"建设文选《"三线"风云》丛书。我81岁，3月31日由成都乘飞机去上海，倪主编亲自到虹桥机场接我，到高级编导冯乔安排的瑞泰酒店住下。如何口述好彭德怀在"三线"的往事，倪主编与我交谈，他提出了很多指导意见，我认真作了准备。他与上海大学历史系徐有威教授陪我到电视台，与陈菱、冯乔接头、座谈。采访前后在上海的日子里，倪主编一直在我身边，4月7日下午，我在影视厅接受著名节目主持人刘凝采访，倪主编站在透明的玻璃墙外看了几个小时，手握相机现场照了多张相片，我很感动，得到了极大的鼓励。散场后，高级编导冯乔对我口述历史表示满意。

2015年正逢中国人民抗日战争暨世界反法西斯战争胜利70周年纪念，当年八路军副总司令彭德怀战功卓著。高级编导冯乔抓得很紧，制作了两节，每节播放46分钟。电视台事先预告了播出日期，6月21日、6月28日，分别播出《彭德怀元帅在西南"三线"》《彭德怀元帅晚年的苍凉岁月》。6月21日晚上，我与亲友坐在电视机前，著名节目主持人刘家祯宣讲了，站着手指播放的《战上海》电影屏幕，看着大批解放军打着红旗向前冲，刘家祯说，当时彭德怀看了电影掉过头来对坐在身边的王春才说："不是这样冲，如果这样冲，我们要吃亏的。"瞬间，将我带到49前与彭老总看电影的场景。艺术性的开头，既真实、又震撼。观众对彭德怀元帅有了进一步的了解，留下了深刻印象。几天后，陈菱主任在电话中告诉我，

2015年4月7日下午，上海电视台纪实频道往事制片主任陈菱（右4）、高级编导冯乔（左5），在徐有威教授（左3）、《"三线"风云》丛书的主编倪同正（左1）支持下，采访了王春才（右二），摄制了《彭德怀元帅在西南"三线"》《彭德怀元帅的苍凉岁月》，于6月21日、6月28日分别播出。影视开头就叙述王春才坐在彭总身边看电影

我们合作是成功的，收视率高。让我再次记起张爱萍将军 1991 年为四川人民出版社出版我的著作《彭德怀在"三线"》题词："彭德怀元帅出征"三线"，逆境受命气犹壮，为民为国心无私。"

（原载《元帅的最后岁月——彭德怀在大西南》，四川人民出版社 2008 年版，2016 年 1 月 18 日修改增加了部分新内容）

十二、彭德怀喜会当年老船工帅仕高

播放歌曲:《毛主席派人来》

1987年2月20日,笔者在四川石棉矿成都办事处采访了该矿徐家坤副矿长,受到热情接待,他对彭德怀20多年前视察四川石棉矿的情形记忆犹新。回矿后,请矿志办钟持谅主任撰写了彭德怀在矿上视察的详细经过。

1966年3月,彭德怀沿成昆铁路线去渡口市,途中特地到四川石棉矿,视察了矿山、选矿厂和职工医院,会见了技术人员、工人和为红军摆渡的大渡河老船工帅仕高。

3月25日上午,彭德怀走过大渡河石棉桥,来到了石棉矿,还未坐定,就提出要到矿山看看。有人劝他说:"你老人家已是快70岁的人了,山那么高,路又不好走,算了吧!"彭德怀笑了笑,说道:"山高怕啥?爬山可以锻炼身体嘛!不信,咱们比赛比赛。"大家劝阻不住,只好陪同他徒步上山。彭德怀步履稳健,大步向前,把秘书綦魁英、警卫参谋景希珍及矿山陪同人员甩在后面,他不时回过头来大声喊道:"年轻人,加油,加油哇!"

这时山顶上的高音喇叭响了。在一阵欢快的乐曲声之后,一个女高音歌唱家满怀深情地唱起来:

毛主席呀派人来,
雪山点头笑,

彩云把路开，

一条金色的飘带，

把北京和拉萨连起来。

我们跨上金鞍宝马哟，

哈达身上戴，

到北京献给毛主席，

哎，感谢他给我们带了幸福来，

带了幸福来，……

这歌声是那样清脆响亮，是那样悦耳动听，震撼着群山，震撼着矿工的心灵。人们好奇地放下手中的活，竖起耳朵聆听着，猜测着发生了什么事情。

"你听，广播里放的是什么歌？"

"哎呀，你还听不出来么？放的是《毛主席派人来》嘛！"

"奇怪，现在不是放广播的时间，咋个放起广播来了呢？"

"是呀，放的是《毛主席派人来》！""喂！老兄，我看今天一定有什么大事！"

"走，看看去。"

人们不约而同，从车间、工地、办公室和宿舍拥了出来，上夜班后正在睡觉的工人也从床上爬了起来。大家自动地站在过道两边，排好了整齐的队伍，眼巴巴望着从山下走来的彭德怀。

彭德怀兴致勃勃地沿着一条崎岖的山间小路，一步一步地走了上来，挥手向矿工们致意。站在前面的几个小孩子，看见一个老爷爷面带微笑，向他们挥手，高兴得跳了起来，拍起了小手，接着男女老少都跟着鼓起掌来。大家望着白发苍苍的元帅，久久不愿离去。

但可悲的是，播放此歌曲的同志，在"文化大革命"中竟然被审查。

"你们找到了新的采矿方法，好嘛！"

彭德怀爬上海拔 1248 米高的第一采矿场。矿领导心想，彭德怀好长时间没有爬山了，今天一定很累，便关切地对他说："首长，是不是休息一下，喝口水再走。"彭德怀摆了摆手说："不用了，我们还是抓紧时间进坑道里看看吧！"

彭德怀来到坑道门口的选矿班，这里有十多个老工人，正围坐在地上，用棉锤剔除矿石上面的长纤维石棉。他们当中有很多人是从部队转业的，曾经在彭德怀指挥下参加过抗日战争、解放战争、抗美援朝。今天，在"三线"建设的工地上，意外地见到了老首长，连忙从地上站起来，操着浓重的四川口音说："彭总，你好！"彭德怀向前跨了一步，深情地伸出宽大而温暖的手。这些拿过枪杆、铁锤、锄头、荒耙、棉锤的手，抢着和彭德怀握手。这是不穿军装的元帅和他的士兵，和他的阶级兄弟在社会主义建设新战场重逢时的握手。

彭德怀来到坑道四棉脉五采场，在矿领导的陪同和引导下，顺着木制的人行梯爬上了放矿平台。彭德怀仔细地观察着石棉矿脉的生长情况，掉过头来问矿领导："你们用什么办法采矿？"

矿领导回答说："我们是用自然崩落法采矿的。"

1966 年 3 月 25 日，彭德怀视察了大渡河畔的石棉矿。图为大渡河上的石棉大桥

彭德怀点了点头，又问道："为什么使用这种方法采矿呢？"

矿领导回答说："这里的石棉矿脉叫四棉脉，矿体松软破碎，是一种碎砂状的蛇纹岩。工人们称这种石棉矿叫'花包棉'，过去，由于采矿方式落后，在这种矿体里采矿经常发生工伤事故。1962年以来，矿党委经过深入的调查研究，了解到这种矿脉的性能和特点，利用松软厚的条件，让矿区形成空区自然崩落，同时在矿脉外面坚硬的岩石中打了脉化巷道放矿。这样，工人不再进入容易倒塌的矿脉内操作，事故就大大减少了。"

彭德怀听了以后，连连点头说："你们重视安全生产，这很好。井下生产比地面要复杂得多，成天和各种岩石打交道，不安全的因素很多！你们重视科学，听取技术人员和广大职工的意见，从成功和失败中总结经验教训，找到了新的采矿方法，好嘛！"

彭德怀在坑道里转了一大圈，直到下午5点才往山下走。到了二选厂，他看见里面在冒烟，就问："这是什么地方？"陪同参观的人回答说："这是二选厂附近。"他说："走，咱们看看去。"有人说："首长，现在已经5点多了，该回去吃晚饭了，不去了吧！"彭德怀脸上露出不高兴的样子，说道："5点多就迟啦，你们当兵打仗的时候，五六点钟能吃上饭吗？"陪同参观的人改口说："进去要戴口罩，我们没有准备。"彭德怀笑了笑说："戴什么口罩，用不着。走，看看去。"大家只好跟着他在二选厂看了选矿流程。在视察过程中，他问矿领导："石棉矿这么多工人家属，吃菜问题怎么解决？"矿领导回答说："大部分是靠汽车从成都运。"他听了以后关切地说："哎呀，工人同志太辛苦了，你们要想办法把职工生活搞好，使他们安心工作。"彭德怀回到矿部，天都快黑了。

关心石棉矿综合利用，上书周恩来总理

在四川石棉矿，紧张的劳动场面，工人们的热情欢迎，使彭德怀心情十分激动。晚饭后，他兴致勃勃地说道："我现在不是需要

休息，而是需要工作。你们马上把工程技术人员请来，我要和他们好好谈谈。"

汇报会上，技术人员详细汇报了石棉的地质资源以及石棉矿床伴生和共生矿物的情况，彭德怀戴着老花眼镜，详细地作了记录。有时还把笔放下，询问一些问题，他问得很详细，从燃料、材料的供应，一直问到职工的思想、生活。技术人员汇报说，利用石棉尾矿和汉源县的磷矿石制钙镁磷肥，已于1965年试验成功，经过鉴定已达到国家二级标准。彭德怀听后特别高兴，鼓励他们要早日投入批量生产，并说："这件事很重要，我回去一定找有关部门商谈。"彭德怀没有失言。4月8日，他回到成都，4月14日就为石棉的综合利用问题，写了专题报告分送西南"三线"建委各领导。不幸的是，"文化大革命"使他的愿望没能实现。可是这位身经百战的元帅，在后来身陷囹圄的时候，仍念念不忘西南大三线的建设。1967年4月20日晚上，他夜不成寐，伏在昏暗的灯光下给周总理写了一封信：

总理：前日阅读《人民日报》……因而记起去年四月到石棉矿（安顺场下游二十公里）考察时，该厂的矿渣很多，堆积在大渡河南岸，未曾利用，已流失不少。此种矿渣中含大量钙、镁，其次是磷，还有其他矿物质。加工后即成钙镁磷肥，用于农作物的底肥是很好的。石棉矿渣（尾矿）占百分之九十五，年可产四五十万吨，设备简单，成本当然是很低的……此事可能被搁置。小事情本不该打扰您，但我不知应告何人，希原谅。顺祝您永远健康！

石 穿
1967年4月20日晚

石穿是彭德怀的号，是他青年时在石洞中看到滴水穿石得到启示而自取的，他的老战友周恩来很清楚。

彭德怀关心石棉矿渣的综合利用，是很有战略眼光的。石棉矿的科技人员和工人，不仅利用石棉矿渣制成了钙镁磷肥，还研制生产了碳化砖、水磨石、水刷石、白云砂、蛇纹大理石板材以及蛇纹石作混凝土骨料等。为了进一步开展综合利用工作，1984 年 9 月，中国工业运输协会、化工部第八设计研究院倪家贤主任组织承担了该矿废石尾矿处理可行性研究项目，并于 1985 年 3 月对咨询报告进行了可行性论证。同年 7 月，他们向石棉矿提交了可行性研究报告。此后，石棉矿渣的综合利用又取得了新的成果。

彭德怀喜会当年老船工帅仕高

1966 年 3 月 25 日上午，彭德怀走过四川大渡河石棉桥，来到石棉矿，提出想去看看当年工农红军抢渡大渡河的渡口——安顺场。由于某些复杂的因素，有人借口日程计划上未安排，去安顺场的路不通，使彭德怀未能如愿以偿。恰好当年的老船工帅仕高还健在，正在四川石棉矿医院治眼疾，矿领导把这个情况告诉了景参谋。彭德怀知道后说："去不成安顺场，那我们就去医院看望老船工吧！"

彭德怀见到老船工极为高兴，双手握着老船工的手说："你是帅仕高吗？我们是老朋友了，早就想到安顺场去看看你们。当年是你一老一少两个船工划一只船嘛！"

听到这位老干部一说，帅仕高睁大一只病眼，仔细看他："首长，您咋个记得这样清楚？"

"我是当年的红军战士。

1966 年 3 月 25 日，彭德怀视察大渡河石棉矿时，特地看望了长征时为红军摆渡的老船工帅仕高（左）、石万才（右）

当年我们工农红军与蒋介石打仗，来到大渡河畔，勇士抢渡大渡河，多亏你们船工呀。如果没有你们，我们渡河就更困难。今天我代表那些乘你们的船渡河的所有红军战士来看望你，感谢你。"说着，彭德怀向老船工行了一个鞠躬礼。这使老船工激动不已，不住点头还礼说："不敢当。你们红军打白狗子，也是为我们老百姓过好日子呀。"说着抹去夺眶而出的热泪恭敬地问："首长，您叫什么名字？"

彭德怀想了想说："我叫湖南生，31年前我们在一条船上嘛。"彭德怀不愿意道出自己的真实姓名。身旁的陪同人员说："这位首长是彭总，名叫彭德怀。"

"啊哟，您就是彭德怀啊！"老船工上前紧紧拥抱他，"彭大帅，好久没有听说您的名字了，您好吧？"彭德怀高兴地说："好啊，好得很！毛主席派我搞'三线'建设来啦！毛主席领导我们，当年大渡河这样的地方都抢渡过去了，现在还有什么路不好走的。""是啊，当年你们从这儿走过，我现在想起也觉得险呀！河对面山上白狗子的枪子儿像泼水一样，几条龙头小船就在人家的枪口下晃荡，子弹可不认人，除了你们哪个敢过呀！你们前脚走，国民党中央军就到了。他们没有追上红军，就到处抓船工，船工都跑了，我也跑到彝区去做了娃子。"

彭德怀听老船工讲完，点点头说："让你们吃苦了。""红军才吃了更多更大的苦呢！"老船工抹了一把眼泪，抽抽噎噎地说道。

彭德怀见老船工太激动了，连忙转换话题说："我们是老朋友，今天摆摆'龙门阵'吧。你家有几口人呀？"老船工在回答彭德怀的提问后，将全家解放后的生活情况告诉了他。彭德怀又亲切地问了问其他船工的情况。最后彭德怀深沉地说："船工们为革命立了大功，要不是你们的帮助，红军就不容易过大渡河。那时蒋介石还叫喊要我们当第二个石达开……"那朴实的话语、爽朗的笑声，被不时袭来的山风吹得很远很远。与老船工分手的时候，彭德怀像长兄对弟弟似的送他30元钱，三包大前门香烟，叫他把眼睛医好。

老船工再三推辞，怎么也不肯收，彭德怀硬要他收下，笑呵呵地说："接着！接着！钱虽少，是我代表红军战士向你表示的一点心意。"老船工握着彭德怀的手舍不得放开，彭德怀亲切地说："你安心地把眼睛治好，以后有机会，我再来看望你。"老船工激动得一句话也说不出来，彭德怀那炯炯的目光凝视着老船工，好像在说，他们应该与17勇士一起载入史册。帅仕高对彭德怀去医院看望他非常激动，得知他敬重的元帅当晚住宿在矿招待所，于是向医生请了假，摸到招待所。彭德怀再次接见了他，给他倒茶、敬烟，两位老朋友促膝谈心，沉浸在幸福的回忆之中。彭德怀得知帅仕高家中生活很困难，又见他面黄体瘦，穿着破旧，心里难过。当场关照在座的雅安行署、石棉县委领导同志对帅仕高生活上予以接济，保持中等水平，使有功之臣安度晚年。在座的领导同志表示一定落实彭总的指示。帅仕高激动得说不出话来，紧紧握住彭老总的手不放。

事隔多年，老船工帅仕高生活得很幸福。他永远不会忘记1966年3月25日彭德怀会见他的情景。彭德怀看望老船工的事情也被当地群众传为佳话。

1987年，当时的解放军总参谋长杨得志将军来到安顺场，还专门看望了帅仕高，并将他接到北京观光。

彭德怀看望老船工帅仕高，"文化大革命"中却成了他"收买人心"的一大罪状，造反派办的各大小报刊连篇累牍刊登批判文章。景希珍、綦魁英、赵凤池、西南"三线"建委冶金局陈凤梧局长与笔者座谈时，说他们当时都在场，彭总对老船工帅仕高冒着生命危险帮助红军抢渡大渡河表示真诚的谢意，30年后还记起老功臣，专门去拜访他，见他生活困难，给予力所能及的资助，这充分体现了彭德怀的伟大人格。后来彭德怀在成都街上见了批判他的大字报，回家拍着桌子怒斥道："老船工冒着枪林弹雨帮助红军渡河，命都不要，我这点钱就把他收买了？简直是胡言乱语！"

（原载《彭德怀在"三线"》，四川人民出版社1991年版）

十三、彭总的特别命令
——彭德怀和孟久振

彭德怀这次去川南视察芙蓉煤矿，西南"三线"建委燃料局局长王思和派该局煤炭工程师孟久振打前站，提前几日去矿区了解情况，商定安排彭德怀视察矿区工作的日程。

彭德怀在王思和及秘书綦魁英、警卫参谋景希珍陪同下，于1966年4月21日晚上到了珙县巡场镇芙蓉煤矿矿区指挥部。晚饭后，矿区指挥长刘同信向彭德怀扼要地汇报了整个矿区的建设情况，并劝彭德怀早点休息。彭德怀和景参谋打着电筒去厕所，转回房间时见大家仍在谈论工作，他又跨进房间风趣地说："好家伙，你们把我开除啦！光叫我休息，你们却不休息，都该休息了！"这样，大家才散去。

当时芙蓉矿区指挥部处在初建阶段，没有招待所，他们把简易的办公楼让出几间作为客房，彭德怀就住在二楼一间不到20平方米的卧室内。房间内没有桌子，只有一张挨近窗口挂有蚊帐的双人床，一盏昏黄的电灯悬吊在床边。第二天晚上，彭德怀在卧室内听取孟久振的汇报。

彭德怀头戴一顶黑色解放帽，耳边露出灰白头发，身着一套旧黑布中山装，上衣两只袖子各有一块补丁。他脱下布鞋，背靠垫着棉被的墙，盘着两腿坐在床上听孟久振汇报，并戴上老花镜聚精会神地做笔记，还不时插话提问。孟久振汇报了芙蓉煤矿区工程进展，计划执行情况，以及初步安排彭德怀参观煤矿区的日程。孟久振汇报到杉木树矿平硐中有斜井时说："路陡不好走，彭主任年岁大了，就不要下井了。"彭德怀抬起头，摘下老花镜说："井一定要下。我在童年时当过锡矿工人，也当过煤矿工人，下井我是没有问题的，你们不必担心。"

彭德怀对孟久振的汇报表示满意，最后对他说："孟工程师，你汇报的情况很好，这样我脑子里有了个概念。现在没有什么说的，有什么问题，我看看再说。"汇报完后，在场的王思和犹豫了一阵，向彭德怀汇报另一个问题："彭主任，前几天孟工程师的唐山老家给他拍来加急电报，说他母亲病危要他速回，今天我才把电报交给他……"这封加急电报是孟久振离开成都后，西南"三线"建委机关收到的。当时，王思和没有电话通知孟久振，把电报随身带到芙蓉煤矿区来了，想亲手交给孟久振，但又未及时转交。原因是，王思和是位老红军，业务不太熟悉，孟久振是煤炭专家、老工程师，是他的得力助手，在彭德怀视察之日，不愿立即放走他。彭德怀得知此事后，马上摘下眼镜，手拿钢笔指着王思和说："你这个局长怎么当的？太不体贴下属了。你来之后，就应当立即把电报交给孟工程师。赶紧叫他回去。现在又耽误了一天。"接着彭德怀又半开玩笑地说："王局长，你要知道孔孟之家都是出孝子的，你这样做太误事了！"王思和笑笑没说什么。在一旁的孟工程师十分激动，赶忙说："彭主任，我母亲73岁了，上年纪的人，总会生病的，也不一定那么危急。工作要紧，不回去了，我陪你走完。"彭德怀坚决不同意孟工程师留下，下床站起来，吩咐秘书綦魁英说："綦秘书，我命令孟工程师回家探母，你安排一下，告诉司机用我的专车，明早送孟工程师到宜宾赶火车。"綦秘书说："是！我安排。"彭德怀又对王思和说："孝敬父母是中华民族的传统美德。老年人在病患时，是多么想见见子女啊！凡是条件许可，都要尽量满足人们团圆的要求，矿区情况不熟悉没关系，刘同信指挥长他们清楚，有问题我们请教他们好了。"王思和高兴地对孟久振说："按彭主任命令办。孟工程师，你现在回去做些准备，明早动身返家。"孟久振此时心情激动，站在彭德怀和王思和面前，不知道说什么才好。他摘下眼镜，用手帕擦去眼角的泪水，又抬起头，对彭德怀说："彭主任，这里离宜宾火车站不足60公里，就不用你的车送了，指挥部会有车送我到宜宾。"彭德怀又风趣地说："孟工程师，你知道吗？军人不执行命令是要受处罚的。你未当过兵，就算今天入伍吧！我的命令要执行啊！"孟工程师上前用两手紧紧握住彭德怀的手激动地说："感谢彭主任关怀。"

在芙蓉煤矿区指挥长刘同信的安排下，孟久振坐上指挥部的小车，第二天一早赶到了宜宾火车站，当晚到了成都，坐车返回唐山，总算到医院与阔别多年的老母亲见了一面。当他向家人叙述彭德怀命令他回家探母这件事情时，全家人都很感动。

孟久振后来担任四川省建委副主任兼总工程师，已离休。他与四川省煤炭厅厅长刘同信再次谈起30多年前的这件事时，孟久振满怀深情地说："彭总平易近人，艰苦朴素，严格要求自已，关心干部群众。"

（原载《彭德怀在"三线"》，四川省社会科学院出版社1988年版）

十四、补缴饭钱

——彭德怀和田兴成

到过西昌的人，大概都知道那里有个螺髻山。海拔3000米的高度和崎岖陡峭的山路令人望而生畏。在这高山峻岭之中，却出人意料地建起了一个农牧场。农牧场的主办单位是西昌行署。农牧场的职工大部分是来自自贡市的下乡知青。

1966年3月28日，彭德怀在视察成昆线途中，不顾山高路险，登上了云雾缭绕的螺髻山。他要全面了解一下农业和畜牧业的生产情况，并且看望了下放在这里劳动的知青。

他询问粮食的生长情况，抚摸着一头头绵羊，称赞品种不错。但他最关心的还是知青的生活。问他们来了多久，生活上是否习惯。他看了知青的住处，摸摸床上的被子，问寒问暖。嘱咐场领导多多关心知青的劳动、学习和生活。青年们听着、看着，有人一下子认出了彭德怀，呼啦一声，立即拥上来许多人，站在他的周围起劲地鼓掌。

中午，农牧场食堂准备了丰盛的饭菜。场领导解释说，这些菜都是场里职工自己种的，羊肉和猪肉都是场里饲养和宰杀的。彭德怀高兴地说："农牧场办得不错，自己动手、丰衣足食嘛！"上了几个菜后，彭德怀摆手示意，不要再上了。

饭后，场领导请彭德怀一行到招待所午休，彭德怀说："用不着休息，继续看吧。"他又到山坡上看了已成熟的小麦、蚕豆、茄子、辣椒，然后上车赶路。

汽车沿着山路行驶着，彭德怀和景希珍两人在车上畅谈视察农牧场的观感。话题转到午餐上，彭德怀突然想起什么，对景希珍说："小景，中午这餐饭菜很丰盛，虽然是农牧场'自产自用'，但也是职工辛勤劳动的成果啊！我们不能白吃，你交了饭钱吗？""交了，食堂还开了发票。"景希珍回答。彭德怀点点头。大概太劳累了，不一会儿就闭着眼打起瞌睡来。

当晚9时到达西昌招待所，住定之后，彭德怀叫来景希珍，说："小景，你把农牧场食堂开的伙食费发票给我看看。"景希珍从上衣口袋里掏出发票递到彭德怀手中，彭德怀戴上老花眼镜，看发票上的数字，发现每人只收两角钱，便着急地说："小景，他们只收每人两角钱，太少了，很不公道！这个钱一定要补交。"他让綦魁英拿来纸张，立即给农牧场领导写了一封信。信中写道："田同志：我们今天在你场吃过饭，每人只付两角钱，实在太少，以6斤肉计，每斤7角，即四元两角；还有其他饭菜，至少十元才公道。除每人已付两角外，另补八元，清查收。任何企业必须严格执行核算制。彭德怀三月二十八日"。然后，又吩咐景希珍将信和8元钱尽快派人带给农牧场。景希珍要通了农牧场电话，一位场负责人说，农牧场党支部书记田兴成同志参加了行署一个会议，正巧也住在西昌招待所，信和钱可以交给他带回。景希珍向彭德怀报告后，彭德怀让景希珍请田兴成到自己房间来。彭德怀紧紧握住田兴成的手说："田书记，你来得正好，非常感谢你们的热情接待，中午我们在农牧场食堂吃了可口的饭菜，每人只收两角钱，太少了，不公道！我算了一下，再补8元。"田兴成早就听说彭总一贯严于律己，今天这件事更使他非常感动，他握着彭德怀的手说："彭总，您太认真了。我们农牧场职工的伙食标准，中、晚餐都是两角，您吃的午饭和职工一视同仁，钱没少收。"彭德怀说："不行，不对了，职工午餐能吃那么好的菜吗？显然，大大超过标准了。"田兴成说："彭总，菜、肉都是农场的，你们难得来一次，多搞几个菜都是我们的心意啊！"彭德怀说："田书记，菜、肉、粮食是农牧场的，那是职工们早起晚睡流汗劳动的成果，我们不能随便侵占，不能揩他们的油；否则，食堂也办不好。还是请你捎上我这封信，带上补足的 8 元钱，回去对场领导讲讲我这个意思，再次谢谢他们了。"田兴成还想说什么，可是咽喉感到哽塞，说不出来。他两眼含着激动的泪花，从彭德怀手中郑重地接过了那封信与 8 元钱。

（原载《元帅的最后岁月——彭德怀在"三线"》，

四川人民出版社 1992 年版）

十五、钱敏保护营救彭德怀

　　1965 年秋，在庐山会议上被罢官的彭德怀，奉毛泽东主席之命，出任总部设在成都的大西南"三线"建委第三副主任。不久，"文化大革命"爆发，这位威名赫赫的元帅横遭批斗，身陷囹圄。西南"三线"建委第四副主任钱敏便想方设法保护彭德怀。

　　钱敏，江苏无锡人，1936 年投身革命，曾担任西南"三线"建委第四副主任、重庆市委第一书记、国家电子工业部部长、国务院"三线"建设调整改造规划办公室副主任。早在抗日战争期间，他就非常敬重彭总。

　　1952 年 7 月，彭德怀接替周恩来主持军委日常工作，也接替了兵工委员会主任的职务。1953 年彭德怀到上海视察，钱敏时任中共中央华东局工业部副部长，亲自陪同彭德怀视察一些工厂。到了江南造船厂办公楼会议室，彭德怀见茶几上放了几盘苹果，很不高兴，他不进会议室，要求把苹果撤掉，不允许用公款招待。经钱敏做工作，彭德怀才坐下听汇报。散会时，彭德怀自己带头请大家吃苹果，临走时，他留下 5 元钱，放在茶几上，钱敏与厂领导很受教育。未曾料到，13 年后，钱敏和他的老领导彭德怀都到西南"三线"建委工作了。彭德怀分管电力、煤炭、天然气方面的工作，钱敏分管机械、军工方面的工作。

　　1966 年 1 月下旬，周恩来总理亲自打电话给上海华东局书记陈丕显，说上海支援"三线"任务很重，通知华东局工业部长钱敏，尽快到西南"三线"建委报到，立即开展工作。2 月 6 日钱敏由上海乘火车到了成都，与彭德怀同住永兴巷 7 号院子，朝夕相处。

"文化大革命"的序幕拉开了，彭德怀首当其冲，6 月中旬，西南"三线"建委局级以上干部 20 多人，在办公楼二楼会议室批判彭德怀一个星期。下半年，"文化大革命"升级，大街小巷铺天盖地贴满了大字报，党政机关瘫痪，社会秩序动乱，面对这些情景，彭德怀虽然遭批斗，但仍镇定自若，经常一个人在街上看大字报，被钱敏发现后，从安全考虑，派工作人员陪同彭德怀上街看大字报，结果终于被几个红卫兵认出来了，呼口号要打倒他。钱敏又组织工作人员上街抄大字报内容让彭德怀在家看小字报。红卫兵扬言要抓彭德怀，钱敏派杨沛副秘书长请彭德怀避一避，住离成都 200 多公里的内江专署西南局招待所，被他拒绝了。钱敏只好进一步采取措施加强对彭德怀住地的保卫工作，要求保卫部门有什么情况及时向他报告。十多天后，彭德怀被绑架的事终于发生了。一个所谓揪彭兵团由北京窜到成都，12 月 22 日夜里，几个红卫兵，首先找到秘书綦魁英，要将彭德怀带走，綦秘书说："彭总是毛主席派来抓'三线'建设的，你们无权带走。"立即向住在大院招待所

1985 年 5 月，国务院"三线"办副主任钱敏考察江苏、上海、浙江一、"三线"结合情况。5 月 16 日在浙江绍兴市鲁迅故居与国务院"三线"办规划二局副局长王春才（右一）秘书何跃华（中）合影

073

的杨沛副秘书长汇报。一个红卫兵先抢着对杨沛说："我们是北航红卫兵，来之前，江青在北京接见了我们，她支持我们革命行动，我们有任务，将彭德怀带到北京，不会伤害他，赶快给安排飞机！"杨沛气得脸色发白，反驳说："你们无权将彭总带走。我哪里有这么大本事交涉安排飞机！"另一个红卫兵头头说："这家伙是保皇狗，找他没得用，快去把彭德怀带走！"杨沛急得额上出汗，随即给在办公室值班的钱敏副主任打电话报告这突发事件，请示怎么办？钱敏心急如焚，因事关重大，便答复道："我立即电话请示国务院，你们要保护彭总……"

杨沛打电话，被一个红卫兵听到了，一伙人又追到西南"三线"建委办公大楼，遭到值勤的解放军阻拦。几经纠缠后，钱敏允许他们派3名代表到他的办公室，红卫兵围住他又提出了派飞机送彭德怀去北京的要求，遭到了钱敏的拒绝。

钱敏让3名红卫兵代表在5302房间客厅等候，关上房门，他走到里面房间办公桌旁，拿起红色电话机要通了中南海周总理办公室电话，周总理办公室主任童小鹏接电话，立即将情况报告周总理。不一会儿童小鹏电话来了，传达了周总理三条指示："不准坐飞机，只能坐火车；成都军区派部队护送，要保证彭德怀同志绝对安全；路上不准劫持。"钱敏向三位红卫兵代表作了传达，他们半信半疑，钱敏对他们说，你们不相信，我可以把电话要通，你们可以直接问周总理。他们不敢问，下楼走了。此时，杨沛赶到了钱敏办公室，钱敏把周总理三点指示写在纸上交给杨沛，并交代：第一，立即找到彭总下落；第二，立

2007年4月22日，原西南"三线"建委第四副主任、国务院"三线"办副主任，92岁的钱敏下榻的四川宾馆（原西南"三线"建委办公楼）5302房间，正是他40多年前的办公室。钱老向作家王春才回忆当年护卫营救彭德怀的往事。（汪蓉摄）

学習彭德怀同志的高風亮節

纪念彭德怀同志诞辰一百一十周年

钱敏

2007 年 4 月 22 日，92 岁的钱敏老部长在四川宾馆 5320 房间，为王春才（右）著作即将修订再版的《彭德怀"三线"岁月》书题词："学习彭德怀同志的高风亮节——纪念彭德怀同志诞辰 110 周年。"

即与成都军区主持工作的韦杰副司令联系，安全护送彭总坐火车去北京。韦杰副司令同时接到周总理同样内容的电话指示，迅速作出部署。彭总警卫参谋景希珍在院内抓住一个红卫兵，从他口里问出彭总被关在成都地质学院，由北航"红旗"红卫兵看管。于是，立即坐上赵凤池的小车追赶，去看了彭总。第二天，北京地质学院"东方红"王大滨等人又将彭德怀转移到四川省地质局大院内，景希珍又找到了彭总，并悄悄传达了周总理的指示。彭德怀听到周总理的指示中还称他为同志，非常感动。同时让景希珍转告钱敏副主任，让他费心了。

钱敏这几天为将彭德怀安全送到北京废寝忘食。他与韦杰副司令保持着电话联系，并派杨沛副秘书长、中共中央西南局管理局何光副局长与成都军区、成都铁路局联系，落实周总理指示。成都铁路局单独挂了一节车厢。12 月 25 日下午，红卫兵开着几辆吉普车到成都火车站，强行将彭德怀架上了火车。成都军区派了一位参谋、5 位战士护送彭德怀。景希珍、綦魁英也不放心老首长，挤上火车守卫彭总。钱敏派杨沛、何光为彭德怀送行，火车站人山人海，挤不进去，杨沛、何光在车站外面，听到火车汽笛一声长鸣，载着受难的彭德怀去北京，心理非常难过。彭德怀在"三线"度过了艰难的一年零25天，忍辱负重，考察了几十个"三线"工地。被强行抓到北京后再没有活着回来。

1966年12月27日夜，火车到了北京车站，周总理指示北京卫区司令部的同志到火车站接彭德怀同志到卫成区去，但北京地质学院"东方红"头头王大宾不同意，结果彭德怀又被揪到北京地质学院，与中央警卫部队共同看押。童小鹏主任打电话给钱敏，让他放心，彭德怀安全到了北京。钱敏心中一块石头终于落地了。

粉碎"四人帮"后，1979年年底，戚本禹在押期间写的供词承认："彭德怀在'三线'，是我叫四川学生把他带回北京的，江青当时是力主这样的，康生也是这个主张。"显然，营救彭德怀是与"四人帮"针锋相对的斗争。

"四人帮"从策划绑架到整死屡立战功的彭大将军，长达8个年头。1974年11月29日，彭德怀含冤逝世，终年76岁。在中国的天空上，一颗将星陨落了，两年后，党和人民终于粉碎了林彪、江青反革命集团，并将这伙人押上了历史的审判台。1978年12

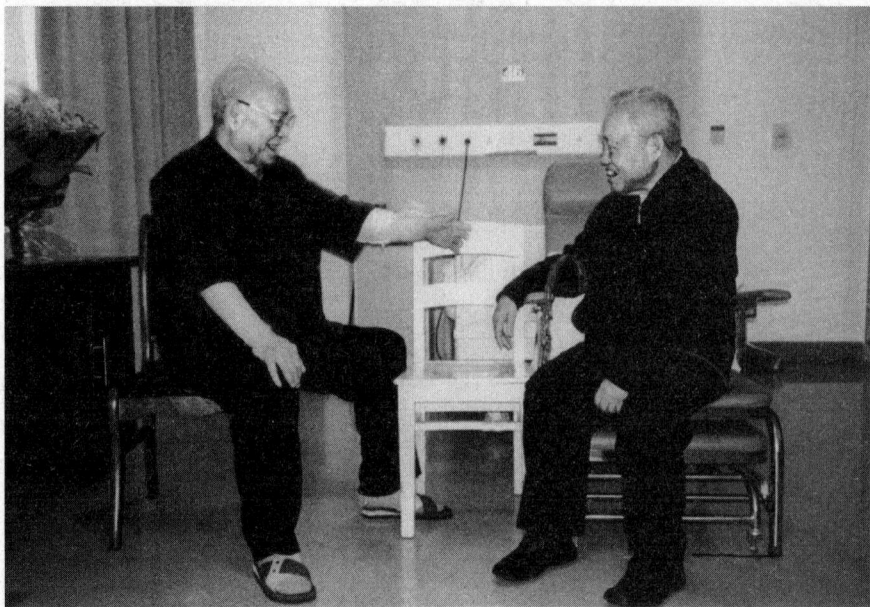

2007年4月23日下午，92岁的老部长钱敏（右）到成都华西医院看望住院的老朋友马识途（左）老作家。（王春才 摄）

月 24 日，中共中央在人民大会堂隆重召开了"彭德怀同志追悼大会"，为彭德怀同志彻底平反昭雪。历史为彭德怀同志作出了公正的评价。

（原载《神剑》2008 年第 1 期，2008 年 4 月 1 日
《作家文摘》第 1125 期头版摘登）

十六、彭德怀保险柜中的秘密

1966 年 12 月 25 日，彭德怀被揪往北京后，当时正是"文化大革命"的混乱时期，他的保险柜放在机关，组织上感到不安全，决定打开保险柜，把东西清理一下。"三线"建委秘书处的雷文、夏存瑜及景参谋、綦秘书打开保险柜，只见柜内放着一支手枪、一支猎枪、一个烟盒。这个金属制作的黄色小烟盒，是 20 世纪 50 年代后期原志愿军副司令员邓华率军事代表团访问南斯拉夫时带回来的纪念品。邓华还在烟盒上写着"赠给彭德怀同志留念"字样。彭德怀珍惜老战友的情谊，一直把它保存着。除此之外，还有几十扎人民币。雷文拿出一扎来，看见在捆票子的牛皮纸上写有"缴党费"三个字，雷文再拿出一扎来，牛皮纸上还是这三个字。这些人民币共一万余元，其中大部分被彭德怀安排作缴党费用。看着这一堆人民币，联想到彭德怀艰苦朴素的作风，在场的同志十分感动。其实，彭德怀明白自己迟早会被林彪、江青一伙揪走，所以早已对后事作了安排。

彭德怀一生都很简朴。他到成都来时，穿的一件中式旧棉袄是 50 年代穿过的。十几年前他常穿的一件羊毛衫，胸前、袖口有多处破洞，他请人

这原来是一件军服，在吴家花园时，彭德怀把它染成了黑色，经常穿着它。彭德怀乐意拿自己的工资为附近的群众安电灯、接自来水管……却不肯为自己添置新衣服

剪掉一截袖子当补丁给补上了，胸前一个小洞还是彭德怀亲手补好的。1962 年从湖南老家来了一位同志，彭德怀见他衣服穿得很单薄，立即脱下身上穿的这件羊毛衫给了他。这位同志穿了好多年，一直保存着。浦安修

彭德怀在吴家花园拔草、除虫、整治菜地时坐的小板凳

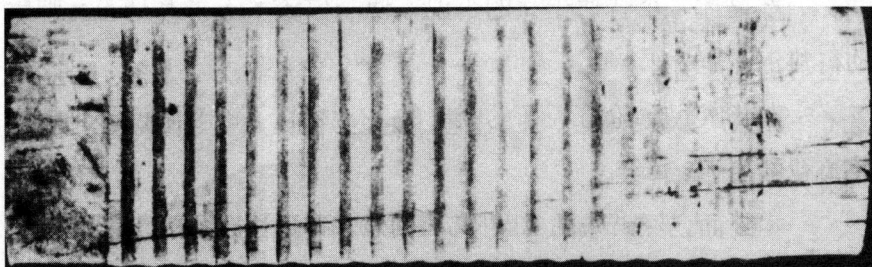

彭德怀在吴家花园居住时，常常自己洗衣服，这是他用过的搓板

总想为老伴添置一点衣服，但他总说够穿的就行了，舍不得买。彭德怀没有子女只有侄儿、侄女。为了培养他们艰苦朴素的作风，经济上对他们虽也有过接济，但给钱不多。他出差时，常常不要公家规定的补助费。平时他不喝酒，也不大吸烟，把积攒下来的钱大部分用于缴党费。

雷文他们又对彭德怀被抄、被抢后的住处永兴巷 7 号进行了清理，找到了一双元宝口布棉鞋和陈云在延安时送给他的一只小皮箱。彭德怀很珍惜这只小皮箱，一直带在身边。解放战争时期，小箱子的盖破了，他还作了修补。后来。这双棉鞋和这只皮箱都拍成照片，印在邓小平题字的《纪念彭德怀同志》画册上。1979 年 10 月 11 日，陈云在画册上题了词："彭德怀同志是共产主义、国际主义的英勇战士。"

（原载 1987 年 2 月 28 日四川《军工导报》）

十七、彭德怀与《欧阳海之歌》

一部描述一个普通士兵的小说，使一位统率千军万马的元帅感动得热泪盈眶；

一双为人民拿枪打天下的粗壮的手，拿起了钢笔倾诉对党和人民事业的忠诚；

一本封面已经破残的《欧阳海之歌》和留在书页上的那1833字的批注，记录了彭德怀一生最悲壮的岁月里的一个感人的故事……

1965年秋，被罢官6年的彭德怀元帅出任西南"三线"建设委员会副总指挥，由北京乘火车抵达成都。他在成都永兴巷6号的居室布置得十分简朴，几个放得满满的书橱是最显眼的陈设了。这些书都是彭德怀从北京随身带来的，总共装了二十多箱。

彭德怀出身贫苦，小时候给人放过牛，当过矿工，根本无钱上学读书。投身革命后，他以顽强的毅力克服种种困难，在戎马倥偬中硬挤出时间读书学习。全国解放后，他买来了全套从高小到高中的数学、物理和化学课本，后来又买了一套《十万个为什么》，制订了学习计划，更加刻苦地坚持学习。1959年庐山会议对他作了错误处分，但彭德怀勤奋学习的精神丝毫未减，还请来夫人浦安修和中央党校的老师作辅导，几年里阅读了大量古今中外的政治、经济、历史、文学著作。来到"三线"后，在繁忙的工作之余，他仍然坚持认真看书、学习。

1966年6月的一天，彭德怀又在警卫参谋景希珍陪同下，来到成都市新华书店，买了一本新出版的金敬迈的长篇小说《欧阳海之歌》。从此，他如获至宝，一有空就孜孜不倦地读起来，常常看得忘记了吃饭。他被这部小说深深地吸引住了。

短短三个月里，这本书被彭德怀仔细阅读了三遍，并在书页上画了许多红线，作了许多批语。《欧阳海之歌》全书共444页，他用红墨水画有杠线的就有148页，留有批语的有80页共计1833字。

小说《欧阳海之歌》的开头，写了欧阳海的苦难童年。欧阳海家中穷得揭不开锅。7岁时跟母亲讨饭，受尽了欺压和凌辱。倔强的欧阳海不愿再受这个气，说："我再也不讨米，我要砍柴去！"读到这里，彭德怀的眼睛湿润了：欧阳海的遭遇和话语多么像当年的钟伢子（彭德怀的乳名）呀！

钟伢子8岁那年，母亲被痢疾夺去了生命，父亲也害病不能干活，他和三个弟弟忍饥挨饿，全靠70岁的祖母拉扯。大年初一一早，家中无米下锅，祖母只好拿出一个破篮子、一只碗和一根打狗棍，含着泪让钟伢子带着二弟去讨饭。

钟伢子带着二弟身穿破衣裤，赤脚穿着烂草鞋，走到一家财主门口。财主见了想讨个吉利，问："你们是送财童子吗？"钟伢子说："是叫花子。"财主一听，气冲冲地把门关上。弟弟问："你怎么不说是送财童子？"钟伢子倔强地说："我不愿对他们说好听的！"回家以后，他又对祖母说："当叫花子受人欺侮，我再也不拿打狗棍了，我要砍柴去……"

回首往事，彭德怀感慨万端。他戴上老花眼镜，提笔在这本书的第19页上写道："小海，你7岁随母讨米，我8岁带弟也讨米，受富人欺侮，只讨一天，再不讨米，决心砍柴卖。你鲜血印白雪，我严冬水里捉鱼卖！你我同根生，走上一条路。"

彭德怀满怀阶级感情，在书页中还写下这样一些批语：

"朱门的酒是穷人的汗和血！朱门的肉是穷人的肉。"

"小海！你的四妹子饿死了！我的四弟不满一岁也是饿死的！真是无独有偶，旧社会里像这样惨事，何能数计。"

书中第30页上有这么一段话："……这杀人的旧社会，什么时候才能坍塌崩溃；苦难的中国人民啊，哪一天才能重见晴天！"彭德怀在下面画几道杠杠以后，写道："从 1949 年已经出现了晴天。"

在第二章《阳光下》的第五节《变了》中，彭德怀又在"山变了，水变了，连老鸦窝都变得格外逗人喜爱起来"几句话下面一连画了四条杠杠；在"再也看不见潘保长和他那根晃动着的文明棍"一句的"文明棍"三个字下，重重地画了一条杠杠，批道："不是文明棍，而是野蛮棍。"

彭德怀是一位出生入死，戎马一生，流血不流泪的硬汉子，但《欧阳海之歌》却使这位横刀立马的大将军不止一次地流下了眼泪。在读到第 210 页上"一阵激动，使欧阳海控制不住自己的感情，他在门口轻声地哭了起来"时，彭德怀也用手掌抹去眼角的泪花，提笔写道："我看到这里哭了，不知为什么？"

同页接下去作者又写道："欧阳海抹掉了眼泪，坚定地说，'指导员，你放心地去治疗吧，我们一定加倍地工作，一定把这条铁路提前修通！'"彭德怀又一次感动得热泪盈眶，他一连画了六条红杠杠之后，写道："我看到这里又要哭了，这是为什么？"

一部描述一个普通士兵的文学作品，竟使一位统率千军万马的元帅感动得流泪，实在是一段动人的文坛佳话。

彭德怀读过的这本《欧阳海之歌》的第 194 页上，有一排铅字由于红笔的勾画而显得十分醒目，这排铅字是："因为这是为了坚持真理，为了革命而劳动。"彭德怀在一旁批道："坚持真理，为了真理而斗争，哪怕流尽自己的最后一滴血，也不吝惜。"

彭德怀是为了党和人民的利益，坚持真理，为民请命，而在庐山受到粗暴错误的批判斗争后被罢官的。他受命到"三线"工作后，仍然身处逆境之中。书中的许多批语，反映了他此时的抑郁心情和义无反顾地坚持真理、坚持为党和人民工作的献身精神。

彭德怀被罢官后，在北京西郊吴家花园住了一段时间，他感到"没有工作，白吃人民的饭是最大的苦恼"，多次要求"到一个生产队去，即使把一个生产队搞好，让几百口人过上好日子，也是莫大的快慰。"到"三线"工作后，他一到成都就接连五天听取西南"三线"建委各局的工作汇报，随即又亲赴川北、川东"三线"现场调查研究。建委机关领导分工时，有人交代不让他接触军工企业，而是要他分管电力、煤炭、天然气，林彪还下令不让他接近部队，不准战士与他握手。彭德怀感觉到了对他的不信任，但他以工作为重，毫不计较，半年多时间里行程数千里，足迹踏遍从金沙江畔到贵州六盘水的几十个施工现场。

然而，就在彭德怀由北京抵达成都的当天，《人民日报》就转载了姚文元的《评新编历史剧〈海瑞罢官〉》，其矛头直指彭德怀。事隔半年，1966 年 5 月 18 日，彭德怀正在川东大足重型汽车厂工地视察，忽然接到电话通知，要他立即返回成都"学习五一六通知"。他在会上再次受到了批判，一些人逼他"交代"庐山会议的问题。彭德怀拍案而起，愤慨地表示：我的问题早就说清楚了，是毛主席要我来"三线"工作的，现在又要搞，批到这种地步，怎么工作？回太行山、回老家种地都行！

也就在这期间，彭德怀在《欧阳海之歌》上用红笔画出了欧阳海的指导员曾武军说的许多话：

"……一旦治不好，那也没关系，革命工作千千万万，总会有我的活儿干的，看树林子，守灯塔，不都是革命工作吗？只要这颗心不残废，一条胳膊干的工作多的是哩。"

"这回真是要革命到底了，那也没啥！人嘛，总有一死，活七八十岁不算长，活二三十岁也不算短。"

"活着，为了党的事业战斗；死了为了党的事业献身。"

他还在第 436 页上欧阳海说的"我呀，要是不让我干活儿，不让我工作，哪怕

1966 年，彭德怀在成都读过的《欧阳海之歌》一书。彭德怀读后交给炊事员刘云阅读，鼓励他学习欧阳海

让我活上一百八十岁我也不干，活着也是废物嘛……"这段话旁边，深有感触地批道："这是真的，自己深有体会。"

随着"文化大革命"的深入，西南"三线"建委处于半瘫痪状态，彭德怀不能再外出巡视了，但他一颗心还时刻惦记着"三线"工作。他阅读了大量"三线"资料和基层的报告，亲自动笔为攀枝花工程写专题报告，要求有关方面解决问题，尽自己的最大努力为党和人民工作。

正是出于这种信念，在《欧阳海之歌》一书第 400 页上用黑体字排出的"以中国最广大人民的最大利益为出发点的中国共产党人，相信自己的事业是完全合乎正义的，不惜牺牲自己个人的一切"这段毛泽东语录旁，彭德怀批注道：

"这话说得多好！照这样行动才对。"

彭德怀所写下的这些批语，虽然随着岁月的流逝字迹有的已褪色，但它表现出的铮铮铁骨和刚正不阿的精神却永远彪炳千秋。

1966 年 9 月的一天，彭德怀到成都锦江宾馆参加"三线"工作会议后回到住地，又戴起老花眼镜坐在桌旁翻阅起这本《欧阳海之歌》。炊事员刘云进屋来催他吃晚饭，彭德怀见了，忙从座位上站起来，拉着刘云的手说：

"小刘，这本《欧阳海之歌》很好，我读了三遍，上面有我一些批注，你拿去读吧。欧阳海出身很苦，是个穷孩子，参加了中国人民解放军，多次立功，后来为公牺牲了。他是毛主席的好战士，好党员，我们要学习

1966 年下半年，彭德怀在成都永巷七号住地读的小说《欧阳海之歌》第 19、21 页上的眉批、腰批

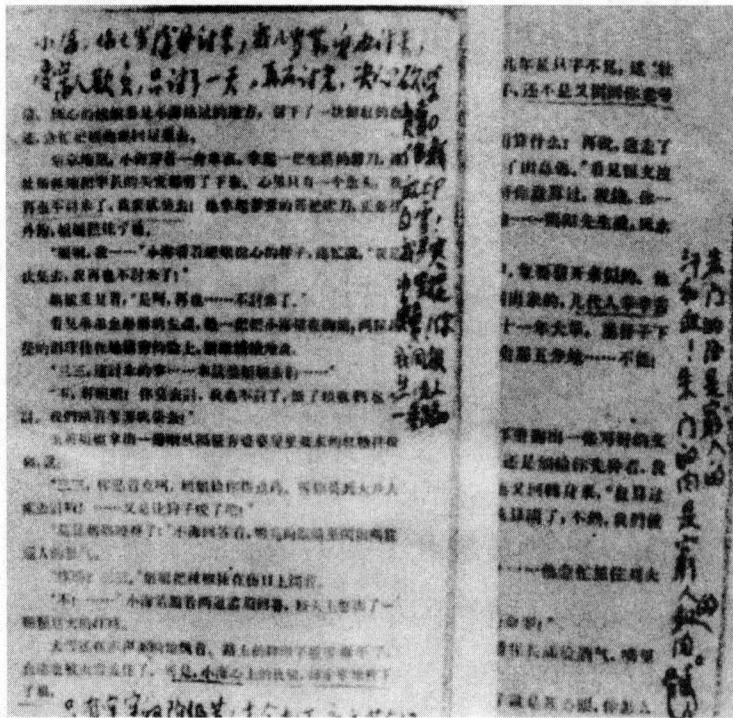

他的英雄事迹。你也是贫苦人家的孩子，13 岁当学徒，今年 35 岁还年轻，你在要求入党，要好好向欧阳海学习啊！"说完，将书郑重地交给了刘云。

刘云激动地接过书，说："谢谢彭老总关怀，我一定好好读，学习欧阳海！"

"这就对了，很好！"彭德怀满意地笑了。

刘云当晚就在灯下打开了这本书，首先读了彭德怀在书中的批语，深受教育。不久，街上贴出了诬陷彭德怀的大字报，红卫兵还放出风声来揪斗彭德怀，抄"黑材料"，刘云不敢再将书放在伙房里了，便带回家中，让爱人曾万莲收藏起来。

1966 年 12 月 22 日深夜，北京来的一伙红卫兵撞进了永兴巷 7 号，绑架走了彭德怀。刘云第二天不见彭德怀来伙房吃饭，悲愤地蹲在地上抱头痛哭："彭总，你到哪里去了！"他骑着自行车四处寻找，要送饭去给彭德怀吃，谁知不但没有找到，造反派反而找上门来要他揭发彭德怀的"三反言行"，交出"黑材料"，刘云愤怒地把他们顶了回去。

党的十一届三中全会后，彭德怀元帅的冤案得到平反昭雪，刘云夫妇精心收藏的这本《欧阳海之歌》也重见天日。1988 年 1 月，彭德怀夫人浦安修同志翻阅了这本封面已残破的书，激动地说："刘云真不简单啊，胆子大，'文化大革命'没有将此书当作黑材料烧掉，能保存下来实在难得，谢谢他与他爱人……"

1979 年春天，浦安修与侄女彭梅魁、彭刚及彭德怀元帅警卫参谋景希珍、秘书綦魁英、司机赵凤池来成都感谢成都军区、四川省领导同志对彭老总当年在"三线"的关心，也特地到童子街看望了刘云与家人。

（原载 1992 年 7 月 30 日上海《文学报》文学副刊第 592 期）

十八、彭德怀驻足球场看工程兵打篮球

1966年7月初，那天下午5点多钟，夕阳西下。彭德怀在参观六盘水矿井回来的路上，遇到工兵21支队404团机电连在篮球场举行篮球赛。战士们不怕炎热，个个打得汗流浃背。彭德怀喜爱体育活动，年轻时也爱打球，战士们生龙活虎的比赛吸引了他，令他驻足观看。

忆往昔，彭德怀与浦安修结婚，可以说与球赛有缘。1938年，八路军副总司令彭德怀因受两次婚姻挫折，曾表示不想再娶，40岁了，仍是孤身一人。他的老战友陈赓，对其婚姻很关心，得知彭德怀喜欢打篮球、排球，于是计上心来，策划组织了一场女子排球赛让彭德怀有机会接触女同志。他这个主意得到了时任中共中央组织部副部长李富春的支持。这年秋天，彭德怀从抗日前线回到延安参加党的六中全会，会议闭幕那天，陈赓盛邀彭德怀观看女子排球赛。比赛开始后，陈赓注意到彭德怀在兴奋中，眼睛盯着那位个子比较高的女球员。那位姑娘不仅球打得好，形象也好。陈赓心喜，主动向彭德怀介绍说："她叫浦安修，北师大学生，现在陕北公学教书，学问、人品样样都好。"

"谁要你介绍这些？"彭德怀心里明白陈赓在争做红娘了。球赛结束后，陈赓请彭德怀接见球员，大家热烈鼓掌。彭德怀在和浦安修握手时，高兴地说："你球打得不错呀！"在陈赓精心导演和安排下，一天晚上，皓月当空，彭德怀与浦安修在延河边见面了，两人一边散步，一边交谈，交往多了，彼此建立了感情。不久，浦安修

1940年，彭德怀和夫人浦安修在山西省武乡县砖壁村八路军总部

主动邀请彭德怀看女子篮球赛，彭德怀见浦安修活跃在球场上，可开心了。这年的10月10日，彭德怀与浦安修在延安窑洞里举行了婚礼……眼下，彭德怀看比赛入了迷，并对裁判员误判的一个球提出异议。战士们见有首长看球，竞争得更加激烈，但他们并不知道他就是彭德怀。球赛结束了，彭德怀才笑盈盈地离去。末了，彭德怀对随行的部队领导讲："我也要投几个球呢！这伙年轻人球打得不错。你们不要光抓生产，还要开展文体活动，锻炼身体，增强体质，训练出一支能打硬仗的队伍。希望你们多开辟些篮球场。"

彭德怀看球后讲的这一席话传到连队，战士们乐开了。有人说当时只顾打球了，如果早晓得是彭老总，一定停赛好好看看他，和他握个手，向他问个好。

（原载《元帅的最后岁月——彭德怀在西南》，

四川人民出版社2008年版）

十九、"你为我上了一堂建设成昆铁路的课"

—— 彭德怀和陈如品

1964 年，中共中央、国务院批准成立了西南"三线"建设委员会，由中共中央政治局委员、西南局第一书记李井泉担任主任。随之在建委下面成立了西南铁道指挥部，由李井泉任总指挥，铁道部部长吕正操、副部长刘建章、铁道兵副司令员郭维城、西南局书记阎秀峰、国家科委副主任彭敏、商业部副部长张永励任副总指挥。根据吕正操部长指示，安排"三线"建委副主任彭德怀视察正在建设的成昆铁路。沈恒泽当时是吕正操部长的秘书，同时担任西南铁道指挥部办公室主任，他通知成都铁道部第二勘探设计院陈如品副院长，让他向彭德怀介绍成昆铁路建设的进展情况。

2 月的成都，春寒料峭。一天早上，彭德怀身着黑色棉衣，脚穿元宝口棉鞋，正在吃早饭，沈恒泽将陈如品带到彭总的客厅。一进门，陈如品心中一愣，只见彭总吃得好简单，桌上小碟中放两个馒头、一碟泡菜、一碗稀饭，彭德怀一边听着收音机广播的新闻，一边吃馒头。陈如品深感不安，来早了，打扰了彭总吃早饭。沈恒泽向彭德怀介绍陈如品后，彭德怀连忙站起来请陈如品坐下，并亲自为他泡了一杯茶，放了一包大前门香烟在茶几上，请陈如品抽烟。沈恒泽有事，先告辞了。彭德怀早饭也不吃了，顺手拿起笔记本，坐在陈如品身边说：

"陈院长，让你久等了，来，谈谈吧，我对成昆线进展情况不熟悉，想多了解一些，你随便说，不清楚我再向你请教。"

陈如品初见彭总，多少有些拘束，听彭总这么一说，心情顿时平静下来，忙说：

"彭总，您吃完早饭我再汇报。""你的工作很忙，谈吧，谈完我再吃。"陈如品非常感动。他首先向彭德怀汇报铁道部第二勘探设计院（以下简称"铁二院"）的情况："铁道部第二勘探设计院是1956年成立的，是铁道部技术力量较强的勘探设计院。""有多少人？"彭德怀问。"有职工7000多人。""这么多人哪？"

"实际上还不止。其中有3000多名知识分子，最近又分来50多名大学生。为了加快成昆铁路勘测设计进度，铁道部又从铁道部第一勘探设计院调来一批技术力量，从其他单位抽调了一批技术骨干；工人有5000多人；加在一起总共一万多人，仍然不够用。毛主席说，成昆铁路要快修，没有钱把他的稿费拿出来，没有路骑毛驴去，让攀枝花早出钢铁。我们以毛主席的指示教育鼓励职工'下楼出院'。"

彭德怀说："我也是受毛主席委派到'三线'来工作的，备战、备荒、为人民。你们政治思想工作做得细。我问一下，什么叫'下楼出院'？"

陈如品回答说："'下楼出院'，就是勘探设计人员下到成昆线，现在正处在下楼出院阶段。二院领导班子都下到前沿阵地西昌去了，我留守在院部，院党委让我代表党委、行政负责全面工作，办公楼只有少数人，大楼基本空了。单身汉、夫妇俩都得到现场去，只留下幼儿园、小学、中学教师，把孩子们管好、教好，使在现场工作的家长放心。"

"哎呀，在现场的同志们可辛苦了。你的任务很重啊，要把孩子们的生活安排好，学习安排好。"彭德怀感叹道。

"没有问题。现场任务重，家长回不来，挂念孩子，我们便组织工会、家属委员会，每个月给孩子们照张相片，寄给家长们看看，家长们可高兴了。"

"哈哈，这个办法好。"彭德怀笑了。"把后方家属子女安顿好，这是我的一项任务；另外还有两项。现场勘探设计中发现的问题由现场解决，但勘探设计材料、设备供应以及标准图、军用地形图由我们负责，外来工程技术人员由我们安排，还要处理对外关系。"铁二院"党的关系在四川省委，我经常参加省委扩大会议，省委有什么指示，有什么文件，及时传送到现场党委。我也经常去现场转一转，任务带回来便限期落实。在现场要求做到'三边'。"彭德怀问："什么叫三边？"陈如品："就是边勘探、边设计、边施工。过去现场勘探设计资料要拿回大楼消化，再做施工图，太慢，施工队伍往往窝工，等米下锅。""那'三边'就快多了。"彭德怀点头说。陈如品觉得这是成功之举："不是一般的快，快了几倍。白天勘测，夜里制图设计，第二天一早交图。成昆线地形复杂，国外专家曾断定是'禁区'，不能修铁路，确实是飞鸟难过，猿猴无路。怎么办呢？我们将技术人员和工人几个人或十几个人组成一个战斗小队，将成昆线分成若干段，一个队负责一个段的勘测设计任务。隧道从什么地方进口，桥基下在什么位置，都在现场定。"

"那和抗美援朝修铁路差不多了。"彭德怀说。"不完全一样。抗美援朝修铁路只是修通了就行，成昆铁路要求修建质量高，国家有规定标准。国家科委副主任彭敏担任西南铁道指挥部副指挥长，

1966 年 3 月 24 日，彭德怀视察了成昆铁路正在施工的关村坝隧道

分管技术，他要求把成昆铁路修成现代化的铁路，组织了40多个技术攻关小组，"铁二院"就有3个，最突出的是栓焊梁小组，由中国科学院金衡墩教授、专业设计院女桥梁专家彭壁鼎、大桥局高级工程师潘继言、铁四局高级工程师陈吉根组成，他们都是全国知名的桥梁专家。金衡墩在美国建过栓焊梁大桥，国内还没有机会建，成昆线饮水河161米跨无柱墩大桥，就是采用栓焊梁技术，既便于施工，省钱，又可以加快建设速度。"

"噢，这么一说，我明白了，是和抗美援朝修铁路不一样，很复杂。采用先进的科学技术，没有这些专家搞不成。"彭德怀听了以后非常激动，对陈如品的业务娴熟表示满意，问道：

"陈院长，你也是专家，哪个大学毕业的?""彭总，我不是专家，也不是大学毕业，是当兵转业的，1923年生于苏北阜宁县农村，陈毅同志在我们那里住过。我1940年参加新四军，1948年参加淮海战役后，由营副教导员转业到安徽巢县担任县府领导工作，曾任县委常委。国家加强工业建设，1952年转到铁路工作，参加过修建成渝、黎湛、鹰厦、川黔、贵昆等铁路的组织工作，1956年调到"铁二院"，1958年当副院长，边干边学，在铁路部门工作十几年了，长期担任行政职务。业务只有靠知识分子和专家，不靠他们靠谁? 他们觉悟也很高，在铁路通信、调度技术等许多方面下工夫，搞革新成立了小站继电集中、小铜轴电缆技术攻关小组，均有重大突破。还将技术人员分布在铁道兵14师、7师、中建分局等各基层单位，与施工单位相结合，不光给施工单位交图，还监督施工，保证工程质量，加班加点，发扬了当年'红军不怕远征难，万水千山只等闲'的英雄气概。同志们说得好，再艰苦，比不上当年红军长征两万五。"

陈如品的一席话，使彭德怀高兴万分，他起身提着热水瓶为陈如品杯中加水，关心地说："知识分子太可贵了，建设离不开他们，陈院长有深切体会，但不要使他们疲劳过度。毛主席最关心成昆铁路早日建成通车，大家齐心协力，设计出投资少、质量好的最佳方案，我相信人们会做好的。成昆铁路运输大动脉通了，攀枝花用煤才有保障，钢铁才运得出来。军用、民用离不开钢铁。知识分子干劲大，现场艰苦，他们的生活怎么样？"

"生活基本有保障，商业部张永励副部长是铁西指挥部（以下简称"铁西指"）副指挥长，从全国各地调进日用百货，四川省委、省政府也有个'支重'办公室，调进粮食、猪肉、蔬菜……"

"那好，那好。现在还有什么困难需要我帮助的？""彭总，基本问题都解决了。现在最困难的仍然是交通问题，铁路未通，勘测设备、生活、施工供应物资，靠汽车运输有的运不进去，只好人背肩扛。金沙江边原有一条窄路，汽车司机不敢行车，眼睛不敢看滔滔江水，有的车翻到江里，死了人。四川省交通厅杜世新厅长到现场看了以后，立即拨款100万元，筑路工人正在突击抢修。"

"是啊，这也和打仗一样，工兵开道，先把路桥抢修好。工人的情绪和生活怎么样？"

"彭总，是这样的，"铁西指"要求成昆铁路建设做到'两快一猛'。""什么叫两快一猛？""彭总，我们也在贯彻您提出的'一点、一线、一片'指导思想，'两快一猛'是具体落实您的指示，即准备快、收尾快、猛攻关键，以带动全局。这样，勘测设计要走在前面，技术人员就辛苦了。现在是干部与工人一同戴草帽、背水壶、啃干粮、爬山越岭，工人劳动强度更大些。与打仗一样，也有牺牲，不过我们牺牲的人很少。有的人摔下了悬崖，有的地方对少数民族宣传工作做得不够，发生了误会。如在甘洛县，大山深处有野猪和狼出没，勘测人员都配有步枪自卫。一天，有几个工人正在操作钻机，两枝步枪架在旁边，没留意，被一位彝族青年抢走了，还打死了我们两位勘测工人。"陈如品还未讲完，彭德怀放下笔记本，摘下老花镜，抬头惊讶地问："还有这样的事？你们向当地政府报告了吗？要做好工作，同时也要加强枪支安全管理。"

陈如品说："彝胞一般都有枪，主要是打猎用，有的小青年看见枪好玩，就把枪拿跑了。甘孜州陈副专员是位老红军，彝族，深

1966年3月24日，彭德怀视察成昆铁路"一线天"险区，当时正在建造石拱大桥，被彭德怀誉为"天险落虹"。如今列车穿过隧道，行进在大渡河畔。图为列车穿越"一线天"

入现场做工作，与我们妥善处理了这件事。有的地方在勘测地形后，工人架起钻机，取土化验地质，少数彝胞便认为地下有宝，把他们的宝取走了，就阻挡勘测工作。为了不再发生类似事件，西昌地区领导层层做思想工作，但山区那么大，交通信息不灵，有的地方未宣传到。我们通过县和公社干部，大会小会讲，走家串户说明修铁路的好处。后来彝胞终于明白了道理，不但不阻挡，反而主动支援铁路建设，为我们带路、背仪器、扛设备、抬物资，什么都干。他们吃住不讲究，也不计较工钱，每晚有斤把白酒喝就行。后来西昌地区举行文艺汇演，彝胞青年能歌善舞，踊跃参加，他们在台上又唱又跳：'铁路大军进山来，经济文化带进来，感谢领袖毛主席，彝胞也会富起来。'"

听到这里，彭德怀也讲起红军过彝族地区时，刘伯承与彝族首领小叶丹喝鸡血酒结拜兄弟的故事，以此说明对少数民族做好政策性工作的重要性。他又说："那是1935年的事，我在红三军团，小叶丹给我们让开一条路，红军靠双脚一天行军120多里，跳出了数十万敌军堵截的圈子，取得了战略转移的决定性胜利。战争年代是这样，和平年代同样要把民族工作做好，与他们交朋友。成昆铁路如果建成通车了，说明你们对彝族的工作也做好了。"陈如品边作记录,边点头说:"是的,这半年来发生了很大变化,我们勘探队伍有什么困难,彝胞都帮助我们解决。有个猴子岩,猴子都很难攀登上去,钻探工人因为工作需要,非得把钻探工具设备弄上去不可,很难啊,多亏几个彝胞绕道冒险攀登,好不容易登上了峰顶,放下粗绳,将我们的钻探工人和技术人员由悬崖下吊了上去。"

"彝族兄弟土生土长,熟悉地形,又能吃苦,他们也是开路先锋呵。"彭德怀高兴地说。

汇报到这里,陈如品说:"彭总,你什么时候去看看,'铁二院'崔院长就在现场,他刚刚陪贺龙同志视察了成昆线。"

"一定去,一定去,'三线'建委会安排的。"彭德怀高兴地说。陈如品一看手表,快9点半了,见彭德怀上午还有别的安排,连忙起身告辞:

"彭总,你去视察成昆铁路前,还有什么指示,需要什么资料,让沈主任及时通知我,也欢迎你到'铁二院'指导工作。"

"好,我们及时联系。陈院长,今天我收获不小啊,你为我讲了一堂专业课。'铁二院'有什么困难,随时可以找我。"彭德怀送

合肥市铁道部第四工程局局长陈如品(左),江苏阜宁县人。2000年10月17日在成都再次向王春才(右)回忆1966年2月向西南三线建委彭德怀副主任汇报了成昆铁路勘测设计建设情况

陈如品出门，陈如品边走边说：

"彭总，我文化业务水平低，谈不上讲课，只不过有些情况比您熟悉一点。彭总，您坐汽车去成昆线视察的话，路弯坡陡，千万要注意安全，上年纪了，多多保重，留步吧。"

彭德怀一直目送陈如品上了小车，才回到房间，带上公文包，又去参加另一个会了。

4月初，彭德怀考察成昆铁路线、攀枝花工地后回到成都。一天下午，在中共中央西南局小礼堂会议上见到了陈如品。一见面，彭德怀就主动与陈如品摆谈："陈院长，我去现场看了，成昆铁路建设速度快、质量好，'铁二院'同志们很辛苦。铁道兵首长反映，你们无论在图纸设计、技术配合方面都很及时，我也高兴。你是'后勤部长'，继续努力，要把知识分子和工人的生活安排好。"

陈如品说："请彭总放心，我一定按您的指示去做。"两人紧紧握手。

到9月，"文化大革命"升级了，"造反派""红卫兵"到处抓"走资派"，已无法开展正常工作。西南局、四川省及西南"三线"建委主要领导同志李井泉、李大章、程子华、阎秀峰、彭德怀、廖志高等把办公地点转移到了"铁二院"。"铁二院"是"三线"保密单位，红卫兵不便冲击，"铁二院"院内又加强了保卫工作。但随着运动的升级，李井泉、李大章、程子华都先后离开了成都。唯有彭德怀"坚守阵地"，哪儿也没去。12月23日凌晨，在永兴巷7号住地终于被北京来的"红卫兵"绑架走了。从此以后，陈如品再也没有见到过彭老总，他自己也真的"下楼出院"，靠边站了。他的罪名是"保皇派"。直到中央粉碎"四人帮"后的1977年，才又调他到合肥担任铁道部第四工程局局长。

（原载《元帅的最后岁月——彭德怀在"三线"》，

四川人民出版社1991年版）

二十、"彭德怀是大走资派，他的存款不能取"

——彭德怀和景希珍

1966 年 7 月，"文化大革命"步步升级。那时，彭德怀任西南"三线"建委副主任，住成都永兴巷 7 号。一天晚上，他穿着汗衫，坐在天井里水磨石桌旁乘凉，摇着手中的芭蕉扇，心情格外沉重。他默默地坐了一会儿，呷了一口茶，放下茶杯，叫来警卫参谋景希珍。

"小景，我有话要对你说。红卫兵来了，外地的、本地的都来

1959 年 4 月出国访问时，彭德怀元帅（中）与警卫参谋景希珍（左）、翻译（右）合影

了，一批一批地找我。西南局、省市领导同志被红卫兵弄得日子很不好过。看来，我的日子也会不好过啊。那时，说不定会牵连你们。你跟我16年，为了我的安全操了不少心，我非常感谢你。我亲眼看到你成长、成家，打心眼里高兴。我在庐山会议摔了跤，你的使用提级也受了影响……"

"彭总，你咋啦，今晚怎么讲起这些话……我奉组织之命，保卫你的安全，感到很光荣，只是工作做得不够好，我从一个穷小子成长起来，全靠党和首长的培养。彭总，你有话就说吧，有什么任务要我完成，请下命令吧！"景希珍有些激动，起身立正。彭德怀点燃香烟，抽了几口，笑着说：

"小景，我的话还没说完，你先坐下，别着急，咱们谈谈心，我希望你帮我了却一个心事。"

"我坚决完成，请彭总放心！""你爱人张玉兰长期生病，又有三个孩子，还要扶养老人，你们工资低，日子过得艰难。我留着那些存款干什么？我给你3000元，你一时用不完，就存在你名下。"

听完彭总的话，景希珍全身热乎乎的，忍不住泪珠顺着眼角滚落，不知该说什么好。他深知彭总平时省吃俭用，多年蓄积点钱也不容易，不少人得到过他的资助，自己这些年也没少花他的钱。但今天彭总要赠给自己3000元，数额这样大，实在受之有愧。然而，他又熟知首长的脾气，定了的事，很难改口。还没等景希珍说话，彭德怀笑道："小景，这有什么犹豫的，执行命令吧！"

"我代表全家感谢彭总！"景希珍激动地向彭总立正敬礼，彭德怀连忙起身与景希珍紧紧握手。

第二天，景希珍将3000元钱存入附近的暑袜街邮局储蓄所，存单背面注明存户地址永兴巷7号，存期3年。

正如彭德怀预料的那样，日子越来越艰难。这年的冬天，在"四人帮"指使下，他被红卫兵揪往北京关押。以后景希珍一直打听首长的消息，但杳无音信。1967年1月的一天，他突然收到了彭德怀的来信。信中写道："成都和北京气候不同，我到北京时已感冒，尔后皮肤炎大发，痒痛异常，已成溃疡。在这种情况下，换洗衣服和其他日用必需品就成了问题。每月23元生活费，刚够维持吃饭，看书买报就没有钱了；我的老花眼镜度数浅了，也要新配一副。看守部队负责人让我写信给你，可否在我每月的工资中多给我几元钱……"

读到这里，景希珍一阵心酸，两眼模糊，再也看不下去了。从哪里去弄钱呢？彭总每月工资400多元，上面规定只给他23元，由西南"三线"建委秘书雷文负责汇出。彭总的存款、衣物已被查封，也取不出来。最后，他与彭总秘书綦魁英商量，决定将彭总给他的3000元存款取出来。

一月的成都阴湿寒冷，景希珍穿上军大衣，带上工作证、存款单，与綦魁英直奔暑袜街邮局储蓄所。

女营业员看了工作证上的名字和照片，又瞧了一眼景希珍，暗想，这个解放军的名字好熟悉呀，3000元存款定期3年，为什么才半年就要全部取出呢？她提出疑问："同志，你取那么多钱干什么？定期时间又没到。"景希珍是个老实人，又很少与地方干部和营业员打交道，一时不知道该怎样回答。闪念之间，想到这本是彭总的钱，彭总现在生活困难，急等钱用啊！干脆明说，总该让取了吧？"同志，我是彭德怀的警卫员，存在我名下的这3000元是彭德怀的。""哎呀，你就是大名鼎鼎的景参谋呀！""是呀，我叫景希珍，他是綦秘书。"指站在旁边的綦魁英。"是彭德怀的钱，那更取不出来了。""为什么？"景希珍与綦魁英几乎同时发问。

"这个你们还不晓得？中央、省里有文件规定，走资派的存款统统冻结了。彭德怀是大走资派，我不敢破例让你取款。"

景希珍很后悔，但话已出口，不能收回。他索性将彭德怀的信交给营业员看。营业员看信后感动了：一位战功赫赫，为革命作出卓越贡献的元帅，竟然落到这种地步！女营业员咬着嘴唇，悄悄擦去眼角的泪珠，站起来说："景参谋，彭总怪可怜的，这个钱应该取出来给他，但我不敢违反规定，我陪你去请示领导。"

排队取钱的人听见了这一段对话，纷纷嚷嚷了起来："让人家取嘛，又不是偷来的钱，有什么要请示！"

营业员领着景希珍他们到了太平街邮局领导的办公室，听了营业员的介绍和景希珍的解释，这位主任客气地给他们倒了开水，然后说明自己对彭老总一向尊敬，但此事他无能为力。说来说去，主任最后表态，只要省革委会生产指挥部财贸组批准取款，邮局绝不拒付。

无奈，景、綦二人只好骑车赶到滨江路生产指挥部。财贸组负责人热情接待了他们，答复仍是：款不能取，不敢违背中央规定。

景希珍懊丧地回到家中。妻子张玉兰责怪他人太老实，不该说出是彭总的存款。张玉兰心善性急，立刻要他再去邮局：

"那3000元取不出算了。我们家有1000元存款，把这笔钱取出来。""太好了！"景希珍如释重负，感谢妻子大力相助。两人又赶到暑袜街邮局储蓄所。

谁知景希珍一递上工作证、存款单，里面的营业员立即起身说："解放军同志，我知道你是彭德怀的警卫参谋，他是走资派，这1000元不能取。"张玉兰沉不住气了，她挤到前面对营业员说："这钱是我们家省吃俭用攒下来的，不是彭德怀的钱。你们整彭德怀我不管，不能整我们。存取自由，我们家缺钱用，这钱今天取定了！"

"不是不相信你们。先前3000元也是景希珍的名字。谁能证明这1000元不是彭德怀的？上面打了招呼，我们也没办法，你们去开个证明吧。"景希珍赶到成都军区开了张证明，又赶回邮局。营业员二话没说，将1000元递到景希珍手中。回到家里，夫妻俩望着取回的钱，想到彭总对他们一家的关怀和现在的处境，感慨万端……

1950年，景希珍当上了彭总的警卫员，不久随彭总入朝。在朝鲜战场，彭总军务繁忙，还抽空辅导景希珍学文化。1951年，景希珍在朝鲜收到老家来信，高兴得合不拢嘴，原来是未婚妻玉兰写的。景希珍将信交给彭总看，彭总赞扬玉兰写得好，要景希珍立即复信，并亲自修改信中的错别字。1952年4月，彭总回国动手术，又准假让他回家，还给了他一笔路费。行前彭总叮嘱说："你与玉兰是父母包办，回去好好与玉兰商量，同意就好下去，不同意就算了。"景希珍回家后，很快与玉兰办了婚事。

1953年冬，景希珍的父亲景玉胜领着儿媳由山西乡下到北京探亲。彭总得知后非常高兴，责问景希珍为什么不带来见见面。景希珍说，中南海大门警卫要证明，进不来。彭总想了个主意，派出他的专车，把一老一少接到中南海永福堂家中做客。那天晚餐特意多加了几个菜，彭总与夫人浦安修轮流给客人搛菜。玉兰未出过门，在彭总面前没有多的话说。彭总给景玉胜老人斟酒，询问农村统购统销政策执行情况，农民生活改善情况，两人谈得很开心。最后彭总叫玉兰不回山西了，留下来与景希珍一起过日子。玉兰读过速成中学，有点文化，浦安修又通过组织给景希珍分了一间小房。小两口搬进去后，彭总登门看望，时值冬天，室内没有暖气，彭总便把自己收藏多年的一条新挂毯送给他们当门帘挡风。挂毯上印有"中国人民解放军副总司令彭德怀同志留念"的红字，是解放战争中新疆一个慰问团赠送的。

1997年12月25日，王春才在北京彭德怀大侄女彭梅魁家中与彭梅魁（中）及她丈夫张春一（右一）合影。王春才（左）手中拿的书，是彭梅魁新作：《我的伯伯彭德怀》。（张琪 摄）

彭德怀1959年罢官搬出中南海，到挂甲屯居住，景希珍一家也迁到地安门安家。彭总经常请他们一家到他那里做客，临走时总要给孩子一点零花钱和糖果之类。1965年冬，彭德怀离开北京到成都西南"三线"建委赴任，景

2008 年 10 月 24 日，彭德怀元帅诞辰 110 周年。彭德怀的侄子彭康白（中）、山东省仕平彭德怀纪念馆馆长李汉君（右）与王春才（左）在湖南省湘潭县乌石彭德怀同志故居前留影。（景希珍　摄）

希珍一家老少 6 口与彭总同车前往。彭总请他们在一起吃饭，特别让景希珍的小脚母亲到他们软卧车厢休息，幕幕感人的往事，历历如在眼前，夫妻俩谈个没完。最后，张玉兰催丈夫尽快给彭总汇钱去。不久，彭德怀复信说钱已收到，感谢景希珍在困难时对他的关心，并希望组织上每月从他的工资中给他多寄点钱。景希珍将信交给雷文说："我没法子了，彭总急需用钱，钱我又取不出来，你看怎么办？"雷文读了彭德怀的信，忍不住哭了。她去找了机关大联合委员会的头头，说了许多好话，头头在信上批了一个意见，给彭德怀的钱由每季度 69 元增至 169 元。这样雷文从 1967 年 1 月起一直给彭德怀寄钱，整整寄了 10 个年头。直到 1978 年 12 月 25 日《四川日报》公布彭德怀平反昭雪追悼大会在北京召开，她才知道彭德怀已于 1974 年 11 月 29 日含冤去世。

彭德怀在北京 301 医院治病期间，知道自己生命垂危，曾对侄女彭梅魁留下遗言。他说："梅魁呀，我活不长了。这些年来，你与小张（指梅魁爱人张春一）为了我，把家里的东西都变卖了。还有我的警卫员景希珍，多年来他们一家人对我很关心，我曾给他 3000 元，存款又被冻结了。他们孩子多，爱人多病，缺钱花。我死后，我的存款，如果组织上还给我，给你 3000 元，给景希珍 3000 元；秘书綦魁英、司机赵凤池，生活也有困难，也给他们些钱。这件事就托你办了。这是伯伯向他们表示的一点心意。日后见了他们，向他们问个好。"彭梅魁一边点头，一边呜咽流泪。

1979 年 2 月，彭梅魁、彭钢、景希珍、綦魁英陪彭总夫人浦安修从北京来到成都，清理了彭总的遗物和存款。回到北京后，浦安修依照遗言，代表彭总将 3000 元再次赠给了景希珍。

景希珍捧着这笔钱，百感交集……

（原载 1999 年 1 月四川人民出版社出版的《晚霞》杂志期刊十周年作品集《晚霞风景》）

二十一、彭德怀被关押期间发出的信

艰难的寻找

历经 16 年周折，我终于找到了彭德怀元帅在北京关押期间发出的三封信。

1984 年，原中共中央西南局一些老同志，鼓励我将彭德怀元帅在西南"三线"建设委员会担任第三副主任的苍凉岁月记载下来，否则彭老总的丰碑就缺了一角。老领导暮年授命，寄意殷殷。作为当年西南局国防工办从事"三线"建设的一名工作人员，我和我的许多同事都曾在彭德怀的领导下工作过，以当事人见证历史，舍我其谁。于是，欣然受命，怀着对彭老总的崇敬和对历史的责任感，我下决心："要用自己的笔墨让历史记住一个活着的彭德怀，让后人了解一个活生生的彭德怀。"

彭德怀工作作风一贯实事求是，记叙他也必须证以史实。于是我沿着彭德怀在"三线"的足迹，收集彭德怀在"三线"工作、生活的史料。一次，我偶然听说彭总"文化大革命"在北京关押期间曾给西南"三线"建委及有关人员写过几封信，除了第一封信的内容是由于生活很困难，想请西南"三线"建委给增加一点生活费外，另几封都是谈自己与几位曾经在身边工作的同志交往情况的。我觉得这几封信对我写彭总很有史料价值，便到处搜集，也走访过彭德怀身边的工作人员，但他们都说未见过彭德怀的信。1985 年彭德怀原来的警卫参谋景希珍让我问问雷文，说不定她保存了彭德怀的信呢。

这一下，我终于有了线索。

雷文是江苏兴化市人，她是 20 世纪 40 年代参加革命工作的女同志，60 年代中期她担任西南"三线"建委秘书处生活秘书，管发彭德怀的工资、布票、粮票等，有几封信是她与老伴陈雪峰冒着风险精心保管着的，她答应查找。几天后，雷文含着眼泪告诉我，未找到。后来，她工作变动、搬家又常驻北京儿媳那里，很难遇到她。不巧，这几年我也生病几次住进医院，2000 年下半年基本康复，于是又想起这件事。很幸运，雷文夫妇回到了成都，两位老人翻箱倒柜，他们终于在大立柜的小抽屉里，取出一个小木盒，一打开，彭德怀的信与中央专案组、北京卫戍区司令部警卫处的复信都在里面。我终于见到了彭德怀的亲笔信。当我见到雷文的时候，她紧握我的手，可开心了，因为大家心中的一块石头终于落了地。

30 多年后，彭德怀的信重见天日。

一封求助信

彭德怀从北京写给西南"三线"建委的第一封信已遗失，但据雷文回忆，这封信其实是生活求助信。

彭德怀为什么到成都来工作，后来又怎么被抓走关在北京？一个元帅还愁没有钱花？写信要钱又是怎么回事？

这段历史，还得从头说起。

1965 年 9 月 23 日，毛泽东主席在中南海颐年堂约见挂甲归田已 6 年的彭德怀元帅，动员他担任西南"三线"建设副总指挥。彭德怀想到自己的处境，不愿意。毛泽东劝他说："庐山会议过去多年了，说不定真理还在你那边……"彭德怀心软了，于 1965 年 11 月 30 日到成都赴任。他全身心投入"三线"建设，调查研究，踏遍西南几十个县、市的许多建设工地，"三线"建设使他重新看到了自己的价值。

1966 年冬天，在成都永兴巷 7 号住地，彭德怀被"四人帮"

指使的红卫兵揪回北京，身陷囹圄，身心受到严重摧残。彭老总被关押初期的状况，在1969年1月16日被迫"交代"与大侄女彭梅魁往来关系的书面材料上反映出来：

"1966年12月22日晚，我在成都市住地被抓，大约在27日黄昏到达北京地质学院，当晚即由红卫兵和警卫师某负责人押我至某部看管，成都和北京气候不同，我到北京时已感冒，尔后皮肤炎大发，痒痛异常，已成溃疡。在这种情况下，换洗衣服和其他日用必须品就成了问题。某负责人问我北京有无亲属和朋友，我当即把侄女彭梅魁住处和成都工作机关警卫员景希珍的情况介绍给他。他叫我两处都写信，他替我由内部关系转送……"正由于这些原因，彭德怀向外界发出了几封信。

1969年年初，彭德怀的警卫参谋景希珍收到了彭德怀的信，他当即转交给西南"三线"建委秘书处管生活的秘书雷文。雷文当即拆开了信。

彭德怀在求助信中写道："我需订些报纸，还要买些肥皂、牙膏；衣服也烂了，身上的痤疮已化脓，我没衬衣换洗，也需添置一些；我的老花镜度数不够了，看书不行了，需要另配，每月23元生活费交了伙食费后，剩下的钱很少了，可否每月在我的存款里多

2000年8月23日，原西南"三线"建委秘书雷文（中）与丈夫陈雪峰（右），将精心保管的彭德怀受迫害在北京关押期间发出的几封信转赠王春才后合影。雷文曾负责彭德怀的工资、布票、粮票、工业券发放等工作。（李义成 摄）

给我几元钱?"

雷文看到这里,不由得一阵心酸,忍不住哭了,并自言自语道:"彭总真可怜啊!"但她又十分为难,因为上级规定,中共中央西南局关"牛棚"的当权派,每月都是发23元生活费、23斤定量粮票。彭德怀被揪到北京后,她每季度给彭德怀寄69元钱、69斤粮票,都是由北京看管部门转交给彭德怀的。雷文又不敢违反规定替彭德怀加钱,但心中又不忍,于是将彭德怀的信给建委机械局军工处孙世安处长看。她和孙世安都是苏北老乡,雷文、孙世安老家分别在兴化、建湖县,自然谈得拢。当时孙世安也是机关大联委代表之一,让她把信呈交西南"三线"建委掌权的大联委、工宣队,请示组织出面解决。孙世安也从中做了不少工作。

雷文在几位负责人面前说了些好话:"你们看嘛!彭总这么大年纪了,弄成这个样子,挺可怜的。彭总每月工资400多元,他被抓走后,我们打开他的保险柜,内有1万多元钱,不过他写了字条说是全部交党费。他是有钱自己不能动用,你们就替他加点钱吧!"建委两个组织负责人对建委机关"文化大革命"问题上有分歧,但在为彭德怀每月加点钱这一点上很快达成一致意见。碰头后,决定

1987年10月11日,原西南"三线"建委机械局孙世安处长(右)在成都家中接受王春才(左)采访。1967年夏天,"三线"建委办公室生活秘书雷文,接到被关押在北京的彭德怀因生活困难发出的求助信,提到每月23元不够用,要求雷文从他的工资中寄些钱去。雷文感到难办,她找到苏北老乡孙世安出点子,孙世安积极协助,经组织批准每季度为彭德怀多寄100元。孙世安先后任第六机械工业部重庆六机局副局长、党组副书记、江苏盐城市常务副市长、市政协主席。(姚兰英摄)

从彭德怀存款中每季度给他加 100 元，并在彭德怀信上签了字。从此以后，雷文每季度除给彭德怀寄 69 斤粮票外，同时寄出 169 元。

1985 年经景希珍提供找信线索后，我找到在四川省地震局担任老干部处处长的雷文，一方面是为写《元帅的最后岁月——彭德怀在"三线"》一书采访她，再则是想看看彭总关押北京期间的那几封亲笔信。雷文很抱歉地告诉我，彭总的那封求助信被她作为寄钱的根据，曾予以保存，但后来不慎丢失了。但彭德怀接下来的三封来信及北京监管部门有关彭德怀的复信，她都一直保存着，但她当时找了一阵后不知放到哪里去了。

日子一晃又过了 15 年，这些年雷文由于先是忙于工作，后又到北京的儿媳处长住，直到最近回到成都后，在家里清理旧物时，才在一个小木盒里找出了这三封信，一封是彭德怀 1969 年 7 月 9 日写给景希珍、綦魁英的信，还有两封是 1970 年 7 月 31 日为景希珍、綦魁英、刘云写的调查材料。她在电话里告诉我这一好消息后，表示要送到我家中。我当即表示自己登门去取。

我读完这些珍贵的历史史料，心情异常沉重。雷文希望我把彭总这些情况写进《元帅的最后岁月——彭德怀在"三线"》续篇，我满口答应了。在此，向珍藏这些珍贵史料的雷文同志，表示深深的敬意与感谢。在她家中，我与雷文、陈雪峰还合影留念。

历史的见证

彭德怀给景希珍、綦魁英的信内容如下：

景希珍、綦魁英同志：三月上旬收到粮票一六五斤（是驻西南局机关宣传队名义寄的），下半年还请照寄。

我每月开支需二十至二十二元——伙食费十五元左右，报纸、杂志、手纸、肥皂等用品。烟已戒了。

方便的话，替我买一身衬衣服，两件棉线汗衫。还有老花眼镜一付，一并寄警卫处。

上述各项是审查委员会负责人面嘱允许的。

彭德怀

一九六九年七月九日

彭德怀在印有毛主席语录的白色小信封上写了"成都市永兴巷第七号三线建设委员会交景希珍同志收"，看守人员交北京卫戍区司令部警卫处后，由该处以机要信寄给西南"三线"建委"斗批改"临时领导小组转交景希珍的。

随这封信一同寄到成都的，是彭德怀专案组（中专二办）给西南"三线"建委工人、解放军毛泽东思想宣传队的附信，附信中称："现转彭德怀要东西的信，请协助办理。关于彭德怀每月的粮票、伙食费及其他开支，请按一个季度或半年提前给他寄来，他要的衣服，有旧的就寄旧的，没有再买新的，寄到北京卫戍区司令部警卫处王永吉同志转交。"彭德怀被抓走后，他的工作人员警卫员景希珍、秘书綦魁英、炊事员刘云日子就不好过了，"上面"要他们揭发彭德怀的"罪行"，并与彭德怀划清界限，同时通过彭德怀专案组了解三人与彭德怀的关系。

彭德怀1970年7月31日写了刘云的材料，原文如下：

关于刘云问题

关于刘云问题，我于一九六五年十一、二月间，党中央分配我到成都参加第三线建设工作，党的西南局管理机关派刘云到我处做煮饭工作。他的老（婆）病了吃不下饭，我还存有一点点（只有几钱）白木耳交给了他，当时刘说不要，留给自己吃吧！我说，没有病，留着无用，你拿去蒸汤给病人吃，也许对通肠有帮助。此外没有给过其他东西。我记得，他也没有向我借过钱。

彭德怀

一九七〇年七月三十一日

彭德怀同一天还写了"关于景希珍、綦魁英问题"材料，抄录如下：

关于景希珍、綦魁英问题

我给过景希珍和綦魁英什么东西没有？有两套草绿色军服，我穿着小一些，我已不是军人，也就不穿军衣了，我给了他们各一套。此外未给其他东西。

彭德怀

一九七〇年七月三十一日

其实彭德怀曾给过身边工作人员很多帮助，但他在自己遭难的时刻，却不想牵连他们。

逆境显情怀

刘云一家6口人靠刘云一人的工资维持生计，4个孩子读书交不起学费，刘云妻子曾万莲正发愁。彭德怀在1966年春节后，给刘云30元，让他为孩子交学费，见刘云妻子多病，缺营养，还几次请刘云一家人与他同吃银耳汤，交给刘云一本他读过的有2000字红色批语的《欧阳海之歌》小说，彭德怀要刘云读，学习欧阳海为公的革命品德。但他在写刘云材料时，把这些都回避了。

彭总的警卫参谋景希珍、秘书綦魁英、司机赵凤池与彭德怀朝夕相处十几年了，从北京全家迁到成都，他们与彭德怀同住永兴巷7号平房大院。彭德怀对工作人员以及他们家庭一贯关心爱护，过年过节，他出钱让炊事员多烧些饭菜，请几家人一起团聚共餐，还给孩子们发糖果，赠文具盒、铅笔等学习用品。谁家经济有困难，他就资助。

1966年秋天，"文化大革命"逐步升级，社会动乱，景希珍妻子张玉兰病重，子女多，经济陷入困境。平时省吃俭用的彭德怀，

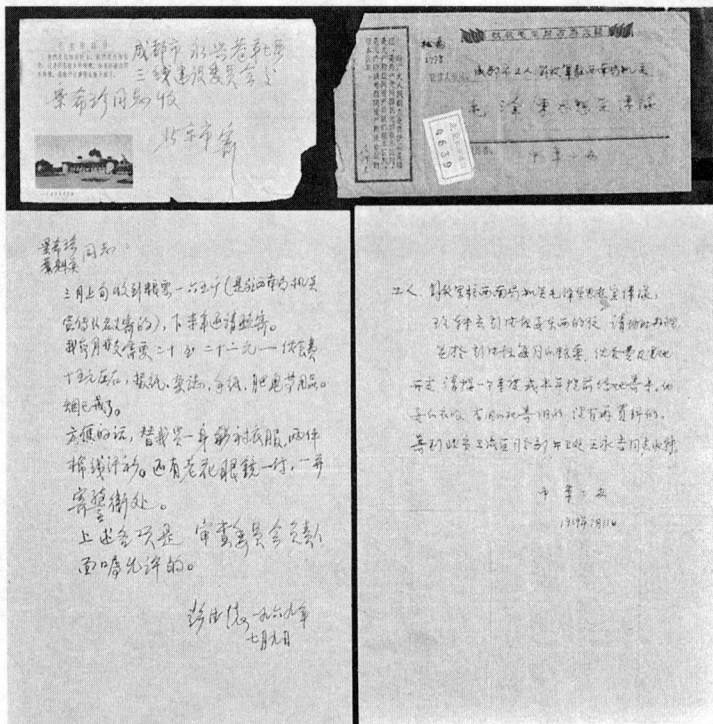

西南"三线"建委秘书处雷文同志珍藏的彭德怀在北京关押期间发出的3封信：彭德怀1969年7月9日写给景希珍、綦魁英的生活圃难求助信；1970年7月31日为炊事员刘云写的调查材料，彭德怀1970年7月31日为景希珍、綦魁英写的调查材料。（肖德敏 摄）

给景希珍3000元，让他为妻子好好治病，景希珍不忍心用这笔钱。于是将这笔钱存入住地附近的暑袜街邮局储蓄所。后来，被关在北京的彭总缺钱用，景希珍与綦魁英去邮局储蓄所取钱，准备寄给在北京被关押的彭总，但钱被冻结了，未取到。

在北京吴家花园时（1959年秋至1965年冬），綦魁英家中有个7岁的聋哑女綦远芳，1961年随母亲于淑琴从黑龙江省巴彦县镇东乡农村来到父亲身边。他们一家人与彭总为邻。彭德怀与夫人浦安修非常喜欢芳芳，也同情她，让司机赵凤池用彭总的专车送芳芳去医院求医。彭德怀下决心说："走遍天下也要将芳芳聋哑病治好，綦秘书的出钱不够，我给！"治了多年，芳芳仍然是聋哑人。1965年冬天，彭德怀亲自通过中共中央西南局，为芳芳联系进成都聋哑学校念书。彭德怀写景希珍、綦魁英的调查材料时，这些情况他只字未提。

彭德怀1959年被罢官后，就对景希珍、綦魁英、赵凤池劝过多次，要他们离开他，不能再影响组织对他们的提拔使用了。但3人都不愿离开，表示永远跟彭总在一起。彭德怀在成都被红卫兵揪上火车押往北京，景希珍、綦魁英挤上火车，暗中保护跟随多年的敬爱的彭总。彭总在车厢见到他们时感动得流泪了。而彭德怀在北京被关押期间，在极其困难情况下，仍在保护与他在一起工作多年的工作人员，这是多么崇高的革命风范和人品！

彭德怀在北京被关押了8个年头，1974年11月29日，这位共和国的开国元勋终于在凛凛寒风中含恨辞世。但是历史无情也有情，被人为扭曲的历史，毕竟又恢复了真实的面貌。1978 年冬天，党中央实事求是地对彭总作出了公正的评价，反映了广大人民群众的愿望。

我有缘记录了彭德怀晚年在"三线"的苍凉岁月，现又将彭德怀在被关押期间新发现的信公布于世，这是"文化大革命"中彭德怀受到疯狂政治迫害的历史见证，彭德怀在极为险恶的处境中，保护他手下工作人员，显示了他博大慈祥的襟怀。

（原载 2003 年 1 月 6 日《北京日报》）

二十二、彭梅魁：为伯伯彭德怀保存手稿

彭德怀没有子女，8 个侄子侄女中，对他尽孝道最多的，要算大侄女彭梅魁了。

彭梅魁是彭德怀二弟彭金华、龙国英夫妇的女儿。彭金华 1937 年赴延安学习，以后回到湖南家乡湘潭县彭家围子，建立了秘密党支部，从事抗日救国活动。1940 年 9 月 4 日，国民党军队包围了梅魁家，叔叔彭荣华当场牺牲，父亲被捕 7 天后也遭杀害。以后她一直跟着母亲种地务农。1948 年，梅魁加入了中国共产党，当时她才 19 岁。湖南解放后，组织上接她进城读书，经武汉辗转到北京，见到了伯伯、伯母。初中毕业后，她被分配到北京汽车制造厂医务所，并长期担任医务所所长职务。

彭德怀家住中南海永福堂期间，梅魁一个月去看望伯伯、伯母两次，帮助干些家务事。1959 年庐山会议后彭德怀被罢了官，不久，彭总搬出中南海，住进西郊的挂甲屯吴家花园，梅魁看望伯伯也比以前更勤了。

彭德怀在吴家花园闲住的 6 年间，常常与梅魁拉家常，伯伯讲得最多的还是他不忍心坐在家中吃闲饭，希望多为人民干点事情，并对党和政

1988 年 12 月 30 日。彭梅魁在北京家中近靠王春才手握的录音机详细叙述伯伯彭德怀逸事。（张春一 摄）

112

1998 年 10 月 20 日，彭德怀大侄女彭梅魁（中）与赵凤池夫人马振芝（右）、吕婺常（左）在湖南省湘潭县乌石镇出席纪念彭德怀同志诞辰 100 周年大会上合影。（王春才 摄）

府能够克服困难充满信心。一次，他说："梅魁，我要给党写个报告，回我们湖南老家去，回太行山也行，去种地，干我们祖祖辈辈干的农活，我相信自己能干好，交给我一个公社，或者一个生产队，我敢立下军令状，只要三年，自给有余，搞不好我把自己的右倾帽子戴起来。你说你那一套好，我觉得我的想法也不错，有什么关系呢？大家都试试嘛，让实践来评判嘛！"

1965 年 9 月，毛主席终于让彭德怀重新出征挂帅，不是让他管一个生产队，也不是管一个公社，而是让他挑重任，担任西南"三线"建委副主任。1965 年 11 月 28 日，彭德怀与随行工作人员登上了南下的列车，去建设西南大后方战略基地，也开始了他晚年的新生活。

早在 1962 年春天，梅魁去看伯伯，彭德怀将 1959 年在庐山会议上写给毛泽东的信，也就是"彭德怀同志意见书"的底稿和在挂甲屯期间写给毛泽东主席的两封信的底稿交给了彭梅魁保存。以后，他又将"八万言书"的底稿包扎好再次交给彭梅魁，对她说："梅魁，这些材料非常重要，关系着伯伯的政治生命，我的问题迟早要搞清楚的，到时没有材料就说不清楚了。你是最了解伯伯的，务必保管好，千万别丢了。"

彭梅魁知道保管伯伯这些材料是有风险的，但她不怕。她没有对爱人张春一讲，也没让孩子知道。用塑料纸包了好几层，小心地收藏着。

有一天，梅魁去看伯伯，彭德怀又改变了主意，他对梅魁说："梅魁，你把材料拿回来吧，不能因我的事，把你也扯进去。那样，伯伯会对不起你的。"

梅魁含着泪，回家取出这材料又交给了伯伯。彭德怀在身边放了3年，离京进川的前几天，梅魁对伯伯说："伯伯，那包材料还是交给我保存，我会保存好的。"

"那也好，只有如此了。"伯伯深情地回答。

梅魁希望伯伯经常给她写信，伯伯很守信用，在四川与梅魁书信来往很勤。彭德怀在成都期间还给毛泽东主席写过两封信，并把信的底稿寄给了梅魁，嘱咐梅魁保存，他在信中说："我很热爱'三线'，总想多干点事，但预感到我工作时间不长了，底稿请保存好，免得以后说我写给毛主席的信是假的。"梅魁确实将这些信保存了一段时间，后来厂里"文化大革命"闹得太厉害，群众组织之间越斗

彭德怀与弟媳龙国英（左一彭梅魁母亲）及侄儿、侄女们在中南海永福堂寓所合影。后排左一为彭梅魁

越凶，她的处境也越来越艰难，实在无法，才将伯伯给她的这些信全部烧毁。她还记得彭德怀致毛主席两封信的大意：一封是说他对"文化大革命"的看法，认为"红卫兵"有的不懂事，对他们的过激行动要进行教育，同时对中共中央西南局主要领导同志组织会议批判他，让他交代庐山会议问题一事很不满意，说他一气之下拍了桌子，掉头离开，说自己的问题早说清楚了，现在还在搞他，批到这种地步，怎么工作？回太行山、回老家种地都行。另一封信是1966年8月写的，说有人让他离开成都到乡下躲起来，被他拒绝了。

不久，"文化大革命"升级了。

1966年12月27日，"揪彭联络站"将彭德怀从成都秘密揪到了北京。不久彭梅魁收到伯伯写的字条，她按照字条里的要求给伯伯准备了30斤粮票，买了衬衣、鞋袜。后来她又帮伯伯买了《列宁选集》四卷、《马克思恩格斯选集》两卷本、《反杜林论》《自然辩证法》《毛主席语录》以及中共八届十一中全会文献小册子和一个小晶体管收音机。这些东西都是由看守人员转送的。

1967年，彭德怀在一次小型批斗会上被"造反派"打伤，肋骨打断，几次昏厥，高烧不退。7月26日，又在北京航空学院南操场举行了号称10万人的批斗彭德怀、张闻天大会。

1974年，彭德怀在关押期间病情加重，专案组通知彭梅魁到医院探视，她这才见到了日思夜念的伯伯，此时伯伯已骨瘦如柴，模样全变了。同年11月29日下午3时35分，彭德怀在身边无亲人的情况下，含冤去世。梅魁只被允许与伯伯遗容见了一面，但不准她多哭。

彭德怀在病重的日子里，曾给梅魁写过一封短信：

梅魁：

我被捕后承你关照，从六七（1967）年承购日用品和书籍，所费多少？我无法记清楚了。最后由我拘押处负责人给了八百元，作为偿还你的费用。以后不麻烦你了。你也不要再挂念！以免妨碍工作。

现有：一身蓝面冬棉服，志愿军皮冬服，均已破旧，另有两卷蓝斜纹布，除作为还你六八（1968）年替我做的制服外，做一条棉裤。

彭德怀

一九七三年七月十一日

伯伯的遗物要不要呢？梅魁请示厂党委书记冯克后，叫来弟弟彭康伯，两人用架子车拉回了旧棉大衣等物品。伯伯生前看过的书一本也未留下，统统被专案组烧毁。梅魁连伯伯的骨灰也不知放在何处。

1978 年的一天，彭梅魁和爱人张春一在报纸上看到了黄克诚伯伯参加一些活动的报道。于是梅魁下定决心去找黄伯伯汇报彭德怀在 "文化大革命" 中遭受迫害的事，以及他生前的要求，想把当年伯伯托她保存的亲笔手稿，经黄伯伯上交党中央，以求彻底解决伯伯的冤案。

彭梅魁终于在 301 医院找到了住在四楼 6 病房治病的黄克诚伯伯。黄伯伯亲切地接待了她。彭德怀的一包手稿，梅魁亲手交给了黄伯伯。黄克诚很快转交当时的中组部部长胡耀邦。耀邦同志读后非常感慨，赞扬梅魁冒着政治风险为彭德怀保存了珍贵的手稿，并给梅魁写了收条。

伯母浦安修有一次到侄女梅魁家看望，看了梅魁写的回忆伯伯 "文化大革命" 中遭难的情况，哭得很伤心，并与梅魁商量将材料转给老前辈陈云、杨尚昆。

陈云在 1978 年 11 月 12 日召开的中央工作会议上在东北组作了重要讲话，他说："对于那些在揭批 '四人帮'

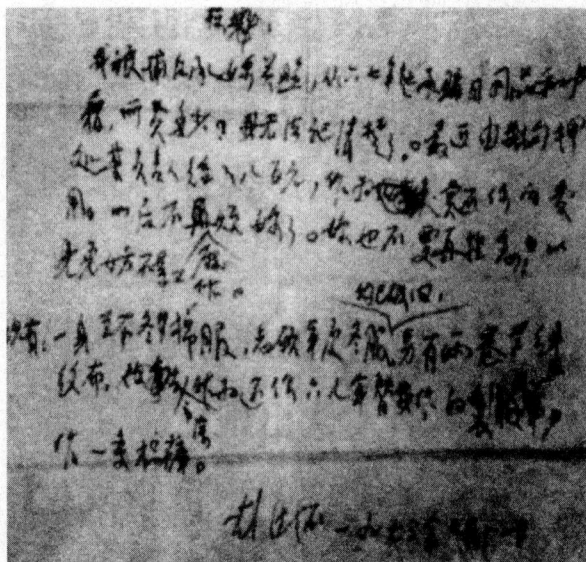

1973 年 7 月 11 日，彭德怀给侄女彭梅魁的信，这是彭德怀的最后一件手迹

运动中遗留的问题，应由有关机关进行细致的工作，妥善解决，中央应该予以考虑和决定……彭德怀同志是担负过党和军队重要工作的共产党员，对党贡献很大，现在已经死了。过去说他犯过错误，但我还没有听说过把他开除出党。既然没有开除出党，他的骨灰应该放到八宝山公墓……对这些党的重要干部做出实事求是、经得起历史检验的结论，这对党内党外都有极大影响。不解决这些同志的问题，是很不得人心的。"

1978 年 12 月 22 日晚上，梅魁去西苑机场，在极度悲愤中迎来了伯伯的骨灰盒，心中似乎得到了一些安慰。第 3 天，即 1978 年 12 月 24 日，在追悼彭德怀的大会上，邓小平代表党中央为彭德怀致悼词。

梅魁 2005 年 9 月病故，终年 75 岁，遵照她生前的愿望，骨灰送回老家湖南湘潭县乌石寨安葬。她的墓距离彭德怀的陵墓仅 100 多米。

（原载《元帅的最后岁月——彭德怀在大西南》，
四川人民出版社 2008 年版）

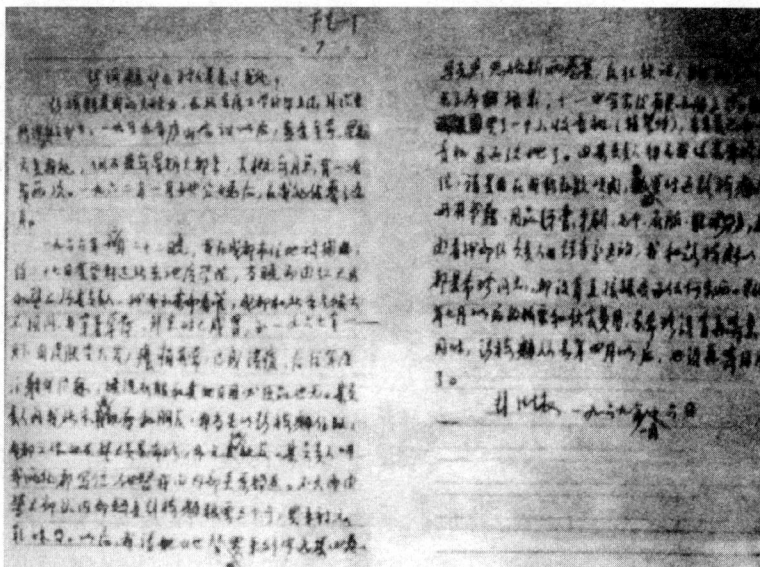

在"四人帮"的迫害下，彭德怀身陷囹圄，身心健康受到严重摧残，亲属也受到株连，还要无休止地写所谓交代材料，这是彭德怀写的侄女彭梅魁来探望他的两份情况交代

二十三、中共中央副主席邓小平同志在
彭德怀同志追悼会上的悼词

新华社北京 1978 年十二月二十四日电 中共中央副主席邓小平同志在彭德怀同志追悼会上的悼词，全文如下：

同志们：我们怀着十分沉痛的心情，为彭德怀同志举行追悼会。彭德怀同志是我党的优秀党员、老一辈无产阶级革命家，是平江起义的主要领导者、红三军团的创立者，是我们党、国家和军队的杰出领导人，曾担任过党政军的许多重要职务。他在林彪、"四人帮"的迫害下，于一九七四年十一月二十九日在北京逝世，终年七十六岁。今天，华国锋同志为首的中央本着实事求是的精神，认真落实党的政策，给彭德怀同志作出了全面的、公正的评价，为他恢复了名誉。

彭德怀同志在近半世纪的革命斗争中，在伟大导师毛泽东同志的领导下，南征北战，历尽艰险，为中国革命战争的胜利，为人民军队的成长壮大，为保卫和建设社会主义祖国，作出了卓越的贡献。他的一生，是革命的一生，是忠于党、忠于人民的一生。他的不幸逝世，是我党我军的重大损失。

彭德怀同志具有很强的组织领导能力和军事指挥才能。第二次国内革命战争时期，他曾担任中国工农红军师长、军长、三军团总指挥，中共中央军事委员会副主席；长征后期担任过以毛泽东同志为政治委员的陕甘支队司令员；到达陕北以后，担任过红军前敌总指挥。抗日战争时期，担任八路军副总司令，中共中央北方局代理书记。解放战争时期，担任中国人民解放军副总司令、第一野战军

在彭德怀追悼会上的彭德怀遗像和骨灰盒。邓小平代表中共中央、国务院在追悼会上致悼词

司令员兼政治委员。中华人民共和国成立以后，担任中共中央西北局第一书记，西北军政委员会主席，中共中央军事委员会副主席，中央人民政府革命军事委员会副主席，中国人民志愿军司令员兼政治委员，国防委员会副主席，国务院副总理兼国防部长；一九六五年，担任建设大"三线"的副总指挥。他曾任党的第六届、第七届、第八届中央委员会委员、政治局委员。他还当选为第一届和第二届全国人民代表大会代表。

彭德怀同志是湖南省湘潭县人，出身贫寒，当过苦工。大革命时期，他曾在国民革命军任营长、团长。大革命失败后，他坚持反对新军阀，秘密组织士兵委员会，支持工会、农会和学生会的革命活动。在严重的白色恐怖下，彭德怀同志毅然决然地选择了马克思列宁主义的道路，于一九二八年四月光荣加入中国共产党。

一九二八年七月，在中国革命处于低潮的时刻，彭德怀同志领导了著名的平江起义，编为红军第五军，坚持湘鄂赣的游击战争，开辟了湘鄂赣根据地。到同年十一月间，红五军主力奔赴井冈山。从此，他在毛泽东同志领导下，坚持井冈山斗争，参加反"围剿"

1978年12月24日，彭德怀和陶铸同志的追悼会在北京人民大会堂隆重举行

作战和震惊中外的二万五千里长征，指挥过许多重要的战役和战斗。长征到达陕北后，他还参与指挥了红军胜利的东征。

抗日战争时期，彭德怀同志协助朱德同志率领八路军，挺进敌后，在艰苦的岁月里，开辟了华北广大的抗日根据地，为赢得伟大的抗日战争的胜利，作出了卓越贡献。

解放战争时期，彭德怀同志坚决贯彻执行毛泽东同志的伟大战略决策，在敌我力量悬殊、十分艰难的条件下，指挥部队驰骋疆场，英勇奋战，消灭了蒋胡军，解放了大西北。

新中国刚成立，美帝国主义把侵略朝鲜的战火烧到鸭绿江边。彭德怀同志当此严峻时刻，坚决执行党中央、毛泽东同志的指示，肩负中国人民的重托，担任中国人民志愿军司令员，率领中华英雄儿女，抗美援朝，保家卫国，同朝鲜人民和人民军并肩战斗，直至胜利，光荣地履行了无产阶级国际主义义务。彭德怀同志回国后，致力于我国国防建设和经济建设事业，不辞辛苦，成绩卓著。

彭德怀同志热爱党，热爱人民，忠诚于伟大的无产阶级革命事业。他作战勇敢，耿直刚正，廉洁奉公，严于律己，关心群众，从不考虑个人得失。他不怕困难，勇挑重担，对革命工作勤勤恳恳，极端负责。

彭德怀同志是国内和国际著名的军事家和政治家，一直受到广大党员和群众的怀念和爱戴。

我们要学习彭德怀同志的革命精神和高贵品质，高举毛泽东思想的伟大旗帜，在华国锋同志为首的党中央领导下，团结一致，同心同德，在马列主义、毛泽东思想指导下，解放思想，开动机器，为实现新时期的总任务，为加快建设社会主义的现代强国而奋勇前进！

彭德怀同志永垂不朽！

（摘自 1978 年 12 月 25 日《四川日报》）

二十四、彭总英灵返京记

粉碎"四人帮"后的 1978 年冬天，虽是寒冷季节，但到处春意盎然。这年的 12 月 23 日，中国共产党十一届中央委员会第三次全体会议闭幕了。第二天，即 12 月 24 日下午，彭德怀与陶铸同志平反昭雪追悼大会在首都隆重举行。党和国家领导人以及首都群众代表 2000 多人，参加了追悼大会，沉痛悼念我们党久经考验的忠诚革命战士、深受广大党员和人民群众爱戴的老一辈无产阶级革命家彭德怀同志。

彭德怀同志在林彪、"四人帮"的残酷迫害下于 1974 年 11 月 29 日不幸逝世。党中央本着实事求是的精神，对彭德怀同志进行了全面的、公正的评价，为他恢复了名誉。

追悼会是按照党和国家领导人逝世应有的规格和程序进行的。

追悼会在人民大会堂举行

会场上挂着彭德怀同志的遗像，安放着彭德怀同志的骨灰盒，上面覆盖着中国共产党党旗。

当时的党和国家领导人华国锋、叶剑英、邓小平、李先念、陈云、汪东兴和中国共产党中央委员会送的花圈放在彭德怀同志遗像两侧。以上领导同志也参加了追悼会。

下午 3 时，中共中央副主席叶剑英同志宣布追悼会开始。参加追悼会的全体同志在哀乐声中肃立默哀。

在彭德怀追悼会上，
叶剑英、邓小平向彭德怀
夫人浦安修表示亲切慰问

中共中央副主席邓小平同志在追悼会上致悼词。

华国锋、叶剑英、邓小平、李先念、陈云、汪东兴及其他党和国家领导人，向彭德怀同志的夫人浦安修以及他们的亲属表示亲切慰问。彭德怀的小侄女彭钢在会场泪流不止，那种心情无法言说。邓小平伯伯对彭钢说："不要难过，今天应该高兴。"

彭德怀晚年在西南从事"三线"建设的有关同事、战友也参加了追悼会。他们是：四川省委书记、省革委副主任鲁大东，原中共中央西南局第一书记兼西南三线建委主任李井泉，副主任程子华、钱敏以及吕正操、郭维城、段君毅、徐驰、廖志高等。

60年代住在成都的彭德怀的老战友邓华也参加了追悼会。

追悼会后，彭德怀同志的骨灰盒安放在八宝山革命公墓。提起追悼会的筹备工作，这里还有一段寻找彭德怀的骨灰盒的曲折过程。彭德怀的骨灰盒放在哪里呢？很少有人知道。他不幸在北京逝世，在正常情况下，骨灰应存放在北京，而实际上彭德怀的骨灰一直下落不明。他的骨灰是谁存放的？骨灰又是怎么从外地运回北京的？是谁提供的线索？参加追悼会的绝大多数人并不知道其中的秘密。新华社发表相关消息时，也回避了这一情节。沉浸于痛苦和怀念之中的人们并不知道,早在追悼会前,党中央、中央军委就发出指示,一定要以最快的速度找到彭德怀的骨灰,并安全送到北京。真可谓天涯觅忠魂。

彭总骨灰在何处

北京,陈云同志的住所。彭德怀元帅的遗孀浦安修同志前来看望这位德高望重的老一辈无产阶级革命家。彭、陈早在战争年代就是亲密战友,彭德怀蒙冤遭贬后,他们的革命友谊仍深藏彼此胸中,心心相印。此时陈云同志有事外出,浦安修意外地看到了他专门留给她的一张字条,上面写道:

"彭德怀同志的问题将很快解决……"

两行激动的泪水,从浦安修眼中夺眶而出。

是的,中共中央刚刚作出决定:为含冤去世的老一辈无产阶级革命家彭德怀同志彻底平反昭雪,并立即在京隆重召开追悼大会。邓小平还特别指示正在北京出席会议的各大军区、各省省委主要负责人,要出席追悼大会。

彭德怀和夫人浦安修
在延安机场的合影

124

追悼大会筹备工作开始紧张进行。然而一个意外的难题出现了：彭德怀元帅的骨灰谁也不知道存放在何处！

1966 年 12 月 25 日夜彭德怀被"四人帮"组织的"揪彭兵团"由成都绑架回北京。到京后，他被监管在北京地质学院，由江青控制的中央专案组"立案审查"，并多次遭红卫兵野蛮批斗。1973 年，备受残酷折磨的彭德怀患上了直肠癌，被送到了中国人民解放军 301 医院。

这是 301 医院外科楼的一间病房，窗户都糊上了纸，终日不见阳光。身患重病的彭德怀虽是治病，却仍然过着囚犯一样的生活。病房门口有战士看守，出入都受到限制。1974 年 10 月以后，他已经处于昏迷状态，奄奄一息了。11 月 29 日下午 3 时 35 分，终于在凛凛寒风中含恨辞世。逝世时，没有一个亲人、朋友在场。以后他的大侄女彭梅魁才被通知去见了遗体一面。遗体很快被偷偷运走，秘密地火化了。然而，骨灰呢？

追悼会迫在眉睫。筹备人员听说当时周恩来总理对彭总的骨灰处理有过具体指示，但是周恩来本人也在 1976 年被"四人帮"折磨成疾逝世了啊！

彭德怀的亲属彭梅魁、彭钢等也不知道骨灰的下落。几经辗转，最后才从彭总夫人浦安修那里找到一条线索：彭总的骨灰，可能在四川成都！

追悼会筹备组负责人大惑不解：彭总是在北京去世的，骨灰当在北京，怎么可能放在外地呢？何况，彭总逝世时，浦安修未在身边，遗体又是秘密火化的，她怎么知道骨灰下落呢？

"事情是这样的，"浦老忍住悲痛，向侄女彭钢道出了经过："1975 年，四川省委书记李大章同志调来北京，任中共中央统战部部长，他的爱人孙明也调到北京工作。孙明是我的老战友，我们曾于 1940 年至 1942 年在太行山中共西北局妇委共过事，她与我相处很好。在北京重逢后，我们时常来往。在一次闲谈中，孙明告诉我，她爱人李大章曾悄悄对她说起：彭老总被江青一伙迫害致死后，他的遗体被秘密火化了，骨灰送到成都寄存，是由他亲自安排处理的……当我进一步追问她时，孙明却不知道了……"

而李大章同志也于 1976 年 5 月在北京病故。好不容易找到的线索，至此中断了。

浦安修清楚地记得，1965 年 11 月她在北京送别老伴去成都参加 "三线" 建设。分别后，两人一直没有机会见面。直到 1967 年 7 月在北京师范大学批斗会上，老两口一起被拉到台上批斗时，她才偷偷地看了一眼彭德怀，但连说句话的机会都没有。林彪、"四人帮" 把他们分隔了，她气愤、悲哀、思念。当得知亲人的骨灰盒回到了大西南，又似乎得到了一点宽慰。她心想：彭德怀热爱大西南，大西南人民热爱他，他虽然去世了，但他仍活在大西南乃至全国人民心中，应该相信他的骨灰会被妥善保存的。她又想到，在那个动乱年代里，老伴骨灰的存放，难免不发生差错。为此，她又一直感到不安。于是她立即委派侄女彭钢向筹备追悼会的负责人反映彭老总骨灰在成都的线索。这位负责人起初半信半疑，还与彭钢争执起来。但他立即向中央有关部门作了汇报，军委指示：彭总的追悼会绝不能推迟，赶紧与四川联系，尽快找到彭总的骨灰。

"王川" 是谁？

1974 年冬，寒凝大地，万木肃杀。成都的天气阴湿寒冷。早晨，大地往往笼罩在一层厚厚的雾气之中，令人感到格外压抑。

一天，有两位军人乘飞机从北京来成都。其中一位姓李，30 岁左右。一下飞机就直奔商业街四川省委大院。他们神色冷峻地向省委办事组负责人出示了中共中央专案组的介绍信后，指名要见四川省委第一书记、省革命委员会（以下简称 "省革委"）主任、成都军区政委刘兴元，省委书记、省革委副主任李大章及省委书记段君毅，说有要事商谈。三位是当时四川省最高负责人，惴惴不安地迅速接待了两位北京来的使者。来者向他们传达了中央首长的指示："我们送来一个骨灰盒，内装彭德怀的骨灰，经组织决定更名改姓送到成都存放。这个骨灰盒放在一般群众存放骨灰盒的地方就行了，放好后，不准任何人移动，要动，需经中央军委批准。这些情况，你们三位领导知道就行了，不准向任何人透露，绝对保密。"听完"指示"，刘兴元、李大章、段君毅同志沉重地低下了头，好半天没说一句话。他们清楚地记得，8 年前，彭德怀这位在中国革命史上叱咤风云的著名人物，在成都永兴巷 7 号的住所里，被一伙如狼似虎的红卫兵绑架，塞进拥挤不堪的火车到了北京。一去 8 年无消息。想不到他再回成都时，已成了装在盒子里的一堆骨灰……彭德怀来成都担任西南"三线"建委副主任时，是李大章安排他住在永兴巷 7 号的。李大章还以中共中央西南局书记、四川省省长的身份多次去看望过彭德怀，两人商讨过西南"三线"建设的一些事情。现在突然得知他去世了，又见到他的骨灰，这使他们三人暗自神伤。刘兴元、李大章与段君毅能说些什么呢？他们只能将痛苦深埋心底，表示："省委一定遵照中央指示，认真存放彭德怀的骨灰盒，绝对保密。"二位军人于是离开商业街省委大院，回到了锦江宾馆西楼一层 38 号房间，等候省委派人接收骨灰盒。

锦江宾馆是彭德怀多次参加"三线"建设会议的场所。在这里，彭德怀接待过"三线"会议的代表，听过他们的发言，听过他们的经验介绍。会议放映电影时，他同与会人员一道去观看。宾馆从领导到服务员都认识他，在那动乱的年代里，他们对他没有敌意，仍然同情、尊敬他。只要彭德怀走进宾馆，一入座，服务员便会替他端来一杯热茶。宾馆员工们万万不会想到，如今彭德怀的忠魂又回到了锦江宾馆。送骨灰的两位军人将骨灰盒就放在宾馆住室写字台右侧的柜子里。

刘兴元、李大章、段君毅商定由段君毅安排，迅速将彭德怀的骨灰盒安全地转送到成都东郊火葬场。段君毅把这个任务交给省委、省革委办事组组长杜心源去完成，杜心源随即打电话让办事组一位副组长张振亚到他办公室去。当时张振亚是分管接待、保卫工作的，接到电话后，他立即来到了杜心源办公室，杜心源严肃而又认真地向他布置了任务，说："一个重要领导同志的骨灰盒已到了成都，你找有关部门负责人商量一下，存放好，没有省委批准，谁都不准挪动。至于是谁？我不知道，你们也不要打听，要绝对保密。现在你到锦江宾馆找中央专案组派来的两位军人联系承办。此事不能马虎，要办好。"张振亚感到事关重大，随即驱车到了锦江宾馆，找到了李某等二人，李某对他说："我们奉命来成都，中央首长以及周总理指示我们送来一个人的骨灰盒，此人叫王川，男。他的骨灰盒要存放在成都。"张振亚回答说："省委领导已布置安排了，请放心，我们一定存放好骨灰盒，绝对保密。"李某等二人又再次向他交代："骨灰盒一定要存放好，要绝对保密。"

省委正在锦江宾馆开地委书记一级干部会议，杜心源与他的秘书陈文书住在宾馆西楼三层北侧41号房间。1974年12月23日一早刚上班，省委、省革委办事组行政处副处长杜信便接到张振亚的电话，让他找陈文书秘书联系承办紧要事宜。杜信火速来到陈文书的房间，陈文书郑重地向杜信说："按照杜心源同志的意见，有个骨灰盒，需要放在成都，这个事情你去办一下，还要保密，你一人知道就行了，办理过程中，需要什么介绍信，你开就是了。这些事情办完之后，向杜心源同志汇报。两位军人就住楼下38号房间……"杜信未说二话，到了楼下，进得房间，见一矮一高的两位军人在沙发上坐着。

杜信是山东莒县人，身材高大、俊朗，1945年1月参军，1946年入党，1949年11月进军西南到了重庆，先后在川中区党委机关、中共四川省委组织部工作，后来在省委、省政府行政部门长期当接待科长。中央领导人毛泽东、周恩来、刘少奇、朱德、邓小平等每次来川都是他接待的。他不仅办事热心而且机智。多年的机要工作，使杜信早已养成了不多问什么的习惯。然而，这并不影响他的思考：骨灰盒里的"重要人物"是谁？为什么在京火化后不放在八宝山公墓？为什么要放在成都？又为什么如此神秘和"绝对保密"？当两位军人见杜信进到房间以后，很有礼貌地站起来，请杜信就座。杜信自我介绍说："我是省委办事组的，名叫杜信，来取骨灰盒。"李某等二位军人回答说："对，对对，请坐。"杜信未落座，眼见他们从柜子里取出一个骨灰盒来。杜信怔住了：他从未看见过如此简陋的骨灰盒。它既不是富丽堂皇的大理石盒，也不是喷漆描金的高级木盒，仅仅是一只用粗糙木板随便钉成的——匣子！既无红绸包裹，也无黑纱盖面，更无死者生前照片，上面只贴着一张小纸条，潦草地写着三个字：王川，男。杜信心里翻腾起来，很不是滋味。省委领导如此重视这件事，说明骨灰的主人肯定是一位大人物。但，是谁呢？党和国家领导人中，从没有听说有叫"王川"的啊。耳边又响起了"绝对保密"的告诫。杜信只得将一连串问题憋回肚里，将那个简陋之极的骨灰盒接过手，收进随身带来的帆布包里。他与二位军人没有办什么交接手续，只是握手告别，便离开了锦江宾馆。回到省委大院后，杜信又开了一张省革委办事组行政处的介绍信，驱车来到位于人民西路的成都市民政局。杜信带着商量的口气向局里一位管业务的同志说明来意："需要存放一个骨灰盒。"这位同志问："什么骨灰盒？"杜信只是说："省委领导同志交办的，也不好对外讲。""没有问题，你去就是了。"杜信仍不放心地问："要不要局里转个介绍信？"这位同志说："不需要，你到殡葬管理所，我给你打个电话讲一下。"杜信这才放心地离开市民政局。

四川省档案馆杜信副馆长，在担任省革委行政处长期间，精心将化名"王川"的彭德怀骨灰盒送到成都东郊火葬场寄存，亲自填写了骨灰寄存单。（王春才　摄）

杜信坐在小车上，心想行政处的介绍信权威性差些，怕办事过程中遇到麻烦，又让司机将车开回省委大院，重新开了一张省革委办事

129

组的介绍信,这才来到成都东郊九眼桥成都市殡葬管理所。殡葬管理所蒲副主任接到市民政局的电话后,知道有一个骨灰盒急需存放,便在办公室等着杜信。按蒲副主任的指点,杜信又马不停蹄地赶到了离城七华里的东郊火葬场办公室,找到这里的负责人辛自权老师傅。辛师傅当时快60岁了,办事热情负责。杜信对他说:"老辛,有一个骨灰盒需要存放在这里,这是省委领导同志交办的。我到市民政局去了,也到殡葬管理所去了,他们让我直接找你联系。你知道就行了:第一,要保管好,不要遗失。第二,把它放在普通人的骨灰架上,不要引人注目,没有我,或没有省革委办事组的介绍信,别人不能取走。第三,你们有什么变动望及时通知我,我给你留下电话号码。"

辛自权老师傅看了介绍信,又看了骨灰盒,听了杜信的嘱托,点头称是,心里早明白了几分:这肯定是哪位重要领导人物的骨灰。然而当他从杜信手里接过那个木匣子时,一下愣住了;他干了一二十年骨灰保管工作,也从未见过如此简陋的骨灰盒……唉,这混乱的年头,啥稀奇古怪的事没有啊!他试探着问道:

"按规定一般骨灰只能存放一年,如有特殊情况,也可续存,你们打算存放多久?"

"一年太短了,至少存三年。"杜信答道。老辛接着让助手张泽珍拿出了骨灰寄存单让杜信填写。这下可把老杜难住了:除了姓

杜信填写的化名"王川"的彭德怀骨灰寄存单,1974年12月23日骨灰保管员辛自权写了:经电话问明蒲副主任暂不收费。(王春才 摄)

130

名、性别外，他对"王川"的情况一无所知，怎么填啊？毫无办法，他只有硬着头皮提起笔来。

"王川，男，籍贯……"既然把骨灰放在成都存放，就填上"成都"吧！年龄呢？哦！不能填得太大，填大了会扯上老干部，容易引人注目，惹来麻烦——那就写上"终年32岁"吧！

在"委托人姓名"一栏里，杜信写上了自己的名字。紧挨着的是"是骨灰的什么人"栏，杜信略一思考，郑重地填上了"同事"二字。此时他当然绝对想不到，他的这位"同事"会是中华人民共和国赫赫有名的元帅！

就这样，我们的开国元勋、伟大的无产阶级革命家和军事家，连彭德怀自己的英名，也被无情地抹去，顶上了一个子虚乌有的人名，连同地狱烈火冶炼耿耿忠骨后的结晶，悄然摆上了这荒郊陋室阴暗角落中的一排木架，占据了一尺见方的空间……

彭德怀，曾被毛泽东赞为"谁能横刀立马，唯我彭大将军"，至此居然成了骨灰架上的一个编号——273！

大约是出于朴实的人道主义情感，辛师傅在那刚刚上架的"273"号骨灰盒上，轻轻地蒙上了一块黑纱……一个伟大的英灵，安息之后仅得到一个他生前素不相识的小人物的祭奠——然而却有着最真挚、最珍贵的价值！

时间是1974年12月23日，一个动乱年月的惨淡下午。临行前，杜信又问辛自权老师傅还有什么难处？还有什么手续要办？

辛自权老师傅说："没有什么难处，也没有什么手续要办了。"杜信紧握着辛自权老师傅的双手，再三向他表示感谢，并请他经常留心，不可有半点差错。

杜信走后，辛自权老师傅总觉得不大对头，脑海中再次产生了一连串问题：王川，男，32岁，籍贯成都，但在北京火化，由北京远道送归故乡，为什么没有一个亲属在场呢？骨灰由省革委出面寄存，自然与省革委有一定关系，难道省革委还会付不起这区区寄存费吗？倘系一个无足轻重的人的骨灰，没有完备的手续，短期存

成都东郊火葬场骨灰保管员辛自权同志,妥善保存了化名"王川"的彭德怀骨灰盒。这是他1987年10月8日在273骨灰架旁留影。("王川"骨灰盒曾放在273号位置上)。(王春才 摄)

放也就行了,为什么要求上架、发证,而且还要求长时间寄存呢?看来这是一个"有来头"的大人物骨灰,且必有隐情。

杜信从火葬场出来,又让司机将车开到锦江宾馆。杜信疾步登上西三楼41号杜心源书记的住室,他的秘书陈文书与张振亚也在场,杜信一进门就汇报说:"心源同志,一切都办好了,骨灰寄存卡片怎么保存?放到哪里?万一骨灰要取,凭卡片才能取到。"大家动了一阵脑筋,陈文书出了个主意说:"为了保险起见,是否可以放档案室?"杜心源赞同地说:"对,放档案室。"张振亚与杜信建议说,要写个说明,编个卡片目录,以便查找,大家都觉得这个办法好,于是杜信将档案员何淑谦叫来。杜心源当着大家的面对何淑谦交代说:"一个骨灰卡片,放到档案室,我们在座的五位同志知道,对外绝对保密。以后没有省委办事组领导同志的指示,卡片不能交给任何人,你们编个号,写个说明。"

骨灰放在火葬场,直到1977年10月下旬,辛自权师傅办理退休手续时,还无人来查问。他临行前,再三教育他的"接班人"甘志群:"千万要慎重对待全部寄存骨灰,不要轻易处理。"他还说,像"王川"这类有谜未解的骨灰,更应特别重视,绝对不能擅动!辛自权退休回家后,每周都要骑自行车去东郊考察"接班人"的工作,也都要去看"王川"的骨灰盒。

此后,张振亚与杜信从未对任何人透露过此事,但心中老是放心不下,还悄悄去东郊火葬场看过几次骨灰盒。

事隔几年，省里知道彭德怀骨灰下落的领导同志刘兴元、李大章、段君毅都先后调离四川去北京工作了，李大章于1976年5月8日在北京病故。后来调到四川工作的省委第一书记赵紫阳对此事更是一无所知了。

揭秘"王川"

1978年12月中旬，中央专案审查小组办公室派晏某、任某，乘飞机火速赶到成都，直接找省委第一书记赵紫阳。不巧赵紫阳此时正在北京参加党的十一届三中全会，晏、任二位只好找到省委副秘书长张振亚同志，递上了中央专案审查小组办公室〔78〕专办第40号便函。便函的内容是这样的：

赵紫阳同志：

兹派晏某、任某二同志前往了解彭德怀同志骨灰存放情况，请接洽。

此致

敬礼

中共中央专案审查小组办公室

1978年12月11日

张振亚一看，不禁大吃一惊，对晏、任二人说："彭总来四川工作，我是清楚的，但从未听说过他的骨灰存放在成都呀。你们是不是搞错了？""不，没有搞错。"晏、任二位肯定地说。"1974年冬天，有没有两位军人乘飞机从北京送来一只骨灰盒？"张振亚紧皱眉头，搜索记忆，终于想起了点什么；"有啊，但那不是一个叫什么'王川'的人的骨灰么？""对。'王川'的骨灰盒，就是彭总的骨灰盒！"

张振亚简直不敢相信自己的耳朵。然而，几年前那一幕幕不

1987年12月中央专案审查小组开具的查找彭德怀骨灰下落的介绍信函。(王春才 摄)

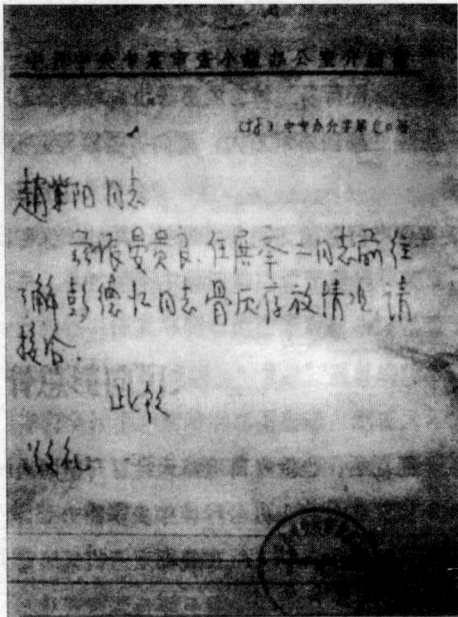

堪回首的往事,却分外清晰地浮现在脑际。他心头一愣,长久藏在心里的谜终于解开了。他将晏、任两位军人送回锦江宾馆,心急如焚,立即驱车赶往成都东郊火葬场。

当年存进"273"号骨灰盒后,他曾与杜信悄悄去看过几次。然而,此时一个不祥的预感仍重重压在他心头:从存放到现在,已整整过去四年了,其间没有办过续存手续,甚至连寄存费也没交;按规定超过三年不取,火葬场将作为无主骨灰,就地挖坑深埋……啊!果真是这样的话,那只极简陋的木匣子只怕早已腐朽破裂,彭总的骨灰……后果真不堪设想!

车子还未在火葬场门前停稳,张振亚就疾步跳下车,直奔骨灰保管室。啊,谢天谢地,"273"号骨灰盒还完好地放在架上!

彭老总的骨灰盒得以完好地保存下来,首先得归功于东郊成都火葬场那位年过花甲的老职工辛自权。他早已料到这中间一定有什么隐情,再加之张振亚、杜信经常来查看,叮嘱他细心保管,因此老辛没有按惯例作出轻率处理。退休后,他的"接班人"甘志群严格执行了辛老的安排,细心保管"273"号骨灰盒,她未跟任何人提起,做到了绝对保密。

正是这"绝对保密",保护了一个伟大的英灵免遭厄运。如果当时的"造反派"们知道了彭德怀的骨灰盒存放在此,会采取什么样的行动,笔者在此实在不忍作出描绘——尽管它给彭老总追悼会筹备工作带来了意想不到的困难……

当张振亚答复晏、任二人，彭老总骨灰盒仍完好无损之后，两位军人没亲自去火葬场核实，便放心地返回北京复命去了。但专案审查小组办公室的知情人仍默不作声，而筹备追悼会的另一班人对此一无所知。张振亚感到事情重大，需向省委领导汇报。因当时省委主要负责同志到北京开会去了，他只好报告了留守省委机关主持工作的杜心源书记。杜心源指示：一定妥善保存好彭德怀同志的骨灰，并继续保密，听候中央安排。

四川人民向彭总骨灰三鞠躬

一星期后，也就是离追悼大会召开前两天的 12 月 22 日晨，中共四川省委办公厅突然接到中共中央办公厅、中央军委办公厅的电话："已派中国民航飞机来接彭德怀同志的骨灰，飞机在成都双流机场降落，彭总骨灰要安全运到北京，24 日中共中央要为彭德怀同志召开平反昭雪及追悼大会……"省委副秘书长张振亚立即将值班报告送给省委书记杜心源阅示。杜心源指示立即派人将彭德怀同志的骨灰从东郊火葬场取回，同时让张振亚与中央办公厅继续联系问明是否举行取送仪式，是否要派人护送。

张振亚知道化名"王川"的彭德怀骨灰是杜信一手经办的，上午 9 时就让秘书处胡文华打电话通知他到办事组二楼会议室来。杜信匆匆赶到办公楼时，胡文华已在楼梯口走廊上等候他，胡文华迫不及待地告诉杜信，"王川"的骨灰就是彭老总的骨灰。老杜一听，如梦初醒，忍不住放声大哭起来，随即两手捂着脸走进会议室。"王川，32 岁，成都人……"杜信怎么也不能把当年自己贸然认下的这位"同事"与彭德怀元帅的赫赫英名联系起来……啊，历史，你是多么无情地捉弄人，却又是多么的公正啊！

张振亚、杜信及两位保卫干部，带上介绍信和卡片，坐上小车来到成都东郊火葬场。辛自权老师傅的"接班人"甘志群取出了在幽暗木架上静放的"273"号骨灰盒。甘志群问："为什么要取走骨灰盒?" 杜信说:"感谢你们保存了这位领导同志的骨灰,北京将为他开平反追悼大会。" 年轻的司机兴奋地补充道:"过几天要登报了,到时看到消息会使你们吓一跳呢!"

彭老总的骨灰是 1974 年 12 月 23 日寄存的,取走的那天是 1978 年 12 月 22 日,他的英灵在火葬场与平民百姓待了整整 4 年。杜信在车上紧抱着彭总的骨灰盒,开到牛市口时,他叫小车停在一家商店门前,特意下车买了 6 尺红绸,将骨灰盒包裹,然后直奔省委大院杜心源同志办公室。

杜心源坐在办公室,正伏案批阅文件。他见张振亚、杜信等四人在门口下车,连忙起身,迎上前去,伸出双手,从杜信手中恭敬地接过彭总的骨灰盒,轻轻地放在他自己宽大的办公桌上。他的秘书陈文书同志也在场。杜心源领着五位同志站成一排,脱帽,沉痛地说:"让我们向彭总三鞠躬吧。" 简单的悼念仪式结束后,杜心源与大家握手说:"你们辛苦了。紫阳同志不在家,刚才又与北京电话联系过了,下午必须将骨灰运到北京。这里正通知在家的省委常委与成都军区、省军区的领导同志到 4 号楼会议室,向彭总的骨灰告别,你们快把彭总的骨灰盒移到会议室。振亚你去机场看看,飞机来了没有?"

参加告别仪式的人,听到这个消息都大吃一惊。但又为彭总的骨灰能在成都妥善保存下来感到欣慰。面对那简陋的小木匣,静静默哀中,同志们个个都流下心酸的泪。杜心源简单讲了几句话,就领着大家向彭总的骨灰三鞠躬,并围着彭总的骨灰盒绕场一周,向他的英灵告别。

张振亚立即赶到双流机场查看,见一架北京开来的民航飞机已停降在机场。张振亚又根据省委领导的指示,与中央办公厅、中央军委办公厅、中央组织部通电话,请示骨灰怎么送到机场?中央军委办公厅办公室副主任傅学正电话通知:由在成都的彭总原秘书綦魁英、警卫参谋景希珍两位军人护送到北京,并已通知了成都军区……

綦魁英、景希珍正准备乘 12 点多的飞机去北京参加彭德怀的追悼会，一辆吉普车突然停在童子街大院传达室门前，下车的是省军区政治部的胡干事，他对綦、景二人说："中央军委办公厅来电话，让你们把彭总的骨灰盒带到北京，飞机在双流机场等着你们。"綦魁英、景希珍简直不敢相信自己的耳朵，他们连做梦也未想到，跟随多年的老首长彭总的骨灰竟然会在成都，还让他们带到北京去，不由一阵心酸，流下了眼泪，时间不容许他们多想，连忙问胡干事："彭总的骨灰盒现在何处？"胡干事说："我也不知道，是成都军区政治部通知我们的。走！现在我们到成都军区去。"他们驱车到了成都军区政治部，政治部干部部的谷副部长对他们说："彭总的骨灰盒放在省委大院，我们已经派人去联了。"过了几分钟，派去联系的人回来说："彭总的骨灰盒拿不来……"于是成都军区政治部一位副主任与谷副部长带上綦魁英、景希珍一同乘车赶到省委大院，省委领导同志热情地接待了他们，省委副秘书长张振亚向他们扼要地介绍了当年彭德怀的骨灰盒送到成都的情况。綦魁英、景希珍见到彭德怀的骨灰盒，一下扑上去，悲痛万分。他俩 1966 年 12 月底与彭总在北京地质学院分手后，分别被安排在四川中江、资阳县人武部工作，再也没有听到彭总的任何消息。如今，他们简直不敢相信那个写着"王川"的粗糙木匣，就是敬爱的彭总的骨灰盒……两个壮实的男子汉，忍不住失声痛哭起来。张振亚说："刚才我们接到中央军委办公厅的电话，让我们把彭总的骨灰盒送到成都双流机场，交当年在彭总身边工作的二位军人带到北京，你们正好来了，要安全送到。"

4 号楼外面汽车的喇叭声催促他们赶快上车，綦魁英含着泪水双手捧着骨灰盒，省委书记杜心源带头向彭德怀的骨灰盒再次默哀，三鞠躬。一位省委领导同志意识到，他们乘的是民航班机，手中抱着骨灰盒不行，要保证绝对安全，于是叫綦魁英将手提包中的用具取出，将骨灰盒放在手提包中。

此刻，4 号楼外站着越来越多的省委机关干部，大家默默看着綦魁英小心翼翼地捧着装有彭德怀骨灰的手提包走向汽车，目送着忠魂离去。

为了安全护送骨灰，中共四川省委、成都军区、四川省军区领导未到机场送行。张振亚与成都军区政治部一位副主任、干部部谷副部长陪同綦魁英、景希珍等同乘一辆面包车，经过人民南路广场，向16公里处的成都南郊双流机场飞快奔去。

綦魁英、景希珍的家属得知綦、景二人去北京参加彭德怀追悼会的消息，感到又惊又喜（彭德怀原司机赵凤池未来得及通知），她们匆匆赶到机场送行。綦魁英的哑巴女儿芳芳也跟母亲一同到了机场，芳芳见爸爸强忍着悲愤的泪水，表情严肃，不知出了什么事，转身望着景希珍。景希珍向她做着手势进行交谈。当她得知爸爸手提包中装的是彭爷爷的骨灰盒时，一下跪在地上，打开爸爸的手提包，抓住骨灰盒不放，伤心地痛哭起来。在场送行的人也都流下了眼泪。

双流机场去北京的旅客因飞机不能按时起飞，早已纷纷质问乘务员，乘务员耐心地向旅客解释，说另有任务。但什么任务？连她们自己也说不清楚。机场负责人因事先接到电话通知，早已站在候机室门口台阶上等候。见二位军人手提提包，在张振亚等领导同志的陪同下，疾步走来，连忙迎了上去。张振亚向这位机场负责人耳语了几句话，就将綦魁英、景希珍送上飞机。飞机发出轰轰隆隆的响声，在跑道上滑翔后，昂首起飞了，载着彭德怀元帅的英灵，翱翔在祖国的蓝天……

张振亚望着远去的飞机，回想起秘密保存彭德怀骨灰的这一段非同寻常的经历，感慨万千。

军委首长在军用机场迎接骨灰

飞机穿过云层，平稳地在云海上飞行，蔚蓝的天空下，火红的阳光射进舷窗。旅客中有十几位穿草绿色大衣的军人。飞机越过秦岭，黄河，一个多小时以后，机组一位负责同志手持电报逐个询问军人们，身边带了什么重要东西没有？得到的回答是没有。少顷，这位同志走近綦魁英、景希珍的座位，核实了他们带的彭总的骨灰盒，打消了他们的疑虑。并轻声通知他们说："中央军委办公厅通知你们，因派专机来不及了，你们乘坐的是民航班机，到达首都机场后，你们先不要下去。待旅客都下完后，飞机还要起飞，到西苑机场降落，军委首长在那里迎接彭总的骨灰。"

下午 6 时多，飞机到达首都机场。旅客们下了飞机后，中央军委办公厅办公室副主任傅学正沿着舷梯疾步走上飞机与綦魁英、景希珍见面。傅学正也是彭德怀的老秘书，三人无限感慨，但时间紧迫，不容许他们畅谈。

飞机再次在首都机场起飞后，夜幕已降临，全城灯火辉煌，天安门城楼、中南海的灯光分外明亮，照耀着彭德怀的英灵归来。

当飞机在西苑机场停稳后，打开机舱门，只听见迎接骨灰的队伍中传出一片哭泣之声。綦魁英控制住自己悲伤的感情，双手捧起裹着红绸的骨灰盒，站在机舱门口。此时，彭德怀的夫人浦安修以及其他亲属彭钢、彭梅魁、彭正祥、彭康伯与彭总的老秘书孟云增等沿着舷梯走上飞机。彭钢从綦魁英手中接过伯伯的骨灰盒，排成两行的党政军机关代表，忍不住泪如泉涌，有的人竟失声痛哭起来。彭德怀的骨灰盒放在第一辆小汽车上，穿过两行肃立的迎接骨灰的队伍，军人们以军礼目送着车子从自己身边通过。后面跟着一串小车。最后，彭德怀的骨灰盒安放在八宝山革命公墓殡仪馆第一室。从此，彭德怀与他的老战友朱德、陈毅、贺龙等长眠在一起了。

追悼会后，綦魁英、景希珍将要回到成都。临行前，他们再次来到八宝山，肃立默哀，行了军礼，依依不舍地告别了他们跟随多年的老首长。

273 号骨灰架，人们缅怀景仰元帅的地方

最后，仍需说明的，也是大家最关心的问题：彭德怀的骨灰为什么要放到成都呢？事情虽然复杂曲折，但终于查清楚了。

在"四人帮"控制的有关专案组的一份报告上有如下文字："受审人员彭德怀，因患直肠癌，经治疗无效，于 1974 年 11 月 29 日病死。""彭德怀是里通外国、阴谋夺权的反党分子。我们意见，将其化名王川，尸体火化后，骨灰存放成都一般公墓。"该专案办公室另一份记录上写着：……中办秘书处电话告，王副主席在彭德怀死亡骨灰处理报告上指示："照报告上所提的办法办。"这里所提的王副主席，就是王洪文。

事后才知道，"王川"这个化名，是"四人帮"一伙人决定使用的，"王川"者，亡命四川之谐音也——这伙刀笔酷吏、舞文弄墨的野心家，在害死了共和国的元帅后，还不忘将他的英灵喷溅上恶毒的咒符，如今已成了铁的罪证。

秘密送来骨灰盒的那二位军人，也讲了周恩来总理当初的指示：放成都，要精心保管，时常检查，不准换盒，也不要转移存放地点，以便今后查找时不致搞错。由此判断，在 1974 年特殊的

追悼会后，彭德怀骨灰移往八宝山革命公墓骨灰堂安放。彭德怀夫人浦安修及侄女、侄儿们哀痛地向彭德怀骨灰告别

政治环境下，对彭德怀骨灰的处理方法，显然既包藏着"四人帮"的胆怯与祸心，也蕴含着周总理及其他中央领导同志的策略与苦心。现在看来，周恩来总理对身后政局的发展，是有相当准确的预见性的。要让骨灰长期保存下来，当时已身患重病、身处逆境的周总理，所能采取的最好办法，恐怕也莫过于此了。

彭德怀平反昭雪后，中央军委、总参、总政先后陆续派人到成都，瞻仰彭德怀工作、居住的地方，并进一步了解他的骨灰秘密保存的情况。

1979年春天，綦魁英、景希珍再次受中国人民解放军总政治部的委托，陪同浦安修、彭梅魁、彭钢来到成都。他们感谢成都军区、四川省委以及各有关方面对彭德怀在"三线"工作期间所给予的关照，感谢张振亚、杜信、辛自权等同志安全保存了彭德怀的骨灰。成都军区还举行了曾与彭德怀共事的老同志座谈会。会后，四川省委主要负责同志、成都军区副司令陈明义等会见了

1987年10月9日，王春才欣喜地在成都抚琴小区85幢6单元找到了成都东郊火葬场职工辛自权（右），时年74岁，已退休多年，他精心保存了"王川"骨灰盒，两人在辛自权家门口合影留念。（张师傅　摄）

四川省劳动厅纪检书记、副厅长张振亚（左）在担任中共四川省委副秘书长期间，指示杜信处长前后安全寄存、取回"王川"骨灰盒。1987年10月7日，张振亚（左）、王春才（中）与成都东郊火葬场唐文凯（右）场长座谈，感谢妥善保存了彭德怀元帅的骨灰盒。（胡曲平　摄）

彭德怀魂归故里。经中共中央批准，1999年12月28日，彭德怀侄女彭钢少将，手捧伯伯彭德怀的骨灰盒，送回湖南省湘潭县乌石新落成的彭德怀陵园安放。(李汉君提供图片)

浦安修一行。晚上，放映了电影《怒潮》。浦安修、彭梅魁、彭钢、景希珍、綦魁英、赵凤池等还在彭总住过的永兴巷7号院住房前合影留念。

彭德怀平反昭雪后，彭德怀当年的老战友以及他的部下，纷纷从外地来到成都，特意在273号骨灰架旁留影，他们说："彭总平时不喜欢照相，很难与他合影，今日在存放过他骨灰盒的木架旁留影也算我们与他合影了。我们多么怀念彭总呀！"

张振亚后任四川省人事劳动厅党组成员、纪检书记、副厅长，1990年离休。杜信后任四川省档案馆副馆长，1990年离休。他们说，保存彭老总的骨灰不出差错是我们的义务。一些老同志前来让张振亚陪同去看273号骨灰架，他总是有求必应。他说："再忙，我也愿意当这个向导。"辛自权老师傅成了新闻人物，帮助笔者在成都东郊火葬场查到了当年化名"王川"的彭老总骨灰寄存单原件。

全国人民，特别是成都人民，对彭德怀有深厚的感情。如今，永兴巷7号旧址（原住房因盖高楼已拆除），总府街招待所（现已更名为四川宾馆）西楼，273号骨灰架，已经成为人们缅怀和景仰的地方。

应彭钢等亲属要求，经中共中央组织部批准，1999 年 12 月 28 日，彭总的骨灰由八宝山革命公墓迁移到他的老家湖南省湘潭县乌石寨陵园安放。山清水秀，彭总魂归故里了。

（原载《元帅的最后岁月》，四川人民出版社 1991 年版）

二十五、浦安修完成生前遗愿

1978 年党的十一届三中全会后，党中央为彭德怀同志召开了平反昭雪及追悼大会，给他作出了公正的评价。随后中央军委、解放军总政治部、总参谋部先后派人到成都，进一步为彭德怀同志落实政策，并补发了几万元的工资。彭德怀的夫人浦安修把补发的这笔钱，一部分为彭德怀缴了党费，一部分给了彭德怀身边的工作人员和彭德怀的八个侄儿侄女；其余遵照彭德怀生前的愿望，给了老家湖南省湘潭县乌石公社乌石小学。

1958 年至 1961 年，彭德怀曾两次回家探望父老乡亲。特别是 1958 年那次回去，见到乌石小学校舍条件差，管理混乱，而学校却把小学生集中在学校住，以此体现人民公社"一大二公"的优越性，心里很不是滋味。他把学校领导找来，问道："为什么把他们集中到这里住？"校长回答说："这是上级的指示，学校也要搞军事化，从小培养孩子们的集体主义思想，学校只好临时搭了一些活动床。"彭德怀说："这个办法要不得，你们立刻放孩子们回家，他们有爹有娘，会比你们照顾得更好。"彭德怀在校长的陪同下，又参观了几个课堂，这里光线暗淡，桌椅陈旧。彭德怀回到北京不久，就给乌石小学寄去了几百本小人书。1959 年，他被罢了官。经毛泽东主席同意，1961 年秋天，他回到老家再次到乌石小学校视察，见一切依然如故，便征求教师们的意见，把它一一记在本子上。

18 年后的这一天，浦安修来到乌石，对陪同她参观的乌石公社党委书记说："彭总生前让我生活上节俭一点，留点钱帮助乌石学校，我是特意为彭总的遗愿而来的。现在彭总的冤案已昭雪，我从他补发的工资中拿出一万元赠给乌石学校作为重建基金，希望地方上也能出把力，实现彭总的遗愿。"地方政府很重视，又拨款6万元，1981年终于盖起了新校舍，增加了理化实验室，添置了仪器，增派了老师，还聘请了一名特级教师。现在学校教学水平大大地提高了，学生努力学习，校风日益好转。不久前，县政府还给浦安修寄去了新校舍照片。浦安修常想，如果彭总在天之灵有知，也一定会高兴的。浦安修经常考虑一个问题，彭总的冤案虽已平反，但一些大是大非问题还有待于调查研究弄清楚。于是1979年年初，浦安修给中央军委写信，建议成立"彭德怀大事记组"，很快获准。半年后，这个组改为"彭德怀传记组"。浦安修与另一位同志，阅读了彭德怀监禁期间写的交代材料，她忍着悲痛，从1979年8月到1980年3月编辑了一部定名为《彭德怀自述》的书稿，经中央领导同志批准，1981年由人民出版社正式出版了。后来这本书先后被外文出版社、中央民族出版社出版。近年，这本书还被译成日文出版。

浦安修最理解生前彭德怀对太行山老区人民的感情，因此，在1984年，她特意回到当年八路军总部所在地山西省武乡县王家峪村和左权县麻田镇。王家峪村子里有一所中学叫白杨中学，设备简陋，教学条件差，于是浦安修汇去了1800元，学校也出了点钱，盖了一间20多平方米的理化教室，添置了些仪器。浦安修又将余款1800元汇给左权县的麻田中学，作为改善教学条件之用。当人们赞扬浦安修的这些做法时，她总是笑着说："我出点钱没什么，彭老总生前就关怀这些老区的教育事业，今天，我用彭老总的血汗钱（指《彭德怀自述》一书的稿费），支援太行山老区人民办学校，抓好基础教育工作，为的是实现他的遗愿。"

（原载《彭德怀在"三线"》，四川省社会科学院出版社1998年版）

二十六、"霜叶红于二月花"

——彭德怀身边三个工作人员景希珍、綦魁英、赵风池

　　彭德怀的冤案平反后，在彭总身边工作多年的三位工作人员景希珍、綦魁英、赵凤池也由上级落实了政策，先后调回北京。他们对彭总有深厚的感情，每逢 11 月 29 日彭德怀忌日和清明节，都要去八宝山革命公墓悼念他们的老首长。这项活动每次都由綦魁英秘书组织安排，少则几十人，多至上百人，有彭总的老战友、老部下以及他们的家属。他们肃立在彭总的骨灰盒前，深深鞠躬，默默致哀，久久缅怀这位无产阶级革命家和军事家。

　　三人回京后，工作得到了妥善的安置，家属也有了适当的工作。军委领导和党组织对他们在西南"三线"工作的艰辛、照顾彭总的周全以及他们在彭总危难时刻的表现是十分了解的。彭总为中国革命和建设事业建立的不朽功勋，也包含了他们付出的辛劳。现在三人都因年龄关系离开了工作岗位。晚年的生活是丰富多彩的，常有作家、记者去采访他们，从他们那里了解彭总自新中国成立以后所经历的风风雨雨。要了解彭总的人，总是先请他们介绍一下自己的经历，他们的经历与彭总的坎坷历程是紧密联系在一起的。

　　景希珍在彭总身边当了 16 年警卫参谋。1930 年 7 月，他出生于山西省洪洞县北营村一个贫农家庭，1946 年在山西洪赵支队入伍，同年加入中国共产党，1947 年在吕梁九分区五十六团当班长、排长、参谋，参加过解放太原的战斗。之后，调入第一野战军第七军十九师五十六团，参加了 1949 年解放甘肃天水的战斗。随后，

组织上安排他到七军教导团学习文化，任参谋，后调兰州军区。1949年年底调国防部办公厅，1950年去朝鲜抗美援朝，在彭德怀身边任警卫参谋。1965年11月随彭总到大西南参加"三线"建设。1966年年底彭总被"四人帮"揪回北京后，他与綦魁英将彭德怀的实物清理造册分送成都军区、西南"三线"建委。1968年，当时的军委办事组指示：彭德怀身边的三位工作人员不能回京，就在四川分配工作。1970年，景希珍被分配到四川资阳县人民武装部当助理员，1974年后任人武部副部长、政委。直到1979年春天才调回北京，任中国人民解放军总参检察院副检察长，后到总参政治部干休处任政委。1989年7月离休。

綦魁英，1929年2月出生于黑龙江省巴彦县镇东乡一个下中农家庭，1947年12月参加中国人民解放军，1948年加入中国共产党，后调沈阳军区司令部从事机要工作，1954年调国防部办公厅，给彭德怀元帅当秘书。1965年11月随彭总到成都。受彭总株连，1969年被分配到四川绵竹县人武部当助理员，1972年调中江县人武部当政工科科长，直到1979年年底才调回北京，任中央军委办公厅办公室副主任。1986年离休。

赵凤池，1934年7月出生于河北省景县黄草铺村下中农家庭。1951年4月参加中国人民解放军，1953年加入中国共产党，在山西大同汽车学校学习两年，后到华北解放军某部汽车二团开车，任班长、教员，1954年调国防部办公厅开车，1957年起专为彭总开车，1965年11月随彭总入川。1966年12月彭总被绑架后，1970年调四川省国防工办开车，任汽车班长、招待所所长。直到1980年4月才调回北京，任总参管理局二处处长。1990年退休时，张爱萍将军为他写了一幅条幅："凤池同志嘱：'停车坐爱枫林晚，霜叶红于二月花。'"寄托了将军对他的深情慰勉。赵凤池恭敬地将条幅裱好挂在客厅，感谢将军对他的鼓励。1991年1月13日上午，景希珍、綦魁英将笔者带到赵凤池新居家中聚会，老赵的儿子赵泉手握照相机精心安排客人与他的父亲在条幅前合影留念。

　　他们三人就像经霜的红叶。调回北京后，虽然工作条件好了，精神也愉快了，但却始终没有忘记在大西南度过的那些艰难岁月，更加热爱来之不易的社会主义建设事业。他们对在西南共过事的同志有着深厚的感情。笔者多次向他们采访彭总在西南的事迹，他们都热情接待，一谈就是几小时。他们三人虽都居住在北京，平时却难得有机会相聚。1991 年 1 月，笔者去北京出差，1 月 13 日是星期天，好不容易把他们三位请到北京"成都酒家"品尝川味，酒家周启君经理与女服务员李静将"四川老乡"作为上宾款待。他们尝到了花样繁多的成都名小吃。当李静将"担担面"端到客人面前时，大家一下子就回忆起彭总在西南"三线"工作期间常在成都总府街小食店吃担担面、赖汤圆时的情景。景希珍说，有一次，他们三人上街小吃，忘了带粮票，正在为难，彭总却掏出钱包说："我带了。"一件小事，又引起了许多感叹。周经理跟着插话，他说彭总在天之灵有知也一定会高兴的，如今物资供应丰富了，生活改善了，北京与成都市的饭馆一样，吃饭不收粮票了。饭后，笔者邀他们到阜城门内大街前进照相馆合影留念。这家照相馆只拍彩照，早已不拍黑白照片了，据说，拍的人少，又不赚钱。但当一级摄影师、经理安增跃得知景希珍、綦魁英、赵凤池是彭总当年身边的工作人员时，立即破例亲自调配灯光，摄下了三人这难得的一聚。三人合影照现在已收进了本书。相信关心彭总身边这三位工作人员的广大读者，看了他们的合影，一定会感到面熟亲切的，并且会和笔者一样，为他们的团聚和晚年幸福而由衷地高兴。

（原载《彭德怀在"三线"》，四川人民出版社 1991 年版）

二十七、《彭德怀在"三线"》投拍内情

　　1995年9月2日下午，我和国家体改委李尔华副司长一块儿到位于北京复外大街的部长楼，拜望原文化部副部长，年过八旬的中央重大革命题材影视创作领导小组成员陈荒煤。刚落座，陈老便问："《彭德怀在"三线"》筹拍工作进展怎样？"我连忙回答："制片主任张官尧和编导白宏告诉我，下星期，至迟在9月中旬就在四川开拍，力争三个月完成。由北京人民艺术剧院的雷飞演彭德怀同志，刚才我从雷飞家里出来，他让我代问您好。"

　　"好，好，能开拍就不简单。春才同志，你是原著作者，白宏改编，费心了，也向你们祝贺！"

　　正如陈老说的，能开拍就不简单，他讲话的含义是很深的。

　　1987年年初，我写的《彭德怀在"三线"》一书在《四川军工导报》开始连载，当刊发到第8期时，导报总编辑胡曲平就选中了这个主题。改编成三集电视剧本《情谊在人间》。四川电视台青年导演李伟拿到剧本后，向我了解了当年彭总在"三线"的许多细节，对剧本作了修改，然后去北京报中央重大革

此电影根据王春才同名长篇纪实文学《彭德怀在"三线"》改编摄制

149

1995 年，北京电影制片厂摄制的《彭德怀在"三线"》电影，1996 年 3 月 18 日在北京人民大会堂隆重举行首映式，图为彭德怀（雷飞饰）参观重庆北碚白公馆剧照。1965 年 12 月，中共中央西南局在重庆潘家坪宾馆召开西南"三线"建设会议，中共中央政治局委员、中共中央西南局第一书记、西南"三线"建委主任李井泉主持了会议。西南"三线"建委第三副主任彭德怀出席了会议。彭德怀在警卫参谋景希珍、秘书綦魁英、司机赵凤池陪同下，参观了白公馆、渣滓洞和红岩革命纪念馆。彭德怀参观后感叹道："山城的红岩是红的，颗颗红心向着共产党。"

命题材影视创作领导小组审查，获原则通过。但准备筹拍时，因胡曲平工作变动，无暇充实剧本内容而搁置。5 年后的 1992 年春天，四川省作家协会主席、著名作家马识途，在家中会见四川省文学院副院长沈重，当时我也在座。马老高兴地对我说，他已看了《彭德怀在"三线"》一书，"三线"建设初期，他也常常见到彭总，他希望能将彭总在"三线"的故事拍成电影，他表示将向有关方面呼吁。也巧，就在这年夏天，中共四川省委党史办主任陈文书与我相遇在省党代会上。他告诉我，党史办正在拍电视剧《邓华在四川》，他们有意将《彭德怀在"三线"》改编成电视剧本，由省委党史办与峨嵋电影制片厂共同拍摄，希望我给他几本样书。党代会结束不久，他便以党史办名义向省委写了报告，省委秦玉琴副书记作了批示，支持拍电视剧。不几天，陈文书与峨影厂制片主任张官尧一起来会我时相告：峨影厂厂长吴宝文已欣然接受拍摄任务，并决定由该厂青年导演白宏任编导。1993 年 10 月，白宏完成了 20 集电视连续剧《彭德怀在"三线"》剧本的初稿。1994 年 1 月中旬，《中国大三线报告文学丛书》顾问陈荒煤在成都参加该书首发式期间，花两个晚上读完了电视剧剧本后，认为剧本写得很感人，但有些内容游离于主题之外，所以要作重大修改，否则剧本审查就过不了关。于是白宏在专程赴京采访了曾在彭总身边工作过的同志及彭总的大侄女彭梅魁后，用一个月时间完成了修改稿，并随即受到了中央军委《彭德怀传》编写组主任王焰的首肯。

1995年4月24日，影视创作领导小组审查通过电视剧本《挂甲元帅彭德怀》，并给中共四川省委宣传部下了批文，同意剧本改好后投入拍摄。影视创作领导小组在审查电视剧本过程中，觉得该剧本内容好，有感染力，建议由北京电影制片厂再拍部电影。四川省委领导同志在听了党史办的同志汇报后，表示支持。就这样，白宏听取广泛意见后，用一个多月时间，完成了《彭德怀在"三线"》电影剧本创作。6月5日，电影创作领导小组组长丁峤主持了剧本审查会议，原则通过，可以筹备拍摄。

为了不影响北影厂1995年出片子，有关方面决定先拍电影，后拍电视剧。电影的主要拍摄地区有成都、重庆、西昌、宜宾、雅安、什邡、广汉等地。在修改剧本和选景过程中，白宏和副导演李宏庆等人，沿着彭总当年在"三线"的足迹，深入工厂、矿山，与当年接待过彭总的干部群众座谈，体验生活。

1995年9月15日，《彭德怀在"三线"》剧组的40多人开赴西昌，

1996年3月18日，原冶金部长、渡口市市委第一书记、渡口市建设总指挥徐驰（中），原冶金部副部长、渡口市委副书记、渡口市建设副总指挥李非平（左），在人民大会堂参加《彭德怀在"三线"》电影首映式后，与原西南"三线"建委副主任、电子工业部部长、国务院"三线"办副主任钱敏（右）畅谈与彭德怀在"三线"的日日夜夜。（王春才摄）

1994 年 11 月 14 日，四川人民出版社与中国大"三线"报告文学丛书编委会在成都军区新华礼堂隆重举行中国大"三线"报告文学丛书首发式，钱敏（左三，原国家电子工业部部长、国务院"三线"办副主任）、陈荒煤（左四，中国作协副主席、中国报告文学学会会长、国家文化部原副部长、著名老作家）与丛书编委会编委陈光华（左一）、陈川（右二）、薛晓燕（左五）、王春才（左六）、李寿鑫（左七）在主席台前合影，丛书刊登了王春才的"彭德怀去'三线'"长文。（冉泽勋　摄）

举行了开机仪式。

　　饰演彭总的是北京人民艺术剧院国家一级演员雷飞。他曾在一些影片中扮演过彭总，原国家领导人杨尚昆、王震以及彭总身边原工作人员綦魁英、景希珍、赵凤池等都说他像彭总。9 月 9 日，雷飞在成都开拍试机后到我家做客。他已将发型理成彭总式的平顶头。在餐桌上，我那个刚上学的小外孙王琏来到雷飞跟前，说："祝彭德怀爷爷身体健康，演出成功。"雷飞顿时笑眯了眼。彭总当年在成都的住地永兴巷 7 号大院因盖高楼已拆除，美工师陈德生找我，问当时彭总房间内陈设情况，我画了平面图，他们便在成都西郊一个大院仿造彭总原办公用房。彭总当年坐过的吉普车，早已不知去向，后来打听到，原成都军区政委张国华也是坐的吉普车，因破损早卖掉了，几经周折，终于在都江堰市一位个体户那里找到了。

　　10 月初，北京电影制片厂韩三品厂长来到拍摄地督战，要求《彭德怀在"三线"》一片年底前拍竣，翌年上半年公演。届时，人们将从银幕上看到 30 年前的彭总，了解那段历史。

（原载 1995 年 11 月 17 日《长江日报》）

二十八、千言万语颂彭总

读过《彭德怀在"三线"》一书的朋友常常会问我：为什么要写彭总？鲜为人知的翔实材料从哪里来的？行政工作忙，哪有时间写书？ 1996 年 3 月 19 日，中国军工报社社长毕小青与记者毛建福在北京核工业招待所专门采访了我，就这些问题，我作了一个回顾，就此也给大家作一回答。

我不能不写

彭德怀元帅受党中央和毛泽东主席重托，于 1965 年 11 月 30 日到成都担任西南"三线"建委第三副主任，让他分管煤电。那时，我经常参加西南"三线"建委工作会议，汇报"三线"建设项目规划方案，见彭总的机会就多了。不久，"文化大革命"浩劫降临，彭总首当其冲，虽然他有气，但仍然一心扑在"三线"建设工作上。我耳闻目睹，暗暗积累素材，也暗下决心，总有一天，要为彭总树碑立传。但"文化大革命"逐步升级，社会秩序动荡，相当长一段时间里，根本不具备写作条件。1978 年党的十一届三中全会拨乱反正，彭德怀同志被平反昭雪。1982 年人民出版社出版了《彭德怀自述》，我欣喜地购得一本。不久，又读了其他有关彭总的书籍。我看到，彭总在"三线"工作这一段经历几乎成了空白。在西南"三线"建委工作的老同志大部分年龄比较大，他们虽然了解彭老总一些情况，但很难系统地用文字记录下来。而我，1957 年便开始业

153

余写作，1983年我写了《多亏贺龙老总捅了一棍子》一文在《人物》杂志发表后，一些老同志都鼓励我写彭总在"三线"逸事。历史的责任感，彭总高尚的革命风范，驱使着我不能不写。1986年夏天，我在北京参加"三线"工作会议，会后看望三弟王春瑜。他是中国社会科学院历史所研究员、作家，全力支持、指导我写彭德怀在"三线"，增强了我的信心。从此便开始整理我"储存"的素材，又不厌其烦地采访一些当事人，搜集哪怕是点滴材料，作写文章的准备。

让事实说话

俗话说："事实胜于雄辩。"世上最能使人信服的莫过于事实。1886年10月，我在北京开会，找到了彭总当年的秘书綦魁英，从他那里看到了一本日记，彭总在"三线"工作期间，某月某日到过什么地方，谁陪同，谁接待，作了些什么指示，群众的情绪如何，日记上都有详细记载，其中涉及的大多数人都是我的熟人。于是，我沿着日记提供的线索，走访了当年陪同接待彭总以及和彭总在一起工作过的人。这些同志听说要写彭总，都给予了我热情的支持和鼓励，帮我查档案、找资料、写回忆、提供素材。四川省档案馆副馆长杜信，1974年12月曾奉命经办化名"王川"的彭德怀同志骨灰存放成都东郊火葬场事项，他主动从省档案馆查到中央专案组给四川省委第一书记赵紫阳的公函，复印后送到我办公室。当年接受骨灰盒寄存的经办人，70多岁的老同志辛自权陪我到火葬场，查到了1974年12月23日记录的"王川"骨灰寄存单。时任四川省委副秘书长的张振亚与四川《军工导报》总编辑胡曲平与我在火葬场召开了有关人员座谈会，并在"王川"骨灰存放的273号骨灰架旁拍照取证。张振亚副秘书长还在我写的初稿上签了"情况属实"的意见。彭总当年炊事员刘云，将1966年秋天彭总赠送给他的《欧阳海之歌》小说借给我，全书有彭总阅读中写的红字批语近2000

字，是研究彭总当时工作、思想的重要史料。当年彭总在西南"三线"建委工作时的生活秘书雷文，专门负责为彭总领取、保管工业券、粮票、布票、工资等。1967 年 1 月彭总在北京关押期间写过一个简短字条，寄给仍在西南"三线"建委机关的他的警卫参谋景希珍，景希珍很快转给了雷文。雷文这才知道，彭总在诉说他每月23 元生活费不够花，请求西南"三线"建委给他增加点钱，建委"大联委""工宣队"研究决定每季增加到 100 元，由雷文寄出。后来雷文在家中一边向我回忆彭总往事，一边流泪，还翻箱倒柜找那张条；由于迁居，不知弄在什么地方了，她伤心得不得了。多年后，终于找到了彭总在北京关押期间发出的 3 封信，并交给我写彭总逸事用。铁道部第二设计研究院原副院长陈如品，1966 年 2 月曾在成都永兴巷 7 号彭总住地向彭总汇报过成昆铁路勘探设计施工情况，陈副院长后调合肥任铁道部第四工程局局长。他出差来成都，我趁机采访他，将他的回忆录了音，整理成文稿；又对照成昆铁路勘探设计文件，核对彭总当年沿铁路线走过的车站、桥梁、隧道位置名称，然后将"彭德怀听工业课"一文传真给陈如品局长，他看完作了修正后，又传真给我。彭总大侄女彭梅魁及当年警卫参谋景希珍、司机赵凤池，家住北京，我去北京出差时登门采访。景希珍的儿媳住在成都，我利用景希珍来成都探亲的一个多月时间，晚上与他聊天，请他回忆彭总的逸事，他当晚讲，我回家熬夜整理成文，第二天一早送给他核实。他还陪我与刘云一同去永兴巷 7 号，在彭总吃过饭的小食堂合影留念，还领着我去暑袜街邮电局，看看彭总当年的存款因"文化大革命"取不出来的储蓄柜台，"一笔存款"那篇文章就是这样几经核实才写好的。景希珍回京后，提供了历史照片给我。华蓥山 308 厂当年建厂的指挥长周万松（后调南京光学厂任党委书记）在 1965 年 12 月接待过彭总到现场视察，尽管他身患癌症，接到我的信后，在南京家中写了一个通宵回忆文章，及时将文稿寄给我。广安县原县长石永寿，因 1965 年 12 月陪彭总考察广安县几个"三线"厂而在"文化大革命"中受株连，腰椎骨被"造反派"打断,用不锈钢钉支撑着,听说我要写彭总,专程来成都向我叙述情况,说彭总为他们县批了100万元建设资金修铁路,解决了一个难题,有关情况,后被我收入书中。还有,四川省煤炭厅领导召集芙蓉矿当年接待彭总的矿领导刘同信、郭维德、郭定邦等同志,在成都煤炭厅招待所召开了彭总视察芙蓉矿区座谈会,我参加了座谈。"坚持下井"一文就是将座谈会记录整理加工成文的。

弄清楚了再动笔

在大量的素材中,有些材料似是而非。碰到这样的问题,我总是反复核实,弄清楚了再动笔。有些文章写成后送给当事人核对,为了寻找当事人,要费很大周折。1966年4月,彭总视察泸州天然气化工厂,由厂长李鸣鹏陪同,后来李鸣鹏调到四川省医药管理局任局长,不巧住川医高干病房半年了,我追到病房,看到他病重,担心采访会加重他的病情,打算待他病情稳定再与他面谈。他说,没关系,慢慢谈,今日不谈,说不定什么时候他"上了西天",我就找不到他了,那就对不起彭总了。他对彭总有深厚感情,当他还是八路军"小鬼"的时候,彭德怀同志是八路军副总司令,率领八路军与日本鬼子浴血奋战。他向我谈了一个重要情况:当年为了接待彭总,在成都开完"三线"工作会议赶回宜宾,请示宜宾地委沈书记,沈书记向他传达省委指示说,工厂保密的部分不向彭总汇报。李鸣鹏为此同沈书记拍桌子吵了一架,说化肥厂有什么保密的?彭总到了泸州天然气化工厂后,李鸣鹏将厂区平面图挂在墙上,向彭总作了全面汇报,又陪他参观了生产线,彭总对用天然气做原料生产尿素非常高兴,希望工厂多生产化肥,支援发展农业生产。李鸣鹏告诉我,上面对彭总不信任、不放心,彭总工作很难啊!我请李局长只谈15分钟,他却谈了半个多小时。我当初写彭总视察泸天化工厂初稿中是没有这部分内容的,于是重新写。从彭总1966年3月下旬去四川石棉矿视察的材料中发现,彭总去的那天，矿上播放了《毛主席派人来》的歌曲。那时正是"文化大革命"开始，全国上下都在批判彭德怀，谁还敢放这首歌。我不太相信，心里老是不踏实，就写了一封信去询问。徐家坤副矿长到成都专门向我提供情况，他当时是矿上技术员，彭总到矿上视察的全过程他都清楚，他证实，彭总到矿上来，确实播放了《毛主席派人来》这首歌，接着就出现矿上职工夹道欢迎彭总的感人场面。选放这首歌曲的矿党委副书记和矿党办主任，"文化大革命"中都挨了整。另外，彭总在矿上会见长征中为红军抢渡大渡河摆渡的老船工，当时健在的有三位，面见彭总的究竟是哪一位？徐家坤告诉我，他叫帅士高，其间正在矿上住院治眼疾。徐还说，彭总住在矿招待所，没有厕所，晚上彭总到室外公共厕所解手，徐家坤正好与彭总及警卫参谋景希珍相遇，路窄坡度大，他还扶着彭总小心翼翼地走了一段。弄清了事实后，我才把它写上去。1988年12月，我在北京出差，拟拜望原西南"三线"建委常委、副主任程子华，他时任全国政协副主席，86岁了，患心脏病住进了北京医院，医生不让会客。后在程老夫人张惠医生热情安排下，12月30日上午我去程老家中，程老热情接待了我，他的秘书袁兴永特意用照相机为我与程老照了相。我向程老提出一个问题，彭总长期任我军首长，兼管军事工业，在西南"三线"建委却分工让他管煤炭，这是西南局的意见还是另有原因？程老说，"三线"建委分工时有人说彭总年轻时当过矿工、挖过煤、对煤矿熟悉，于是就让他管煤矿。我反问，他对军工更熟悉，分管军工不是更合适吗？程老回答时很为难，但还是说了实情。他说彭总到"三线"来，是毛主席、党中央决定的，他分工干什么工作，也是由中央安排的。我恍然大悟。程老讲，彭总忍辱负重，不计个人得失，他拼命地干他分管的工作。1966年12月22日晨，彭总在成都永兴巷7号住地被"造反派"绑架，究竟是谁打电话向周恩来总理报告的？说法不一。我找到了原西南"三线"建委第四副主任钱敏，钱老告诉我，是他打电话给总理办公室童小鹏主任，总理很快对此作了三点指示。1966年7月，彭总去贵州盘县参加六盘水煤炭规划会议，沿途视察了哪些地方许多人不清楚，我在贵阳终于找到了当年在贵州省府接待处为彭总开车的司机彭文政，他记忆力极好，将有关情况一一作了回忆述说，我终于将"远程考察"一篇写成。1966年5月，彭总在西南"三线"建委局以上干部会议上遭到批判，被整整批了一个星期。当事者中，有的已去世，有的年纪太大记不清。我找到了原机械局徐奕培副局长，他因病住在四川省人民医院，我去拜访他，他详尽介绍了当年的"批彭"情况，说当时在政治压力下，他也说了一些违心的话，但有人叫他整理"批彭"简报，他讲自己文化水平低，推脱了。对他的采访，我录了音，整理后，他热情帮助修正。我在北京还拜会了原西南"三线"建委副秘书长杨沛，他也参加了当年对彭总的批判会，对我掌握的材料作了补充。几经修改，"内部会议"一文终于敲定。杨沛夫人劳成之，1937年在西安广场聆听过彭总抗日动员报告以后与杨沛一同走上了抗日前线。1965年年底，劳成之由北京来到成都杨沛身边。1966年春节，彭总向杨沛、劳成之夫妇拜年。劳成之讲了拜年细节，充实了"春节拜年"那一篇。1989年正月初六，中央人民广播电台午间半小时还将此文全文广播。

《彭德怀在"三线"》整个初稿形成后，我专程送给彭总夫人浦安修核实修改。看了初稿，浦老说："彭总到成都去，我没有到北京车站送他，只是在家中为他收拾行李送行的。"说完立即在稿纸上改过来。类似这样的细节，她为全书修改了六十多处，还亲笔题写了"人间毁誉淡然对之，身处逆境忠贞不矢"16个大字。大量的初稿写成后，再请好友、作家沈重同志帮我指点修改，文字上进行加工，提高了文学品位。我大哥王荫曾任江苏省盐城市民间文学协会主席，我将《忠魂天涯》等初稿寄给他修改，他在文章结构上进行了调整，增强了故事性、可读性。重庆市委周春山副书记，常年订有《炎黄春秋》杂志，该杂志刊登了我写的《彭德怀在"三线"的苍凉岁月》专稿，周副书记阅后当面称赞我写得真实，要我继续收集翔实材料，写下去。

时间是零碎捡来的

我有行政职务在身，工作不能影响，我只好把节假日、星期天都用在写作上面了。家务事全部由妻子儿女承担。时间是"挤"出来的。1986 年 10 月，在北京开会，休会期间，我到綦魁英家把他记有彭总在"三线"期间的日记上万字一字不落地全部手抄下来，从大清早一直抄到天擦黑。右手指都抄麻木了。綦魁英与夫人于淑琴还包饺子招待我。1987 年，我在成都三六三医院住院检查身体，一周时间，身体检查完了，我也把"川南纪行"这一章写完了。有一天，我到四川宾馆找贾月泉帮我理发，他是当年为彭总理发的理发师，我边理发边采访，他向我讲了许多彭总的故事，就这样既理了发又采访了他，"理发逸事"的素材就是这样得来的。同年三月，我从重庆坐船到宜昌开会，船行了两天，我也爬了两天的格子，《忠魂天涯》就是在船上写成的。我工作走不开，就请朋友帮助代为采访。国家体改委李尔华副司长，帮我找到了曾在贵州省六盘水担任煤炭工程兵支队长的刘森。刘支队长曾陪同彭总视察六盘水煤矿，离休后住在北京，李副司长找到了他，进行了交谈，刘支队长写了详尽材料寄给我。1966 年 4 月下旬，彭总在四川永川县花果山煤矿考察了三天，但缺乏这方面材料。我请荣昌县"三线"军工华江机械厂康久忠副厂长前后三次去花果山煤矿索取素材，第一次矿领导不在，第二次找到了矿领导，但不了解这方面情况，责成矿办刘志勇秘书召集当事人座谈，第三次才取回素材。康久忠 1938 年参加革命，抗日战争时身上负过伤，对彭总非常敬重，由于当时身体不太好，由女儿陪他坐公共汽车赶到几十公里外的花果山煤矿。后来矿办秘书刘志勇出差到成都，特地到我家中讲材料来源和经过，康老三进他们矿山也感动了他，他加班加点整理座谈会的材料。"花果山上"这一节问世，花了好几个人很多精力和时间。这是彭总人格力量感人至深的结果。

众多人士热心相助

1986 年 10 月，我写好了有关彭德怀在"三线"工作生活情况的稿子，才两万多字，交四川《军工导报》总编辑胡曲平，由陈晓宏编辑修改，并由她起名《彭德怀在"三线"》。该报是四川省国防工办办的报纸，主管领导得知此文要发表，感到很为难，稿子只好暂时压在报社。不久，原中共中央西南局国防工办、四川省国防工办主任蒋崇璟由北京来成都参加国务院"三线"建设调整改造规划办公室会议，这时，他已是电子工业部副部长，我去双流机场接他并安排在金牛宾馆住下，顺便汇报了此事。我把复印稿给蒋部长看，他顾不上休息，整整看了一个下午。这天我血压高，头晕，蒋部长让我躺在他床上休息，当我醒来时，他稿子也看完了，还作了些修改，签了"可用"的意见。次日，省工办历届领导齐聚一堂，欢迎蒋部长莅临视察，并在工办食堂设便宴招待，我也参加了。蒋部长当着众领导的面，推荐《彭德怀在"三线"》一文在《军工导报》上发表，实际上也为工办领导承担了责任。说起蒋部长还有这么一段故事：他 29 岁就担任延安工业厅长了，抗日战争、解放战争时期，我们的战士缴获敌人的武器之后，大都不会用，彭总就经常请兵器专家蒋崇璟帮助鉴别，讲解使用方法。1966 年 12 月彭总在成都被揪往北京后，为他开车的司机赵凤池工作没了着落，有些单位不敢接受，蒋部长说，赵司机有什么问题？让他到省工办担任了汽车班长。1987 年元旦，《彭德怀在"三线"》一文在《军工导报》副刊版连载，从此打开了局面。文章出来后，陆续有报刊转载。陕西《军工报》社长、总编辑薛晓燕，优先刊登我撰写的有关彭总的文章，以一个整版刊登了"特殊的供品"一文，《西南兵工报》连载《浦氏三姐妹》。北京《中国军工报》、江苏《盐阜大众报》《连云港日报》连载《彭德怀在"三线"》一书 10 万字以上。国防科工委"三线"办主任于锡涛、母校扬州大学施汉章、张永陆教授很敬重彭总，鼓励我将书修订再版。原第五机械工业部副部长、西南三线建委常委、中国人民解放军基建工程兵副主任朱光将军，亲自为修订再版的《彭德怀在"三线"》作序。经浦安修修改后，中央军委《彭德怀传》编写组组长王焰，50年代就是彭总办公室主任，70多岁了，带病为我审改新增加的6万字，又特地到成都召开彭总身边工作过的人员座谈会，下了文件批准出版。四川省社会科学院出版社经四川新闻出版局批准，张立社长作为重点书提前安排，于1988年8月出版了《彭德怀在"三线"》一书。宋任穷、张爱萍、洪学智、张宗逊、鲁大东、钱敏、刘纪原、杜鹏程等领导同志为该书题了词。杜鹏程是《保卫延安》一书的作者，陕西省作家协会副主席，1990年11月3日，他为该书题词内容是："彭德怀同志在'三线'工作，这一段经历，还未见著作文字记载，《彭德怀在"三线"》一书填补了这个空白，是对传记的重要补充，对读者有重大教育意义。"我的母校江苏省建湖县海南初级中学老校长杨学贤同志是位80多岁的老教育家，爱读书，他读了《彭德怀在"三线"》一书后，给我写了一封长信，畅谈读后感，赞扬此书是对青少年进行革命优良传统教育的一本好教材。望我继续努力，通过写彭总，学习彭总的高尚情操。现年90岁的张渤如同志，是扬州工专（扬州工学院、扬州大学前身）老党委书记，也是我的老校长。他身体非常健康，平时勤于读书、写作。在他78岁高龄时，还写了"千秋风范——读《彭德怀在"三线"》所感所想"，发表在1989年四川《晚霞》杂志第5期上，1997年又收入他著的《思贤集》一书中。文章开头写道："接到作者王春才（扬州工专校友）相赠的《彭德怀在"三线"》一书后，我不忍释手，一口气读完，充满了对彭总的缅怀与崇敬之情。再重温《彭德怀自述》，更是思绪万千。彭总的品德与胆识永远是我们学习的榜样。"老校长读评肯定学生的作品对我写彭总是极大的鼓励与鞭策。陕西汉中182厂王岐副厂长，是"三线"建设初期到"三线"地区的，他认真读了该书，出差到"三线"办汇报工作时，在我办公室与我交谈，他指出书中有20多处错别字，个别地方表达不准确。如北京"艺园"应为"义园"，因他的老家在"义园"旁边。这是最真诚的帮助。《彭德怀在"三线"》1991 年由四川人民出版社修订再版，24 万字，同年被评为四川省优秀图书。感谢几任编辑陈晓宏、鲁军民、刘卫平、李洪烈同志付出的辛劳。1998 年 10 月 24 日，是彭德怀元帅 100 周年诞辰，在作家、编审沈重与副编审李洪烈支持下，该书再次修订再版，薄一波同志题写了《元帅的最后岁月》书名。

1999 年 7 月 20 日，该书荣获 90 年代四川优秀报告文学作品二等奖。经我策划组织，由白宏改编并导演的《彭德怀在"三线"》影片，北京电影制片厂出品，获 1996 年文化部"华表奖"提名，四川省精神文明建设"五个一"工程奖。多家报刊发表影评文章。北京《光明日报》1996 年 8 月 28 日文化周刊版，发表了四川文学院原副院长、作家、诗人沈重影评文章，标题是《夕阳归处大山青——〈彭德怀在'三线'〉电影观后》。上海《解放日报》1996 年 8 月 31 日，刊登了北京电影制片厂宣传部彬文评介一文，题目为《〈彭德怀在"三线"〉，再现元帅晚年生活》。四川《晚霞》杂志，1996 年第 9 期，也刊发了中国军工报编辑、记者毛建福的文章，题目是《留得清白在人间——看电影〈彭德怀在"三线"〉》，作者写道："彭德怀在片头吟哦于谦的《石灰吟》：千锤万凿出深山，烈火焚烧若等闲。粉身碎骨浑不怕，留得清白在人间！《彭德怀在'三线'》，使人看到的就是清白在人间。"近两年，该片多次在中央电视台及全国各地方电视台播放。彭总在"三线"的正气歌唱遍天下。

人们想了解彭总晚年的境遇

什么叫"三线"？很多人尤其是年轻人不了解，甚至有的年轻人认为彭总还健在，他退居二线、三线在休息，真是大笑话。也有的人认为整个"三线"建设是彭总指挥的，又有所谓了解内情的人，说彭总被流放到"三线"，什么事也未干。两种说法都不确切。《彭德怀在"三线"》问世后，受到读者欢迎，张爱萍将军为该书题词：

"逆境受命气犹壮，为民为国心无私。"是对彭总在"三线"工作的高度概括，也是该书多次再版的主要原因。江苏建湖县老干部程树人同志购买的《彭德怀在"三线"》一书读完后，借给别人读就再也收不回来了；他与建湖县老干部付涛、吴金才、陶锦武、李世安同志托人到南京、上海新华书店去买，都未买到。通过我小学校友王桂田与我联系，我分别寄去了几本样书。他们还写了读书心得在报刊上发表。尤其是 76 岁的吴金才老团长，在他的《巴山蜀水未了情》一文中深情地写道："天府之国我也曾去过。四川山川之雄伟，景色之瑰丽，古迹之幽远，人文之丰富，都给我留下了美好的印象。但经过时间的大浪淘沙，多数已淡忘了。巴山蜀水能牵动我白发老叟一怀愁绪的，唯有两个人：一个是元帅，另一个是乡亲。元帅是彭德怀元帅，我曾是他麾下的一个兵。解放战争时期，我曾在他领导下，打过多次恶仗。抗美援朝彭老总又临危受命，领导我们雄赳赳气昂昂跨过鸭绿江，我们和朝鲜军民一起，卧冰嚼雪，硬是把武装到牙齿的美国佬打败了。回国后，彭老总是国防部长，我在济南某部任团长。长期以来，我有幸多次亲聆元帅的教诲。庐山会议后，元帅从中国的政治生活中消逝了，我们战友们曾多方探寻，但无法获得他的音讯。'文化大革命'期间，我在济南蹲'牛棚'，养猪，后来有传言，说彭老总被毛主席派到大'三线'去了，但实情怎样，却一直不知道。乡亲是作家王春才。我和王春才都是建湖县人，同饮一河水，同耕一陇地，隔村相望。他 1955 年入川，大半辈子献给了巴山蜀水，将一本《彭德怀在"三线"》赠送给我，一本书圆了我两个梦，牵动了我两个思念，使我感到无比兴奋。我是怀着喜悦与哀痛、含着笑容与泪水读完这部书的，我仿佛又看到我敬爱的彭老总，他在困厄之中，仍然是那么英气勃勃，襟怀坦荡。值得感谢我的乡亲王春才，感谢他填补了这一历史空白，感谢他为人民为历史留下这宝贵的精神财富。"建湖县广播电视局总编辑崔建华，带病将该书改编成广播文章，在电台多次播放。江苏省宝应县沪宝仪器公司总经理朱国奎，身残志不残，还是宝应县作家协会会员，向我索书多本，分送有关领导同志。他认真读了这本书，还写了"彭大将军向我们走来"的评介文章。《阜宁报》及时刊登。宁夏银川西北轴承厂王工程师，来成都出差，我曾赠他一本《彭德怀在"三线"》，他读完后，又给他70多岁老父亲读，这位老人是东北瓦房店轴承厂老干部，担任过财务处长，有一定文化，他把这本书放在枕头下面，有空就读。离开银川儿媳回老家，把书带到火车上，不小心被人偷了。老人心中很难过，写信给他儿子，无论如何替他再买一本，其家人通过西北轴承厂计划处张克强处长打电话给我，我满足了老人要求，又寄赠一本。1993年国务院三线办在重庆开会，我带了10本《彭德怀在"三线"》放在我房间内，还未来得及赠送就不见了。1998年10月24日，我带了200本书参加湖南省湘潭市纪念彭总诞辰一百周年纪念活动，竟然不够送。湘潭市领导都有了《彭德怀在"三线"》，为领导开车的司机知道了也来要书。新落成的彭德怀同志纪念馆陈列了几种版本的《彭德怀在"三线"》，还撰文介绍说该书填补了彭总传记的一段空白。

全国数百家报刊相继转载了《彭德怀在"三线"》一书中的文章，宣传学习彭总的高尚革命情操。《人世间》《共鸣》《翠苑》《银潮》杂志对本书《忠魂天涯》这一章分别以"彭德怀骨灰盒之秘""元帅遗骨万里寻""寻找彭德怀元帅遗骨""彭德怀骨灰转移内幕"为题全文转载，《作家文摘报》还以"彭德怀英灵返京记"的题目吸引读者。《成都晚报》《晚霞》杂志刊登此文后，广大群众都为找到彭总骨灰盒感到欣慰。写彭总，宣传彭总，学彭总，同时也披露了"三线"建设的艰难历程，颂扬了"三线"人为了祖国国防建设的献身精神。新疆库尔勒8022厂杨新甫副厂长来信说：我读了这本闪耀着彭总光辉思想的教科书，很受教育。我辛辛苦苦在外面出差跑"三线"调迁项目，人都跑出病来，但还是有人说风凉话，说我在拼命为个人挣钱，感到很委屈，灰心丧气，不想再干事儿了。读完《元帅的最后岁月——彭德怀在"三线"》一书，对照彭总当年所受的委屈我这又算得了什么？彭总最后被迫害致死，我这个小小老百姓不是还好好活着的吗？有什么了不起。他说他的，我做我的，最后用事实来说话！学习彭总无私无畏的品格，我又带病接受任务出差了。

"三线"职工的领导及职工爱读《彭德怀在"三线"》一书。重庆永川县465厂党委书记李梓同志，让党委宣传部的同志在厂门口贴出海报，宣传《彭德怀在"三线"》。陕西南郑县航空531厂党委张刚书记、张正平厂长、李瑞英副厂长，他们爱读《彭德怀在"三线"》，让厂宣传部刘益轩部长买了几百本《彭德怀在"三线"》发给工厂中层干部及老同志，还赠送一些书给航空012基地及航空集团领导同志。刘部长在《汉中报》《军工报》《航空报》等报刊发表评介《彭德怀在"三线"》文章。还与职工座谈，继续发扬优良作风，学习彭老总的高风亮节。《襄樊日报》1988年1月21日，刊登了湖北4404厂工会主席章士谦、厂办主任任世昭写的"崇高的形象，深刻的激励——〈彭德怀在"三线"〉读后"文章，写道："在'三线'企业蓬勃发展、振兴、奋起的今天，我们细读《彭德怀在"三线"》，感到格外亲切，格外动情，彭总的音容笑貌，再现在我们的眼前。可以告慰彭总的是，彭总为之操劳的'三线'企业，在党中央、国务院亲切关怀下，正在崛起，为国家为人民创造日益增多的财富。"1987年10月2日陕西《军工报》刊登了咸阳一个"三线"核工业研究所年轻工程师申于言的文章，标题为《高山流水，神清气远——读〈彭德怀在"三线"〉——川南纪行》，《湖南日报》1989年9月27日刊登了湖南068基地副主任龙志成的《亲切的回忆，难忘的教诲》文章，作者写道："读完《彭德怀在"三线"》一书，使我对彭总

1992年11月10日，国家电子工业部副部长、原西南"三线"建委常委、西南局国防工办、四川省国防工办主任蒋崇璟（右二）、成都军区茹夫一副司令员（右三）、四川省国防科工办主任李天民（右四）听取王春才（右一）汇报《元帅的最后岁月——彭德怀在"三线"》一书有关内容。茹夫一副司令员正在看书。（刘启荣 摄）

更加敬佩。他以事业和国家为重，全心全意为人民服务的高尚品德，永远值得我们学习。他艰苦奋斗、体察民情、关心群众疾苦的作风，是现今改革开放时代我们所有干部的楷模。"

我不失时机，抢救了彭总在"三线"时期非常宝贵的史料。十几年来，接受过我采访的程子华、浦安修、熊宇忠、杜鹏程、徐奕培、李敏、姚小兴、沈学礼、李鸣鹏、周万松等老同志先后去世了。假如，我现在动笔写这本书，困难该有多大，该造成多大的遗憾啊！

最近，我遇到原西南"三线"建委一位 80 多岁的老局长，他兴奋地告诉我，他看了中央电视台播放的《彭德怀在"三线"》电影，感觉还了历史本来的面貌。他说至今心中还感到内疚。1939 年他在延安抗大听过彭总的报告，1966 年 3 月西南"三线"建委一位领导同志找他谈话，派他陪彭总视察正在建设的成昆铁路与攀钢，并要他保证彭总安全，注意收集彭总言行。作为一名共产党员，他当时只有听从党组织安排。回成都后，他写了彭总材料，说彭总给老船工帅士高送香烟又给钱，收买人心，还在建委内部批判彭德怀的会议上讲了这个例子。1987 年的一个星期天，我去采访老局长，接到电话后，他在门口迎候我，他谈得很深刻，说所谈的内容写书都可以用，但千万不要写他的真名，问他为什么？他说那就臭名远扬了。他还说实在对不起彭总，后来认识到彭总处处关心人民疾苦，是个伟人，我们党内多几个彭总这样的领导就好了。我尊重老局长意见，书中只写西南"三线"建委一位负责同志陪彭总视察。类似老局长这样心态的人还不止一个。其实，他们也是"文化大革命"动乱的受害者。2000 年 1 月 25 日，四川省作家协会在成都市柳浪湾休闲广场举行迎春茶话会，我也参加了。85 岁的作协主席马识途，鼓励我继续写彭总 1965 年 12 月在南充的情形，1966 年春节他两次见到彭总，都没敢说话，但当时他心中很难过。

宜宾地委老书记沈学礼，1966 年 4 月下旬陪彭总视察川南一个星期，"文化大革命"惨遭批斗关押，夫人刘林也受株连被关进牛棚，四个孩子没有人照应。1978 年以后才落实政策。1987 年下半年，我去采访，他们不愿再谈伤心的往事。经做工作，登门三次，才接受采访。沈书记希望能早日见到《彭德怀在"三线"》一书，不巧，该书问世前三个月，沈书记突发心脏病抢救无效去世。后来，刘林将该书供奉在老伴遗像前，最终将书与沈书记骨灰盒一起埋入墓地。刘林说，要让老伴在九泉之下重温与彭总的川南之行。后来，刘林又跟我要了几本书，她说沈书记的老战友都渴望了解彭总在"三线"的工作生活情况，从中得到启发与教益。

山西省介休市卫生防疫站离休的站长、主任医师张旭，70 多岁了，1999 年 6 月 4 日给我来信回忆见到彭总的往事。他写道：每当捧起《彭德怀在"三线"》一书，就使我想起在保卫延安的洛川战役时见到彭总的情景，他那平易近人、关心群众疾苦的形象又浮现在我的眼前。那是 1949 年 3 月乍暖还寒的一天早晨，我和战友正在麦田里挖野菜，正好彭总骑着马到前沿阵地察看地形，他见到我与战友便下了马，很关切地问我们："你们是哪个单位的？莫把麦苗踩了，影响群众的产量哟！"1952 年我们部队进入朝鲜，参加抗美援朝、保家卫国的战斗。在彭总正确指挥下中国人民志愿军打败了美国侵略军。彭总，是一位常胜将军，视群众疾苦为己苦的国家栋梁，党内别有用心的人，罗织了莫须有的罪名迫害彭总，真是把我这位老战士肺都气炸了。现在看《彭德怀在"三线"》的苍凉岁月，只有愤怒，连眼泪也没了，大概是泪水流干了的缘故吧！你的书，又被别的老同志借去看了，收回后准备放到单位公共阅览室。河南洛阳 744 厂赵应贤厂长，为工厂买了百十本《彭德怀在"三线"》，全厂中层以上干部人手一册。他老伴因患眼疾，不能看书，就让赵厂长读给她听，当读到"相见时难"一节，彭德怀同邓华同住一个城市，想见面而不能见面这一段时，她哭了，哭得很伤心。20 世纪 50 年代中期曾与我在一起工作过的女同志文新华，离休后在北京病榻前细读该书，并写了评论文章在《文化经济导报》上发表。西安 843 厂调迁办张志宏副主任，读了该书后，极力推荐给爱人高栋处长读，高处长参过军，对彭总尤为敬重，还打电话给我，进一步了解彭总逸事。

在遭受厄远的我们共和国的开国元勋中，没有谁比彭总更坎坷的了。他的遭遇，真是我们这个多灾多难的民族在其奋斗的某一阶段活的缩影。彭总在"三线"工作只有一年零一个月，时间并不长，却是他最后岁月最闪光的一页。他之所以格外受到亿万人民的崇敬与爱戴，是因为他关心人民疾苦，为民请命的一身正气、一身胆气。从此，一连串的打击便降临到这位开国元勋头上，直到"文化大革命"中把他整死。在他生命垂危之际，还在为党和国家的前途忧愁，也为自己不明不白蒙受的奇冤万分愤怒。临终前，他给亲属留下了这样的遗言："我的问题还没有搞清楚，不能死，我要活下去，我要见毛主席！"

今天，我们重读彭总的遗言，怎能不悲愤交加，柔肠寸断！但是，历史无情也有情，被人为扭曲的历史，毕竟又恢复了真实的原貌。1978年冬天，以邓小平为核心的国家第二代领导集体，实事求是地对彭总作出了历史的公正评价。

《彭德怀在"三线"》一书问世后，得到了一部分史学家、文学家的好评、鼓励、指导，他们写评价文章在杂志、报纸上发表，赞扬彭总的高尚情操。四川《当代文坛》杂志，1989年第6期发表了中国社会科学院历史研究所研究员金树文章："巴山千载仰高风——读《彭德怀在'三线'》"。四川师范大学中文系教授、著名文学评论家苏恒，1989年9月22日在《教育导报》发表了他的评论文章，标题为"枯朽有妍媸——读《彭德怀在'三线'》"，为便于自己学习借鉴，将苏恒教授文章摘录如下：

柳宗元有诗云："一朝犷息定，枯朽无妍媸。"我不同意这种观点。天地有正气，一个人死了，难免骨枯尸朽，但灵魂的美丑，是不能混淆的，亦是不能泯灭的。我读《彭德怀在"三线"》又一次佐证了我的生命哲学信念。彭总被"四人帮"活活折磨死，改姓埋名，秘密火化，在政治上加了种种罪名。曾几何时，云开雾散，彭德怀又恢复了他的本来面目，犹如日月经天，江河行地。当前，我们正在惩治腐败，加强廉政建设，对青少年进行社会主义、爱国主义、民族气节、革命情操、艰苦奋斗的教育，这本书无疑是极好的形象化教材。

本书是完整的长篇革命回忆录，同时是彭总晚年在"三线"工作的形象化传记，不仅内容好，史料翔实，文字也很朴素简洁，叙述清楚，娓娓动听。书中许多小故事可以独立成篇，合起来又是形象编年史，可读性很强。读读这本书，读者将看到彭总在"三线"工作期间生活和人格的各个侧面：在政治上，正气凛然；在工作上，忍辱负重；在生活上，艰苦朴素；在作风上，平易近人。彭总接受毛主席派遣到西南"三线"工作，不顾68岁高龄，深入实地调查研究。对"三线"建设作出了重大贡献。书中还记叙彭总的生活爱好，言谈举止，但作者不是有闻必录，而是作了必要的历史和美学的概括，精选材料，突出彭总的性格核心和生活主线，围绕这点有机地组织各个生活侧面和性格侧面，使彭总的形象清晰、生动、亲切。

在我读这本书过程中，时时感到元帅特有的戎马倥偬的生活节奏，指挥若定的卓越才能，对党对人民深沉执着的爱。正由于有这样伟大的爱（我说它是性格核心），尽管他身处限制使用的逆境（不准过问军工），毫不怨气，从不叹息，忍辱负重地领导"三线"能源交通工作（我说它是生活主线）。伟大的爱是会燃烧的，随时随地都会迸发出各式各样的火花。彭总除巡视各地能源交通建设外，还极为关心地方的工农业生产，指示干部要特别关心解决农民温饱问题。建工厂不要与农民争地，"修路、接电、接水要让农民受益"。众所周知，1959年庐山会议他就因为农民疾苦慷慨陈词，被罢了官；现在，继续为农民疾苦呼吁，不能说没有危险，但他没有为了个人安危，就放弃对人民（特别是最穷苦的农民）的爱。

当然这本书不是一般艺术创作，不是什么概括整个时代风云，塑造经久不朽的艺术典型的辉煌巨著。但我读这本书，书的整体意境里，时时感到夏天雨后的清新空气，又仿佛看到茫茫夜空那颗明亮的小星。小星虽然不能代表灿烂的银河，但它毕竟是组成河汉的星星，给人以美丽的幻想，促人上进。

1989 年秋天，我拜会了苏恒教授，他又一次与我进行了长谈，为我修订再版《彭德怀在"三线"》一书，热情地进行了指导。一晃 17 年多过去了，再次向苏教授表示敬意与感谢。

彭德怀同志是一座丰碑，在社会各方面支持下，千言万语颂彭总。我有缘记录了彭总在"三线"的苍凉岁月和他的光辉形象，深感自豪，足慰平生。

（原载于 1996 年 4 月 2 日至 21 日《中国军工报》）

二十九、丹心昭日月　风范垂千秋

——彭德怀诞辰一百周年纪念活动侧记

1998 年 10 月，我应邀参加了湖南省湘潭市彭德怀百周年诞辰纪念活动，世纪风云，乌石情深，所见所闻，至今难忘。

1998 年 10 月 20 日，纪念彭德怀诞辰 100 周年大会暨铜像揭幕仪式在湖南湘潭乌石隆重举行。图为彭德怀铜像巍然屹立在秀丽的乌石峰下。（王春才　摄）

（一）

1898 年 10 月 24 日，彭德怀元帅出生在湖南省湘潭县乌石峰下一个贫穷的农民家庭。为了缅怀彭德怀的丰功伟绩，学习彭德怀的革命精神，经中共中央宣传部和湖南省委批准，1997 年成立了

1998 年 10 月 20 日，彭德怀侄女彭钢少将在湖南湘潭乌石镇出席纪念彭德怀诞辰一百周年大会上讲话。彭钢时任中纪委常委、解放军总政治部纪检部部长、全国妇联副主席。1998 年 11 月 14 日，人民日报刊登了彭钢纪念伯伯彭德怀诞辰 100 周年文章：《献给一个世纪的怀念》。（王春才 摄）

"湘潭市纪念彭德怀诞辰百周年活动领导小组""湘潭县纪念彭德怀诞辰百周年活动筹委会"，在乌石峰下筹建彭德怀铜像、纪念馆。

中共中央宣传部和湖南省委批准，1997 年成立了"湘潭市纪念彭德怀诞辰百周年活动领导小组""湘潭县纪念彭德怀诞辰百周年活动筹委会"，在乌石峰下筹建彭德怀铜像、纪念馆。

彭德怀于 1916 年离开家乡，寻找救国救民的真理。1928 年，他领导了著名的平江起义，从此踏上了漫漫的革命征途。几十年南征北战，他为中华人民共和国的建立，为保卫祖国和世界和平及我国的社会主义建设立下了不朽功勋。1955 年，他被授予中华人民共和国元帅军衔。1959 年在党中央召开的庐山会议上蒙冤受屈，"文化大革命"中又惨遭迫害，于 1974 年在北京含冤去世。

1978 年党的十一届三中全会后，党中央为彭德怀元帅平反昭雪，他的功绩得到了公正的评价，恢复了名誉。同时，家乡人民修复了他的乌石故居。1982 年，邓小平同志为《彭德怀同志故居》题字。从此，故居被列为湖南省重点保护文物单位。1986 年 4 月 20 日，中顾委副主任薄一波同志参观彭德怀同志故居后题词："峥嵘风范，不移不淫不屈。"

瞻仰过彭德怀同志故居的各界人士都十分感慨：这个故居太简陋了。为此，兴建彭德怀纪念园成了湘潭市 280 万人民与各界人士的心愿。县、市人大代表和政协委员多次递交议案和提案，县、市委、政府也多次上书中央，恳请为彭德怀塑像建馆。1994 年 6 月 8 日，中宣部批复同意在彭德怀故乡兴建一尊铜像和一座纪念馆。经过 3 年的筹建，在彭德怀元帅百年诞辰的时候，彭德怀纪念园终于在乌石峰建成了。

纪念园距湘潭市区 40 多公里，离长沙 100 多公里，与毛泽东故居韶山、刘少奇故居花明楼连成一线，构成一个完整的湘中人文旅游相结合的景观带和革命传统教育基地，国内外来此瞻仰参观的人流络绎不绝。

铜像、纪念馆、故居构成了纪念园的主体，总占地面积8公顷。铜像和纪念馆建在距故居200米远的虎头山上。这是一座荒山，因其形状像一只卧着的老虎而得名，1998年3月24日下午，天空下着细雨，湘潭县委副书记、纪念彭德怀诞辰一百周年活动筹委会常务副主任张义昌陪我与核工业中南地质局李意云副局长去参观时，纪念园尚在抢建中。登上虎头山，只见纪念园门前广场背后是峻峭的乌石峰，前望是秀丽的田野，远眺是起伏的群山，视野开阔，气势磅礴，充分体现了彭德怀元帅横刀立马的英雄气概和顶天立地的大无畏精神。

从纪念园门楼往里来到序言广场，场平面呈腰鼓状，周围设置了一圈高高的爬满紫腾的花架；沿百米长梯逐级而上，一路傍花披翠，直达铜像广场。铜像广场是一片70米见方的矩形开阔地，铜像由中国军事博物馆著名雕塑家程允贤设计，为身着戎装

1998年10月20日，纪念彭德怀诞辰一百周年大会会场。耿耿忠心存浩气，巍巍乌石寄深情。（王春才　摄）

的元帅塑立全身铜像,像高 51 米,加基座共 54 米,铜像威武挺立,面容质朴凝重慈祥,生动地再现了彭德怀作为一个功勋卓著的军事统帅的光辉形象。由铜像往南便是彭德怀纪念馆。这是一座带有湘中民居风味的建筑,总面积 3100 平方米,随地形变化而错落起伏,大坡屋顶与背面山峰遥相呼应。纪念馆采用中国传统庭院式布局,顺山势设台阶,布置紧凑合理,围绕序厅疏密有致地设置了八个展室。正墙由三组红色高浮雕组成,内容为血战罗霄、百团大战、抗美援朝,正中一座圆雕名为"解放战争中的彭德怀";后面是两组壁画:"和人民群众心连心""致力军队革命化、正规化建设。"序厅作品均由著名雕塑家、画家江碧波所作。展厅开头是毛泽东主席的那首诗:"山高路远坑深,大军纵横驰奔,谁敢横刀立马,唯我彭大将军!"

整个展览再现了彭德怀平江起义、奔向井冈、长征鏖战、华北抗日、保卫延安、抗美援朝主持军队正规化建设的历程,以及庐山上书、蒙冤受屈、艰难的最后岁月。

纪念馆还特地设置了一个朝鲜战场的指挥所。这是一个仿制山洞,站在洞中,可以听到飞机的轰炸声使人仿佛置身于激烈的战场。就是在这样一个阴暗、潮湿的山洞里,彭德怀运筹帷幄,指挥千军万马,打败了武装到牙齿的以美国为首的所谓"联合国军",扬我军威,振我国威。

参观完纪念园,彭德怀这位无产阶级革命家、军事家、政治家,心系国家安危、情系人民冷暖的公仆风范,他那追求真理、刚正不阿、顾全大局、忍辱负重的高风亮节,使我深深景仰。这是一座永恒的丰碑,"一个真正的人"的丰碑。

(二)

1998 年 9 月 4 日下午,披挂红绸的彭德怀元帅铜像在湘潭人民的翘首盼望中运抵乌石。沿途几十里鞭炮不绝,数十万群众夹道相迎。下午 2 时整，彭德怀元帅铜像在湘潭军分区政治部主任魏永景和武警战士护卫下抵达 107 国道马家河地段，进入湘潭境内。一时间，锣鼓震天，鞭炮齐鸣。人民解放军、武警官兵及公安民警肃立道路两旁，庄严地向徐徐驶进的铜像敬礼。早已迎候在此的湘潭市领导和湘潭县有关领导陪同护送彭德怀元帅铜像前往乌石。

护送彭德怀元帅铜像的车队途经湘潭县城、河口、峡山口、杨嘉桥、石湾等地，沿途两个半小时行程中，鞭炮声震耳欲聋，群众扶老携幼守望在公路两旁迎候彭总铜像。他们拉起的横幅上写着："热烈欢迎彭老总回乡""彭德怀元帅永远活在人民心中"等字样。一位老人胸佩 3 枚勋章，手执竹竿悬挂鞭炮放个不停；有的群众在路旁摆上供品，以传统的方式恭迎彭总铜像。还有的老人跪于道旁，向着驶进的铜像专车虔诚地流泪叩首，其情至纯至真，其景感人肺腑。

下午 4 点半，彭德怀元帅铜像运抵乌石峰下，在家乡人民簇拥下，经彭德怀故居送往彭德怀纪念园。下午 5 时，在江泽民同志亲笔题写的"彭德怀同志"铜像基座前，举行了欢迎仪式。湖南省委副书记郑培民，省委常委、宣传部长文选德、省军区副政委黄祖示少将，省委宣传部副部长刘鸣泰，湘潭市卞翠屏等领导，军分区司令员吴凯建大校、军分区政委张邦祖大校以及中国航天南京晨光集团有限责任公司负责人、湘潭县有关领导出席了欢迎仪式。彭总部分亲属也手捧彭总画像、花环参加了仪式。

我没有参加当时的铜像迎接仪式，但从 1998 年 10 月 5 日《湘潭日报》刊登的这些简短报道中，却可以想起那次盛典的热烈感人场面。彭总在天之灵如若有知，一定会感到欣慰的。

10 月 20 日上午乌石峰下彩球高悬，人头攒动。中央军委委员、总装备部部长曹刚川上将，全国人大常委会原副委员长廖汉生为彭德怀铜像揭幕，并与湖南省委书记杨正午等一道为彭德怀纪念馆开馆剪彩。

彭德怀铜像高 51 米，基座高 3 米，身着元帅服，双手置于背后，昂首挺胸，双目凝视远方，生动地展示了彭总坚毅果敢、刚正不阿的人格魅力和运筹帷幄、决胜千里的雄姿。

纪念大会由湖南省委副书记、代省长储波主持。曹刚川、杨正午和彭总亲属彭钢分别在会上讲了话，他们怀着无比崇敬的心情，缅怀了彭总的丰功伟绩。曹刚川在讲话中指出，我们纪念彭德怀同志，就是要在新时期学习和弘扬伟大革命精神和崇高品德，把老一辈无产阶级革命家开创的革命事业进行到底。我们要学习他忠于党、热爱人民，为实现共产主义理想奋斗不息的坚强信念；学习他坚持真理，忍辱负重，严守纪律，顾全大局的坚强党性；学习他刚正不阿，胸怀坦荡，光明磊落的高尚情操；学习他对工作极端负责，勤勤恳恳，任劳任怨，在危急关头勇挑重担的革命精神；学习他联系群众，尊重实际，讲求实干的工作作风；学习他廉洁奉公，克勤克俭，艰苦奋斗，始终保持劳动人民本色的优秀品质，为把国防和军队现代化建设提高到一个新水平，为把建设有中国特色社会主义事业全面推向 21 世纪而努力奋斗。

杨正午在讲话时特别感激彭总对家乡人民和家乡建设的无限关怀，并亲切地回顾了彭总两次回家乡视察工作、体察民情的情愫。杨正午要求全省人民一定要继承老一辈无产阶级革命家的未竟事业，高举邓小平理论伟大旗帜，紧密团结在以江泽民同志为核心的党中央周围，万众一心，开拓进取，把湖南改革开放和社会主义现代化建设的宏伟事业全面推向 21 世纪。

纪念大会结束后，中国人民解放军总政治部歌舞团，北京军区战友歌舞团，广州军区战士歌舞团、战士话剧团、战士杂技团及董文华、郁钧剑、刘斌、杨洪基等著名歌唱演员，在彭德怀纪念园广场演出了大型歌舞——《丰碑颂》。一阵阵声情并茂的歌声，在苍翠的乌石峰下久久回响，而对"中国人的脊梁"彭德怀元帅的深情怀念与景仰则永远植根于人民的心中。演出结束后，成千上万干部群众瞻仰了彭德怀铜像，参观了纪念馆。

在这次活动中，我碰到了许多老朋友和新朋友，大家都很兴奋，也很感慨。彭德怀元帅的亲属彭梅魁、彭康白、彭启超、彭正祥、彭爱兰、彭康志及彭总生前身边工作人员代表景希珍、綦魁英、赵凤池、张耒礼等，都住在湘潭县裕丰宾馆，受到湘潭市、湘潭县领导的热情接待。纪念大会当天，大家早上6时就起床，早餐后7时出发，由于行车多，8时半才赶到彭德怀纪念园。彭总大侄女彭梅魁已经70岁了，腿脚不便，挂着拐杖，由他老伴张春一大夫照顾：赵凤池的夫人马振芝与我的夫人吕务常都读过彭梅魁新著《我的伯伯彭德怀》，加深了对彭总的了解，因此对彭梅魁非常敬重，一路陪伴着她，并在会场与她合影留念。大家下午2时半才回到裕丰宾馆吃午饭。虽然身体有点劳累，但仍然精神振奋，能在彭总百年诞辰之时聚会于他的老家，实在不容易啊！几天来的所见所闻，使我想起文天祥的有名诗句："留取丹心照汗青"！

1998年10月，湖南省湘潭市委、市政府邀请彭德怀的亲属与身边工作人员参加彭德怀诞辰一百周年纪念大会。10月20日，市委有关领导及彭德怀纪念馆负责人在湘潭裕丰宾馆会议室举行"纪念彭老总、学习彭老总"座谈会，并合影留念。前排从左至右：张春一、张耒礼、景希珍、彭梅魁、彭康白、王春才；后排：李汉君（左一）、綦魁英（左二）、赵凤池（左三）、吕务常（左四）、王素红（左五）。（张桂芝　摄）

（三）

揭幕仪式第二天，1998 年 10 月 21 日下午，彭德怀纪念馆馆长唐博与副馆长易文特意邀请景希珍、綦魁英、赵凤池、张登文、彭正祥、马振芝、吕务常及我再次详细参观纪念馆，然后与大家座谈，征求改进意见。

唐博馆长很年轻，大概 30 岁出头，曾任乌石乡党委副书记兼政法书记。

他说，乌石乡是彭总老家，这里山地多，贫困户多，残疾人多，周围 1200 多人中，残疾人就有 100 多人。能干的姑娘嫁到外面去了，小伙子们外出打工去了，留下来的大多是老人和孩子，种的是山地，收入很微薄。至今还有 100 多名单身汉找不到老婆。彭老总受迫害期间，乡亲们心情压抑，对经济建设有一定影响。但这里的人穷得有志气，不愿伸手要上面支持，更不愿意新闻报道说穷。唐博深情地说，他到乡里工作后，深入调查，如实向上级汇报，请新闻单位报道实情，引起了社会关注，各界都表示一定要让彭总家乡的老百姓脱贫，并给了一定的帮助。家乡人民得知要建彭德怀纪念馆的喜讯后，兴高采烈，将虎头山范围内的荒山、孬地 200 多亩交给政府征用，拆迁工作进行得十分顺利，得到征地费 400 多万元。老百姓手里的钱虽然很紧，为了建纪念馆，却纷纷赞助，有的一户出 3 元，最少的出 1 元。建馆期间，他们参加修路、盖房，得到了经济实惠。有的乡亲为了缅怀彭总，特地制作了彭总膏像，敲锣打鼓地送到纪念馆来。纪念馆现有 38 名工作人员，为了迎接开馆，他们已两个多月没有回过家了。纪念馆从全国征集彭总用过的遗物、史料，得到在座首长的支持。唐博最后说，纪念园才开幕，我们还没有经验，请各位多提改进意见。

大家怀着对彭总的怀念之情，谈了一些对改进纪念园的想法。彭总原警卫参谋景希珍说："我从 1950 年到 1966 年，整整跟随彭总 16 年。今天参观了纪念馆，觉得选址好、建得也好。参观了展室，很受教育，很受鼓舞。彭总前半生出生入死为人民打天下，晚年含冤遭殃，陈列的图片前面部分反映得比较完整，后面部分反映的比重少了一点。彭总的铜像展示了他的雄姿，视野开阔，风景优美。讲解员讲得清楚，但讲解时不要讲得太快，要讲出感情来。彭总南征北战线路图，介绍他到过什么地方时，建议用红灯或绿灯标示出来，这样可以加深参观者的印象。彭总在朝鲜指挥志愿军抗美援朝的司令部，设在山洞里，潮湿、滴水，哪有纪念馆仿造的防空洞好，洞口应挂牌告示，用文字加以说明。最后感谢全馆同志们的操劳！你们的工作很重要、很光荣。"

　　彭总原秘书綦魁英说："彭德怀纪念园建得好。将彭总铜像立在虎头山上，背靠乌石峰，面对广阔田野，彭总高瞻远瞩，好像在前沿战场视察。布局安排的好，从纪念园入口进来，走完 540 米彭德怀大道，再登上 100 个台阶，象征彭总一百岁，便到了铜像广场。瞻仰彭总铜像后，再过去就到了纪念馆，下山就是彭总故居，整个建筑布置协调。彭总晚年遭难岁月的材料反映少了，可能有不同看法，似乎不便展出。是'四人帮'迫害彭总嘛！应该不难处理。"彭总原司机赵凤池，1957 年起专为彭总开车，1965 年 11 月随彭总入川。彭总 1966 年 12 月被"造反派"绑架到北京后，他 1970 年才分配到四川省国防工办开车，任汽车班长、招待所所长。直到 1980 年 4 月他才调回北京，任总参管理局二处处长。赵凤池初中毕业后，在山西大同汽车学校学习了两年，字也写得端正，1962 年彭德怀给毛泽东写的那封有名的八万言长信，大部分就是赵凤池帮助抄写的（彭启超也抄了一部分）。1990 年退休时，张爱萍将军为他写了幅条幅："停车坐爱枫林晚，霜叶红于二月花。"寄托了将军对他的赞誉与慰勉。所以赵凤池在座谈会上尤为激动，他说："作为跟随彭总身边多年的工作人员，他在世时，为了支持他工作，我们尽量为他服务好；他遭难，受到不公平待遇时，我们心里都很难过。现在，党中央为彭总平反昭雪 20 年后，在他的家乡立铜像、建纪念馆，让后人缅怀他的丰功伟绩，我心里非常高兴，也分享了彭总为我们晚年带来的幸福。参观了纪念馆，图片、实物反映了彭总不平凡的革命生涯，很受教育。彭总受迫害最深，蒙冤受罪时间很长，从庐山会议到'文化大革命'，纪念馆在这方面反映的材料少，应该补充。"赵凤池夫人马振芝补充说："彭总1959年罢官后直到参加西南'三线'建设，都与我们住在一个院子里，朝夕相处7年多，彭总对身边工作人员、家属孩子非常关心，生活上尽力给予接济，而他自己却省吃俭用。在北京挂甲屯，三年自然灾害时期，他忧国忧民，不吃肉，连供应他的牛奶也给村民娃娃喝了。那时彭总身体瘦弱，我们希望他保重自己，为他难过……纪念馆这方面的材料反映得不够。"

曾在中央警卫部队工作过的张登全同志，在"文化大革命"中说过彭总的公道话，遭到迫害，转业后回到安徽合肥工作。知道彭总家乡要建纪念园后，他丢开工作，自动来到湘潭，把全部精力投入筹建工作，为解决建设资金出了大力。在座谈会上，他激动地说："粉碎'四人帮'后，党中央很快给彭德怀同志平反昭雪！反映了全党、全国人民的愿望。实践是检验真理的标准，要实事求是，但做起来却不那么简单。各位反映纪念馆陈列彭总最后岁月的材料少了，我觉得确实是这样，上面审查展出材料时，有个领导同志对一张彭德怀元帅1967年在北京被红卫兵强迫弯腰受批斗的照片很不舒服，说贬低了毛主席，要求将照片取下，闹到省上负责同志那里，我不让取掉，为此还吵了一架，后来只好暂时用纸封上，等统一认识后再展出，对此我要继续向上面呼吁……"

彭总的侄子彭正祥也讲了话。这些同志的发言都发自肺腑，令人感动。唐博馆长让我发言，我也讲了一下感想。我说：能与景希珍、綦魁英、赵凤池等老朋友一同参加纪念彭总百年诞辰活动，非常高兴。刚才几位同志发表了很好的意见，我都赞成。我们可以再回顾一段江泽民总书记在纪念彭总95周年诞辰座谈会上的讲话，总书记说:"彭德怀同志在长期革命斗争中养成了志存高远,顾全大局,忍辱负重的可贵品格。当受到不公正待遇身处逆境时,他仍然心怀革命全局,自觉遵守党的纪律,刚正不阿,坚持真理。他这种气节,尤为感人。"遵照江总书记对彭总的高度评价,我也觉得彭总最后岁月受迫害的材料展览得少了,他与"四人帮"的斗争,那种刚正不阿的精神,最能反映他闪光的品德。彭总惨遭厄运,被红卫兵揪住领子挨批斗的照片,彭总倔强地昂着头,他那不屈服的眼神,显示了他的一身正气。这张照片是难得的史料。全国许多报刊、书籍早就选用过了,纪念馆展室的《彭德怀》大型画册里也用了,我觉得完全可以展出。有个别人思想未通,再做工作,希望尽快拿掉那张覆盖的纸。我还谈道,1997年4月,湘潭县纪念彭德怀百年诞辰筹委会负责同志易上元、贺龙强同志,到成都找我,收集彭总在"三线"的史料,我向他们介绍了情况,带回去一些写彭总的书和史料。今年7月10日湘潭电视台唐石良台长、楚云根副台长再次来成都采访我,补充了彭总有关史料,他们很负责,史料都交给你们陈列。这次我在馆内见到我著的《彭德怀在"三线"》《元帅的最后岁月》等4种不同版本的书,以及大型画册《彭德怀》时,感到欣慰。我提供的彭总在"文化大革命"期间读的小说《欧阳海之歌》(复制品)、放大的化名"王川"的彭总骨灰寄存单等物品均陈列在显著位置展出。既介绍了彭总在"三线"的工作、生活情况,再现了"三线"人为建设强大国防后方付出的艰辛,也让世人永远缅怀彭总的崇高品德。另外,我还对纪念园的设计建造谈了感想。我是学建筑专业的,据说纪念馆的设计方案是一位30多岁的女建筑工程师搞出来的,我非常敬佩。她因地制宜、因山就势,进行设计,平面布置紧凑、适用,投资少而效果好。可以说是一座建筑精品。我希望市、县领导继续支持,在把纪念园作为革命传统教育基地的前提下,与旅游、休闲和发展地方经济结合起来,逐步将配套工程建好。

座谈会后,大家在纪念馆彭总铜像前合影留念。

（四）

我怀着对彭总的敬仰之情，第一次瞻仰彭德怀同志故居是在1991年3月。7年以后，1998年3月24日下午，湘潭县委副书记张义昌、县文化局副局长张定坤、文物处易上元处长陪我再次来到乌石彭总故居，湘潭电视台虞也副台长，在故居接待室彭德怀元帅彩色挂像前对我进行了专访，介绍彭总在西南“三线”一年零一个月的苍凉岁月，我在留言簿上题了“塑一代元勋丰碑”几个字。晚上，还与住在湘潭县委招待所的彭总侄女彭梅魁及她老伴张春一医生进行了座谈。我们约定在彭总百年诞辰时再到彭总老家聚会。

这个愿望终于实现了。1998年10月21日上午，我第三次瞻仰彭总故居，而且是与彭总当年身边的工作人员及彭总的亲属同聚，更是一次难得的机缘。

彭总故居大院宽敞干净，林木参天，围墙边和屋后竹林青翠，环境幽静。1927年秋冬，当时在湘军的彭德怀回家探亲时，曾经资助二弟彭金华400元糊口度日。后来团经委会瞒着彭德怀又给了彭金华400元。这12间瓦房，就是彭金华用这两笔款子盖起来的。进入故居正房大厅，立着一座英姿威武的彭德怀元帅汉白玉石像，这座雕像是由新加坡华侨陈成福先生捐建的，于1988年10月24日在彭总故居揭幕。

1958年12月，彭德怀曾回家乡看望乡亲。1959年，他被罢免国防部长后，闲居在北京挂甲屯，经中央批准，1961年11月初，彭德怀离开北京来湘潭农村调查，当时的彭德怀已年逾花甲，但仍精神抖擞，步履稳健，他不顾天气寒冷，深入农家访问，每天来回走十几里甚至几十里路。乡亲们从四面八方赶来故居看望彭总，他就利用这个机会与大家座谈，体察民情。他那种一身正气，刚正不阿，忧国忧民，全心全意为人民服务的思想品质，给当地干部群众留下了深刻的印象。

彭德怀在家乡住了近40天，走访了4个公社9个大队和一座矿山，在煤油灯下写了4份近9万字的农村专题报告，交湖南省委转给中央。他在报告上声明："如有错误，归我负责！"那时的乌石十分荒凉贫困，彭德怀回到北京挂甲屯后，每年都要寄100元给家乡，作为开发黄泥坪荒地的投资。

故居内以往陈列的实物图片，现在都已转移到纪念馆展出。我们来到彭总1961年回故居时办公兼卧室的房间，赵凤池指着靠窗口一张长方桌向我们介绍说，他跟随彭总回乡，就是在这张桌上为彭总抄写农村调查报告的。大家边看边为之唏嘘。走进东后正房，房间不大，有一张木床，壁上挂着的玻璃框内印有一段文字："1961年彭德怀回故乡时，随同人员景希珍（原彭德怀警卫）曾住在这里。"景希珍领我们到他住过的房间参观，他特别激动，坐在他曾经睡过的床头对我们说，他警卫彭总，在这张床上睡过34个晚上。大家感谢他警卫彭总未出差错，是有功之臣。景希珍谦虚地说，这是他的工作职责，是当年乡亲们自觉地保卫了彭总的安全。景希珍坐在床沿边，让我用照相机为他拍照留念。綦魁英、赵凤池与我又邀景希珍在玻璃框下合影。其他参观的人得知他是景参谋，也争着与他留影。景希珍、赵凤池十分感叹，37年后重返彭总故居，心情与当年很不一样。那时的彭总是戴着"三反"帽子回来的，他们在彭总身边工作，心情很沉重，与彭总同甘共苦，患难相处，即使在这种艰难处境中，彭总对他们的工作、学习、生活总是非常关心。他们永远不会忘记彭总的深情与教诲。

离开彭德怀同志故居后，綦魁英领我去离故居不远的乌石峰下，看一块山坡地。应彭总亲属与乡亲们的要求，经中央批准，彭德怀同志的骨灰将由北京八宝山革命公墓转移到老家安葬。乡亲们正在这里挖土建墓，期待着彭总魂归故里。我与綦魁英、景希珍、赵凤池、彭梅魁等相约，届时再来瞻仰彭总陵墓。

站在乌石峰上向远眺望，一个世纪的风雨仿佛就在眼前翻腾。21世纪即将来临，伟大祖国正在阔步前进。作为后人，彭总毕生为人民的崇高精神，将永远激励我们努力奋进，为祖国的富强昌盛作出自己应有的贡献。

　　令我们振奋的是，10 月 23 日，中央军委在北京人民大会堂举行纪念彭德怀同志诞辰一百周年座谈会，中共中央总书记、国家主席、中央军委主席江泽民出席座谈会并发表了重要讲话，将纪念彭德怀同志百年诞辰活动推向了高潮。江总书记强调说，我们纪念彭德怀同志，就要学习他对党和人民无限忠诚，对共产主义事业矢志不渝的坚定信念；学习他实事求是，光明磊落，无私无畏，敢于坚持真理的坚强党性；学习他顾全大局，不计个人得失，敢挑重担，勇为前驱的革命精神；学习他密切联系群众，艰苦朴素，廉洁奉公的优秀品质。

　　中共中央政治局委员、中央军委副主席、国务委员兼国防部长迟浩田在座谈会上深情回顾了彭德怀同志光辉的一生。

（原载《晚霞》2000 年第 1 期）

三十、特殊的供品

——彭德怀元帅百年祭

中国几千年来流传的习俗至今在一些地方、一部分家庭盛行：人去世了，要立上牌位，供饭三年，以寄托哀思。1988 年 5 月 3 日，原四川省政协常委、四川航天工业局顾问、064 基地党委书记、宜宾地委书记沈学礼因心脏病突发，医治无效逝世，全家人无不悲痛，在遗像前恭恭敬敬地放上了供品。但他们的供品不是食物，而是一份特殊的物品——一本书。

沈老遗像前为什么要供上一本书呢？说来话长。

沈学礼 1919 年 3 月生于江苏邳县一个贫寒的农民家庭，1936 年 6 月参加革命，曾荣获抗日战争二级独立勋章，解放战争三级解放勋章。1949 年随大军南下后，任四川泸县军分区政治委员，1955 年 9 月 28 日被国防部长彭德怀签发命令授予上校军衔。后转业到地方工作先后任四川宜宾地委书记、达县地委书记，分管工业与"三线"建设，70 年代任第七机械工业部达县 064 基地党委书记，80 年代任四川航天工业局顾问、四川省政协常委。我于 1965 年调到中共中央西南局国防工办从事"三线"建设工作，1983 年调国务院"三线"建设调整改造规划办公室担任规划二局副局长，因工作关系，经常见到沈学礼。

1987 年元旦，《四川军工导报》开始连载我写的长篇纪实文学《彭德怀在"三线"》，其他一些报刊也相继转载文摘，总编辑胡曲平与责任编辑陈晓宏希望我继续写下去。我决定采访沈学礼。因为沈学礼 1966 年 4 月曾以宜宾地委书记身份陪同西南"三线"建委副主任彭德怀元帅视察川南，从 4 月 20 日到 4 月 26 日，历时 7 天。这 7 天的见闻，对我的创作必然大有帮助，所以我前去采访他。

1987 年 2 月 10 日晚上，我带上笔记本到沈学礼家采访。我家住成都岳府街，与沈学礼家相隔好几站，路虽然不算太远，但要转两次公共汽车，很不方便。我骑自行车穿过华灯闹市，来到了沈学礼家门口。敲门，沈学礼夫人刘林笑着开了门，热情地将我引进客厅，待我坐定后，一边倒茶、剥广柑、削苹果，一连喊道："老头子，放下你的书，快出来，老乡春才来了。"沈学礼从里屋走进客厅，我们彼此握手问好。

沈学礼时年 68 岁了，身板硬朗，声音洪亮，平易近人，热情好客。他坐在沙发上，与我拉起家常，询问"三线"建设调整进展情况，并感慨地对我说："春才，你这个工作很重要，要干好彭德怀元帅在'三线'未竟的事业……"我心头一热，将话题转到彭德怀在"三线"工作的情况上，引起了他一段幸福而辛酸的回忆。我连忙将《四川军工导报》连载《彭德怀在"三线"》的文章递给他看，他连看了十几篇文章标题，点头称好。说话之间，刘林进来倒水，沈学礼向刘林介绍我写的《彭德怀在"三线"》，并说我想请他提供素材。刘林比沈学礼小 11 岁，为人爽直，心善口快。她对我要求沈学礼回忆 20 年前陪同彭德怀视察"三线"的话题非常不悦，她放下手中的茶瓶，脸一沉站在茶几旁对我说："老乡，您是为这件事来的呀！没事找事干，没罪找罪受，何苦呢！当年老头子因为陪彭总到宜宾、泸州，'文化大革命'把他整得好惨，造反派骂他是彭德怀的保皇狗，要他交代他与彭德怀搞阴谋诡计、反党反毛主席的罪行，还被游街批斗，挨打，关牛棚。我们一家人也受株连倒了霉，我的头发被剃光，还被批斗没完没了，还将我也关进牛棚，喂猪，5 个小孩没人管，不准孩子来看我，也不让我回家……这几年平了反，刚刚过上平安的日子，不要再提那些事儿了，一提旧事，我就伤心。老乡，我也为你好，我劝你不要写了，免得惹麻烦，再说，老头子年纪大了，往事他也记不清楚了。"

　　沈学礼听着一言不发，停了半晌对妻子说："你去忙吧，过去的事就过去吧，我与春才再谈谈心。"沈学礼希望我理解刘林的心情，"文化大革命"搞得人人自危，中央虽然早有定论，但人们仍然心有余悸。他劝我不要着急，让他看看《四川军工导报》登的《彭德怀在"三线"》的文章，也许对他回忆有所帮助，另外，再把刘林工作做好；否则搞得大家不愉快，彭德怀元帅在天之灵若有知，也会不安的。这天晚上，刘林不告而辞带小孙子到院子里玩了，我与沈学礼告别，约定过几天再到他家。

　　几天后，我与沈学礼电话相约，他告诉我，老伴刘林看了《四川军工导报》，彭德怀在"三线"忘我工作的精神与关心人民疾苦的事例深深感动了她，但思想上还是有顾虑，让我星期六晚上到他家再做做刘林的工作，我欣然答应了。

　　当我再次敲响沈学礼家门时，居然几分钟内不见开门，却听到沈学礼催促刘林，门开后，刘林就说："老乡，你又来了。"意思是说我不听她奉劝，还要坚持写彭德怀。

　　"是啊，又来麻烦你们了"。

　　"不麻烦、不麻烦，请到客厅里坐。"刘林陪我在沙发上落座。沈学礼为我泡了一杯茶，坐定后，拍了一下我的肩膀说："春才，你把彭总在'三线'鲜为人知的事写出来，干了一件有意义的事，我们理应支持你，刘林'文革'吃够了苦头，不怪她呀，把你的想法与要求对她讲讲。"

　　刘林认真听我讲述：彭德怀1966年12月22日在成都永兴巷被"造反派"绑架到北京，受尽"四人帮"的残酷迫害，1974年11月29日因患直肠癌在北京301医院含冤去世。1978年12月24日，党中央在人民大会堂为彭德怀召开平反昭雪追悼大会，邓小平致悼词，历史对彭德怀作出了公正的评价，恢复了名誉。这是党的十一届三中全会拨乱反正的结果。彭德怀在西南"三线"的艰难岁月，是他晚年最闪光的一页，应当写出来，让世人了解他、学习他。彭德怀视察川南的情况我了解一些，但没有沈老身临其境的感受。如果沈老不提供这个素材，这段历史就成了空白。你要相信，历史的悲剧不会重演。

刘林打断我的话说："老乡，你说的是对的，但就怕政策有变。你开导我，我是既伤心又感动。彭老总是党和国家领导人之一，功劳那么大，'四人帮'整得他那么惨，比起他老人家所受的折磨、迫害，我们家庭所受的委屈就算不了什么了。唉……"刘林掏出手帕擦眼泪。沈学礼觉得妻子的一席话说得在理，向我望了一眼，并将茶杯端到刘林手上，感叹道："好啦，好啦，别哭了。这样想就对了。"刘林将手中茶杯放在茶几上，站起身说："老头子，那你就将陪彭老总视察的情况讲给老乡听吧。"然后，刘林转身忙她的家务事了。

我与沈学礼发出会心的微笑，感谢"内政部长"的支持。同时，我也感到沈学礼对妻子的尊重，把"政治思想工作"做到家了，达到了预期的效果。我看了一下手表，已是晚上 11 时了，不便再打扰，于是相约周日下午再去他家采访。第二天下午 3 点钟，我准时来到沈学礼家中。这已是我第三次登门，不过今天沈家敞开了大门，我自由地进到室内。刘林早安排好了一个小房间，桌子上放着水果，泡好的茶水，等待我与沈学礼交谈。这天是星期日，沈学礼的女儿、女婿、儿子、媳妇、孙子、孙女都回来了，热热闹闹。刘林带走 4 岁外孙，然后她将房门拉紧。

沈学礼陷入了沉思，然后，回忆起 20 年前一段风雨历程。他记忆力很好，低声轻语讲述彭德怀川南之行，我认真地听他讲每一个细节。

1959 年彭德怀在庐山会议上被罢了官，但仍保留了中共中央政治局委员与国务院副总理职务。在北京挂甲屯闲住 6 年后，服从党中央与毛主席的安排，于 1965 年 11 月 30 日由北京乘火车来到了成都，担任西南"三线"建委第三副主任。1966 年 3 月上旬，西南"三线"建委在成都锦江宾馆召开工作会议，彭德怀与沈学礼皆出席了。当时，我是会议工作人员。会后，西南"三线"建委领导分头下去检查"三线"重点工程进展情况，彭德怀分管煤、电、气，安排他与建委煤炭局局长王思和工程师孟久振考察川南芙蓉煤矿、泸州天然气化工厂等工程。4月16日，宜宾地委找沈学礼谈话，说中共四川省委一位领导对他打招呼了，彭德怀来宜宾地区考察，低规格接待，地方第一把手不宜出面，理所当然由分管工业与"三线"的沈学礼来接待了。沈学礼二话没说，接受了陪同彭德怀考察的任务。4月17日，沈学礼接到省委办公厅一位秘书电话，说彭德怀一行20日晚上到宜宾，要求做好接待工作，不举行宴会，不安排看军工厂，少让他接近群众，并做好保卫工作。沈学礼放下电话机，心情沉重。他作了认真的准备，恭候彭副主任的到来。

第二天，即1966年4月21日，天一亮，彭德怀一行即由宜宾地委第二招待所乘小车出发，过岷江之后，首先看了宜宾造纸厂生产车间，紧接着，小车又过长江轮渡，沿着正在修建的宜珙铁路线去芙蓉矿区。彭德怀不顾年事已高，途中时而停车察看。一次，彭德怀下车，沿着铁路走了一段，沈学礼向他介绍了宜珙铁路修建情况。彭德怀看到筑路工人正在铺设路基，便主动走过去，与民工进行了亲切交谈。然后上车继续沿着公路行驶。

彭德怀坐在车中，透过车窗玻璃，看见一个大山坡上，树林长得枝繁叶茂、郁郁葱葱，他非常高兴，又一次让司机赵凤池停车，沈学礼陪着下车。彭德怀下车后，背着手，望着一片挺拔青翠的树林满面笑容地问沈学礼："这里的马尾松长得好，把整座山都覆盖了。这是什么地方？"沈学礼告诉他说："这是高县，原来这座山树林很多，1958年'大跃进'时被砍伐，弄去大炼钢铁。后来，高县的领导抓了一下，1960年以后又重新发动社员绿化荒山为子孙后代造福，控制水土流失。"彭德怀听后，满意地点点头说："好！很好！其他地方也要像高县这样抓植树造林，还要注意保护山林，搞一些规定，不准乱砍滥伐，注意防火。铁路沿线山坡上种上树，可以防止滑坡，对保护铁路大有好处。'三线'工厂布点在山沟里，不要靠山体太近，山坡原有树林要尽可能地保留，保持生态平衡。"

4月22日，彭德怀听取了芙蓉矿区刘同信指挥长的汇报后，指示矿区要抓好职工的思想建设，建成一支能打硬仗的队伍；并强调矿区是"三线"建设重点工程，建设速度要快，要贯彻勤俭建国、勤俭办企业，少花钱，多办事的原则。接着参观了白胶井。

4月25日中午，彭德怀参观泸州天然气化工厂后，回到宜宾行署泸州办事处招待所。午饭后，他坐在竹椅上翻阅笔记本，边看边画红线。沈学礼、王思和准备让他休息。他们担心彭德怀会提出看长江对岸的军工厂，因为上面规定不让彭德怀接触军工。其实，彭德怀很想去看看这个军工厂，他非常了解这个厂在抗美援朝中作出过重大贡献。但他很自觉，不让王思和、沈学礼为难，只字不提参观军工厂的事。

沈学礼陪彭德怀参观考察的几天中，对彭德怀艰苦奋斗的精神，平易近人的作风，拼命工作的劲头，关心"三线"建设、工农业生产的热情，留下了很深的印象。他在部队曾工作多年，对彭德怀有着更深一层的感情。他以前虽说见过彭德怀，但从来没有机会在一起相处过，这次相处了一个星期，明天，彭德怀就要离开川南了，一种依依不舍之情在沈学礼心中油然而生。

沈学礼也知道，彭德怀的政治处境是艰难的。1965年11月30日，也就是彭德怀到达成都的那一天，人民日报在《学术研究》专栏转载了姚文元11月10日在《文汇报》上刊登的《评新编历史剧〈海瑞罢官〉》。12月4日，彭德怀偶然翻阅《人民日报》，看到姚文元这篇文章，气得一拳击在报上，大声地斥责道："简直是胡说八道！"彭德怀认为这篇文章是含沙射影批判他的。后来，他对秘书綦魁英、警卫参谋景希珍、司机赵凤池讲，不管它，干我们的正事去，到"三线"工地去。彭德怀就是在这种政治背景下，考察了正在修建的成昆铁路后到川南来考察的。将结束宜宾地区之行的4月25日晚上，彭德怀身边工作人员有事出去了，沈学礼趁彭德怀独自在房内休息，前去看他。彭德怀身着一套旧的黑布中山服，脚穿布鞋，背着手在房里踱着步子，显得有些寂寞。彭德怀见沈学礼来看他，连忙泡了一杯茶放在茶几上，两人在长竹椅子上坐了下来，沈学礼怀着崇敬的心情，向彭德怀问道："彭主任参观宜宾部分地区之后对宜宾地区工作有什么指示？"彭德怀将帽子搁在茶几上，背靠竹椅，轻声慢语地说："看了几天，你们接待得很好，照顾周到，你们陪同也很辛苦，谢谢你们。"彭德怀点燃一支烟，抽了一口说："搞农业还是好，泸州这个地方气候好，农业搞得不错，有发展前途。我当年进军西北以后，不回北京工作就好了，要是在西北建设兵团搞农垦，抓农业，该多好！解决五亿农民吃饭是个大事，要是这样，也就没有后来那些事了。"

4月26日早上，彭德怀依然心情愉快地在院子里散步打拳。早饭后，沈学礼又坐上彭德怀的小车，将彭总送到80多公里外的江津地区与宜宾地区交界处。江津地委分管工业的书记江丰已经在交界处迎接。彭德怀下车后，紧紧握着沈学礼的双手，感谢他热情相送。沈学礼目送彭德怀的小车在远方消失，这才依依不舍地驱车返回宜宾。在车上，他脑海里不断浮现出与彭德怀相处的日日夜夜，耳畔时而响起彭德怀的一席肺腑之言。

3个多小时的采访一晃过去了，我和沈学礼沉浸在往事的岁月中，心情久久不能平静。那天晚上，我破例被留在沈家吃晚饭。为了使有关情况更翔实，沈学礼还特意推荐我去拜访刘温沸、孟久振、刘同信三位当事人，我一一找到了他们。此时，刘温沸担任中国科学院成都分院秘书长，孟久振担任四川省建委副主任兼总工程师，刘同信担任四川省煤炭工业厅厅长。三位领导同志热情接待了我，他们的回忆丰富了沈学礼提供的材料，并期待着我写的这方面的文章早日问世。

1987年7月，陕西军工报副刊开始连载我撰写的《彭德怀在"三线"——川南纪行》。我请责任编辑鲁军民将每期报纸寄给沈学礼。不巧沈学礼与夫人刘林去大连疗养了，两个月后，当沈学礼、刘林回家读到该文时，已是百感交集，激动万分，并要求儿女也来读一读。9月的成都，秋高气爽。一天晚上，我们全家人正在看电视，突然听到敲门声，打开门后，我简直不敢相信自己的眼睛，站在面前的竟是沈学礼、刘林夫妇。因为我们住在第六层楼，只见两位老人气喘吁吁。刹那间，我脑海中闪现一丝不祥的念头：莫非我的文章出了什么差错了，找我麻烦来了？我忐忑不安地扶着沈书记坐在沙发上，妻子吕婆常赶忙端茶倒水，招待客人。刘林环视了室内，对着我们说："你们家好简朴噢！今天来看看王局长与吕大姐，主要是来感谢王局长的，想不到他这么快把彭老总到宜宾视察的那一段感人的史实写出来了，还把老沈写了进去：'文化大革命'中，我们全家人受彭老总株连，这次沾彭老总光了……"

"这有什么感谢的，是老王应该做的，他一直在'三线'机关工作，了解彭老总。起初，我也不支持他写彭老总，何必呢？写出了问题，一家人跟着倒霉。有沈书记、刘大姐支持，我也不担心了。"妻子向客人说。

一阵说笑之后，沈学礼说："春才是下了工夫了，文章写得真实，我读了好几遍，越读越感到亲切。文章颂扬了彭老总的高尚情操，同时，又一次在舆论上帮我平了反，真是谢谢春才了。大公无私辛苦了！希望有生之年读到这本书。"

"感谢沈书记、刘大姐你们也有一半功劳。我思想水平、写作水平还比较低，请你们多提意见。很多老同志鼓励我写一本彭老总在'三线'工作的书，我也有这个安排，待书出来后，一定送请沈书记指教……"

"不叫指教，到时一定认真拜读。"沈学礼打断我的话说。临别时，刘林执意要送我一块布料，并称是对我写这篇好文章的奖励，我欣然接受了这份珍贵的"奖品"和礼物。夜已经很深了，沈学礼夫妇向我们告辞。我与妻子送他们下楼，问沈书记坐的小车停在哪里？他笑着说，走路来的，未要车，走了一个多小时。我坚持找国务院"三线"办汽车班的司机送他们，都被他们夫妇俩婉言谢绝，望着他们相互搀扶越走越远的背影，我的眼睛湿润了，多好的老同志啊，我不把书写出来，能对得起他们嘛！

1988年3月，沈学礼曾几次打电话给我，询问出书进展情况，我告诉他，经中央军委《彭德怀传记》编写组审稿通过，定名《彭德怀在"三线"》，14万字，将由四川省社会科学院出版社出版。书稿现在北京彭总夫人浦安修家中，她正带病帮助核对史料，预计8月可以出书。沈学礼在电话中放心地笑了。

4月下旬我到北京出差，责任编辑刘卫平将第三次修改后的稿子交与我。5月6日回到成都，当天晚上，我给沈学礼家挂电话，准备向沈书记通报这一情况，谁知，沈书记再也不能接电话了。刘林在电话中伤心地告诉我，5月3日早上，沈学礼因心脏病突发，抢救无效，去世了，刚办完了丧事。我极度伤感，很快赶到刘林家中，向沈学礼遗像深深三鞠躬。内心自责，我的书如果早一点出来该多好啊！这是我一生中的最大遗憾。

8月中旬，《彭德怀在"三线"》一书终于面世了。我赶忙给刘林送去两本，她说给沈老一本，并要求我签上名，我恭恭敬敬在书的扉页上写道："沈学礼书记：非常感谢您为此书提供了翔实的材料，这本书也凝聚了您的心血，使彭德怀在'三线'鲜为人知的史实披露，填补了彭老总晚年经历一段空白。呈上此书，敬请指教。"刘林看了这段话，已泪流满面，自言自语道："老沈没有死，我要将《彭德怀在"三线"》一书供奉在他的遗像前，让他知道，为彭老总立传的愿望终于实现了……"过了一些日子，刘林将这本书与沈学礼的骨灰一起葬入墓地。

1997年7月1日，刘林在成都四川剧场观看了影片《彭德怀在"三线"》，心中也得到了安慰。

陈荒煤老作家要我写《特殊供品》感人的故事。1996年陈荒煤又离开了我们。在悲痛之际，我知道自己肩上的担子重了，我要抓紧在最短的时间内把《特殊的供品》写出来，以告慰沈学礼、陈荒煤老人的在天之灵。

（原载1998年11月《西南兵工报》）

下篇

情系「三线」展宏图

一、我国大"三线"建设回忆

"三线",一个陌生的名字,一个神秘的领域,充满传奇色彩和神奇故事,蘑菇云腾空,火箭飞天,核潜艇下水,战机展翅,呼啸的列车穿越被视为筑路禁区的大裂谷,这壮丽的画面、惊天的奇迹的诞生无不与"三线"紧密相连,在那巍巍群山间、莽莽丛林里、连绵草原中、茫茫沙漠上,弹指间,崛起一座座钢都、煤城,一轮举世瞩目的"太阳"从这里冉冉升起。

在20世纪60年代初,毛泽东高瞻远瞩、运筹帷幄,决策建"三线",规模布局之大,资产占有之多,投入资金之巨,参与人员之广,动员幅度之阔,在新中国建设史上是前所未有的,上千万"三线"建设者在这鲜为人知的神秘领域里,默默无闻、无私奉献,为改善我国生产力布局,增强国防实力,谱写了一曲曲撼天动地、催人泪下的壮歌。

——作者题记

"三线"建设是我国的伟大战略决策,取得了举世瞩目的辉煌成就。默默"三线",千古丰碑。

在20世纪60年代初,国际国内形势紧张,苏联在中苏边境陈兵百万,为了备战打仗,保护国家安全,党中央、毛主席把全国划分为前线、中间地带和后方三类地区,分别称为一线、二线和三线地区,在划定的三线范围地区新建的企事业单位就称为"三线"企业,建设这些企事业单位就叫"三线"建设,由于涉及地域广,建设单位多，也就称为大"三线"建设。由于"三线"地区所处的地理位置闭塞和过去人们不了解的原因，加上保密要求，"三线"建设从一开始就被罩上了一层神秘的帷幕，外界除了概念，别无所知。1978 年 11 月，党的十一届三中全会召开，提出了党的工作重点转移到经济建设上来，开始了由计划经济向市场经济转变的历史进程，为适应 80 年代改革开放的需要，中国大"三线"建设的神秘面纱才逐渐被撩开。我长期在"三线"建设领导机关工作，与大山深处"三线"企业打交道，我的人生，可以说是从事"三线"建设和见证"三线"建设崛起与发展的一生。

一

旧中国的工业，70%以上在沿海，新中国成立后，在第一个五年计划（1952—1957 年）期间，开始在西北、西南地区建一些重点项目。1956 年，毛主席在《论十大关系》一文中指出："新的工业大部分应摆在内地，使工业布局逐步平衡，并且有利于备战。"

1983 年 10 月，四川省国防科工办基建规划处长王春才（左一）陪中央军委副秘书长、国防部长张爱萍将军（左三）在绵阳与 827 工程指挥部、839 工程指挥部领导合影。（申荣 摄）

同时，要"好好地利用和发展沿海工业底子，可以使我们更有力量来发展和支持内地工业"。20世纪60年代中期，国际国内形势紧张，苏联在中苏边境陈兵百万，为了备战，保护国家安全，1964年夏，党中央和毛主席作出"加强'三线'地区建设"的决定，毛主席曾动情地说："'三线'建设不起来，我睡不好觉。"

"三线"范围是指长城雁门关以南、广东韶关以北、京广铁路以西、甘肃乌鞘岭以东的广大腹地，包括川、滇、黔、陕、甘、宁、青、晋、豫、鄂、湘、粤、桂等13个省、市、自治区的全部或部分地区。建设的重点在8个省即云南、四川、陕西、贵州、甘肃全境及河南、湖北、湖南的西部地区，这一地区位于我国的纵深复地，在当时要准备打仗的特定形势下，是较理想的战略后方。

1964年，时年71岁的毛泽东在讲到"三线"建设时，多次强调要认真地研究苏联卫国战争的经验教训，他说，斯大林一不准备工事，二不准备防敌人进攻，三不搬家。尤其是没有重视乌拉尔以东地区的工业基础建设，以至于战争爆发后造成巨大的破坏和损失，这是一个教训。因此在紧急备战的形势下，调整国防科技工业布局、增强国防实力，就成为"三线"建设一个重要组成部分。1964年5月15日至6月17日，中央工作会议在北京召开。重要的议题是讨论第三个五年计划，毛主席明确指出："第三个五年计划，原计划在一、二线打圈子，对基础的三线注意不够，现在要补上。攀枝花钢铁基础建设，一要加快，二不要潦草。没有钱把我的工资拿出来，没有路骑毛驴去……"同年8月，在中央书记处会议上，在谈到大"三线"建设问题时，毛主席表情严肃地说："机不可失，时不再来，内地一天建设不好，我睡不好觉。"会后，有关方面立即确定了"三线"建设的布局。第三个五年计划最初把发展农业放在首位，调整为将"三线"建设放在第一位。当时国家计委领导同志转换动作慢，毛主席很不满意，表示自己要兼国家计委主任，话一放出，国务院副总理李富春着急了，于是加快了"三线"建设规划、布局。

1964 年到 1966 年这段时间里，毛泽东、周恩来、邓小平等领导人经常过问 "三线" 建设的重大问题，并决定：由周恩来总理牵头，国务院副总理李富春主持 "三线" 建设的日常工作，薄一波副总理和罗瑞卿总参谋长协助，并相应成立了以中共中央西南局第一书记李井泉为主任的西南 "三线" 建设委员会，程子华、闫秀峰、彭德怀、钱敏为副主任。以西北局第一书记刘澜涛为主任的西北 "三线" 建设委员会和中南局书记王任重为主任的中南 "三线" 建设委员会，由于组织领导有力，"三线" 建设步伐加快了。

"三线" 工厂的建设，都是由沿海企业包建，从干部、技术人员到工人，从基建、设备安装到出产品，一包到底。上海市派往 "三线" 工作的有 150 万人。1965 年 12 月，时任中共中央总书记邓小平到贵州视察 "三线" 建设，在到遵义航天基地的火车上，听到基地指挥部负责人汇报上海机电一局包建进度缓慢时，他连夜给当时的上海市委书记陈丕显打电话，要求一个月内完成人员、设备及物资调配任务，临挂电话时，他还风趣地说了一句："完不成任务，我可要打你陈丕显的屁股呦！" 党和国家领导人李富春、薄一波、陈毅、贺龙、聂荣臻、彭真、余秋里、郭沫若等曾多次到施工现场视察，并同大家一道解决建设中一个个的难题。如现在的攀枝花钢铁厂厂址，李富春、薄一波与程子华（西南 "三线" 建委常务副主任），参加了选址，看中了金沙江边山上一片地，有丰富的矿产资源，得天独厚，但高低不平，建设难度大。李富春回北京向周恩来总理汇报时，周总理带着江苏淮安口音诙谐地说："地不平，弄弄平嘛！" 于是就有了现在这个形象的地名——弄弄平。

彭德怀元帅为 "三线" 建设抛弃了个人恩怨，在庐山被罢官 6 年后，又欣然出任西南 "三线" 建委第三副主任，但不让他接触国防军工，分管水电、煤炭、天然气方面工作，他不顾 68 岁高龄，只身上任，夕阳归处大山青。彭德怀针对西南项目多，强调要突出重点，他以军事家的战略思想，作了 "一点一线一片" 的重要指示。一点指攀枝花钢铁基地，一线指成昆铁路，一片指重要的配套项目。在一年多时间里，跋涉4000多公里，走了西南地区几十个县、市，几十个大型工地，认真听汇报、记笔记、写感言。

1966年3月31日至4月2日，彭德怀视察渡口市（今攀枝花市），住在建设指挥部招待所13幢207房间，4月1日深夜，彭德怀满怀深情，写诗一首《咏攀枝花》：

> 天帐地床意志坚，渡口无限好风光。
>
> 江水滔滔流不尽，大山重重尽宝藏。
>
> 悬崖险绝通铁道，巍山恶水齐变样。
>
> 党给人民力无穷，众志成城心向党。

"文化大革命"对"三线"建设干扰破坏很大，阻碍了建设进度，1966年年初，谷牧副总理向毛主席报告，拟上半年在成都召开全国"三线"工作会议，加快"三线"建设进程，毛主席很赞成，但由于这年"文化大革命"不断升级，红卫兵冲击党政机关，很难开展工作，一些领导同志遭批斗，这个重要的"三线"会议终未开成；否则，建设效果会更好些。

从1964年开始，几百万建设者响应党的号召，广大共产党员带头，放弃安逸、舒适的生活，远离城市和亲人，奔赴荒山野岭、戈壁沙漠，战天斗地，艰苦创业，无私奉献，展开了一场声势浩大的"三线"建设。1964年至1980年的17年间，"三线"建设累计投资2050亿元，占全国基本建设投资百分之四十左右，建成大中型骨干企业和科研单位近2000个，投资和项目西南地区占三分之一，在交通闭塞、经济薄弱的内地修建公路25万公里，修通了成昆、川黔、贵昆、湘黔、襄渝、太焦、焦枝、枝柳、阳安以及青藏路西宁至格尔木等10条铁路干线，总里程约8000多公里，建成了军民品重大科研生产基地45个，各具特色的新兴工业城市如攀枝花市等30个，初步形成了包括煤炭、电力、冶金、化工、机械、核能、航空、航天、兵工、电子、船舶工业等门类比较齐全的战略后方基地，聚集并培养了一支强大的科技、工业队伍，仅军工部门的工程技术人员就有 20 多万。"三线"建设对于改善我国的生产力布局，增强我国经济和国防实力，促进内地资源开发、经济和社会进步，带动少数民族的经济文化，推进西部大开发，有着深远的意义。

当人们看见中国西部天空升起蘑菇云，看见火箭冲向天空，看见出现在地面、海疆、空中的现代化兵器、飞机、舰船，看见荒原、山谷间钢城、工厂、电站拔地而起，看见神奇大裂谷地下长廊般的隧道等景象时，您可曾想到，在这辉煌的后面为此作出的巨大贡献的"三线"人。40 多年来，他们"献了青春献终身，献了终身献子孙"，"三线"人是最可爱的人，他们在创造举世瞩目的物质财富的同时，也在人们心中树起了永不磨灭的精神丰碑，他们的业绩将永远载入共和国的史册。

二

进入 20 世纪 80 年代，随着国际国内经济形势的发展和变化，为了更好地发挥"三线"企业的作用，按照邓小平"军民结合""平战结合"等一系列重要指示，国务院作出了对"三线"建设单位进行"调整改造、发挥作用"的重大决策。为了解决"三线"建设企业中相当一部分企业存在的钻山太深、布局分散、地势险恶、自然灾情严重、生产和生活条件非常困难等历史遗留问题，充分发挥它们的活力，增强中西部地区发展后劲，国家从"七五"规划开始，进行了以脱险搬迁为主要内容的"三线"布局调整，一批"三线"企事业单位从深山沟里搬到交通相对方便的城镇，开发民品，面向市场，在改革开放大潮中迎接新的挑战。在"三线"脱险调迁过程中，国家采取调迁资金出百分之四十，主管部门和企业各出百分之三十，国家在税收上给予减税扶持政策，到 2008 年，基本完成脱险调迁任务，建成 400 多个调整搬迁项目。大多数企事业单位经过调整，改善了生产经营环境，并结合军转民技术改造，潜能开始大量释放，犹如猛虎下山、蛟龙出海，在西部大开发中发挥了巨大作用，取得了良好效益。如现处西安市开发区的陕西法士特集团公司，是从宝鸡市蔡家坡大山中将大部分厂房调迁到开发区，调迁前的 1998 年，全厂 2000 多名职工有 4 个月发不出工资，调迁后，公司 2010 年完成销售收入 126 亿元，是陕西省纳税大户，公司被全国评为全国大型国企典型。法士特集团公司是国家"三线"企业调整成功典范的缩影。当然，更多的"三线"企业是不搬迁的，它们在原址进行结构调整，逐步推行技术改造及经营机制的改革，推进军民结合，保军转民的第二次创业。

　　"三线"建设是我党老一辈革命家的伟大战略决策，它开拓了中国西部地区建设新局面，为国家今天的经济发展打下了坚实的基础，给人们留下了无私奉献、艰苦奋斗的巨大精神财富。今天，"三线"建设者们转变思想、转变观念、转变机制、转变方式，成为中西部地区现存工业与科技力量的重要组成部分，它们将成为中西部开发的增长点，为实现 21 世纪我国现代化的伟大目标作出更

1983 年 10 月，四川省国防科工办副主任王兴（右）与省国防工办基建规划处长王春才（左）在西昌卫星基地与张敏司令员（中）合影。（申荣 摄）

大贡献。"三线"人不愧是共和国的脊梁，中华民族的骄傲，他们在为共和国前进历史上不断谱写着壮丽的新篇章。

"三线"精神永放光芒，催人奋进。

2012 年 12 月 25 日写于成都

（原载 2011 年 6 月 21 日江苏《盐阜大众报》）

二、攀枝花：中国"三线"建设崛起的龙头

——王春才在"首届'三线'建设论坛"发言

各位领导、各位嘉宾

大家好！

3月4日是毛泽东主席批示建设攀枝花的50周年纪念日，在此，谨向攀枝花市委、市政府、攀枝花人致以热烈的祝贺！

攀枝花，是毛主席最关心的地方，是中国"三线"建设崛起的龙头，是"三线"建设巨大成就的缩影，是广大"三线"建设者的骄傲，是"三线"精神的结晶。我们对当年为"三线"建设而奋斗的建设者充满了无比的敬意。我们要学习攀枝花，宣传攀枝花，展现"三线"历史，发掘"三线"文物，继续弘扬"三线"精神。

1964年，国际形势紧张，为了国家的安全，以毛泽东同志为核心的党中央作出了"三线"建设的决策，"备战、备荒、为人民"。从1964年到1980年，共投入2050余亿元资金（占全国基本建设投资的40%）和几百万人力，安排了2000余个建设工程项目（包括小"三线"和解放军建设项目），是新中国成立后规模空前的一次重大的经济战略调整，是伟大的战略决策。国家在80年代进行的"三线"建设调整、改造是"三线"建设的延伸、完善和发展，增强了我国国防、科技、经济实力，基本建成了西部战略大后方，提升了我国在世界的大国地位。

"三线"建设是完全依靠全国人民独立自主、自力更生、艰苦奋斗，顽强拼搏建设起来的，在中华人民共和国历史和中国共产党党史上写下了绚丽的篇章。我们一定要特别重视和研究这段历史，

总结经验教训，教育和鼓舞我们的后代。

常有人问我什么叫"三线"建设？也有学者问我攀枝花市怎么成了"三线"建设的龙头呢？

何谓"三线"？

按毛泽东的战略思想从地理上划分，沿海边疆为一线，我国中部地区为二线，西部纵深地带为"三线"。1964年国家有关部门对"三线"地区范围有个具体划分，长城雁门关以南，广东韶关以北，京广铁路以西，甘肃乌鞘岭以东的广大腹地，包括云南、贵州、四川、陕西、甘肃、宁夏、青海、山西、河南、湖北、湖南、广东、广西的全部和部分地区，是较理想的战备后方，占全国面积三分之一。

西南是"三线"建设的重点，项目、投资占全国三分之一，四川占四分之一。攀枝花是"排头兵"，重中之重，是毛主席直接过问、关心的重大建设项目。

"攀枝花"地名的确定，攀钢厂址选定，攀枝花特区领导管理体制的确定等重大问题都由毛主席拍板决定。毛主席指出攀枝花的范围涵盖电力、成昆铁路、西昌卫星基地。"攀钢建设不是钢铁问题，是战略问题。""攀枝花建不成，我睡不好觉。""'三线'建设不起来，我睡不好觉。""没有路，我骑毛驴到西昌。"于是攀枝花成了"三线"建设的代名词。毛主席还说"投资不够，把我的稿费拿出来。""攀枝花建设一要快，二不要潦草。""北京出了问题，有了攀枝花我就不怕了。"毛主席高度重视攀枝花建设，攀枝花成了全国"三线"建设的重中之重。在攀枝花项目建设方面，周恩来总理亲自负责安排部署，中共中央总书记邓小平亲赴攀枝花决策指导，国务院两位副总理李富春、薄一波具体负责。中央10多个部委集中会战攀枝花。

山东等省支援几百辆汽车为攀枝花抢运物资，一线广大职工云集攀枝花参加会战。1966年上半年，国家部委有43名副部级以上领导干部在四川"三线"工地调研蹲点，大部分人都曾到攀枝花学习调研。

1966 年 3 月 21 日，西南"三线"建委第三副主任彭德怀考察正在艰苦攻坚的成昆铁路。3 月 31 日至 4 月 2 日，彭总考察了攀枝花（当时称渡口市），他说毛主席号召"三线"建设就是准备打仗。为了让毛主席睡好觉，要抢建攀钢。西南、四川"三线"建设项目很多，要抓住重点打歼灭战。他以军事战略家的思想，在西南"三线"建委工作汇报会上提出"要突出一点、一线、一片"保重点项目的措施。一点指攀枝花，一线指成昆、贵昆铁路，一片指六盘水、重庆兵器工业基地。彭德怀听了渡口市（后改为攀枝花市）建设总指挥徐驰的汇报后兴奋地说："干得好！旗开得胜。攀钢建设调动了千军万马，同志们辛苦了，你们少睡觉，毛主席就睡好觉了！"

在兰尖铁矿考察后，彭德怀说："攀枝花是个好地方，布局合理，不与民争地，钒、钛、铁、矿、石多，山水相连，渡口市建成后将与山城重庆媲美。"

彭德怀住在攀枝花十三幢 207 房间，他满怀豪情地在自己笔记本上写诗一首：

> 天帐地床意志强，渡口无限好风光。
>
> 江水滔滔流不息，大山重重尽宝藏。
>
> 悬崖险绝通铁道，巍山恶水齐变样。
>
> 党尽人民无穷力，众志成城心向党。

彭德怀在庐山被罢官六年后，毛主席请他出征"三线"，带动了全国人民支援三线。当年，因工作关系，我近距离地多次接触彭老总。1991 年张爱萍将军为我著的《彭德怀在"三线"》一书（四川人民出版社出版）题了词："逆境受命气犹壮，为民为国心无私。"彭德怀不顾 68 岁高龄，深入攀枝花现场指导，还作诗赞扬攀枝花，提升了攀枝花的历史地位，这些都深深感动和教育了我。

1995 年我组织策划中共四川省委党史研究室、北京电影制片厂共同摄制的《彭德怀在"三线"》电影，把彭德怀在攀枝花的感人故事在银屏上得到了充分的展示。2009 年我与编导钟亮带领凤凰卫视《"三线"往事》摄制组，拍了 10 集电视专题片，就是拍的攀枝花与上海柴油机厂援建彭州锦江油泵油嘴厂的"三线"往事。开播后，全世界收视率达 3500 多万人次，攀枝花电视台播放该片 34 次。刚竣工的攀枝花"三线"建设博物馆，再现了攀枝花是中国"三线"建设龙头的历史。2015 年 1 月，宋平同志还特地为该馆题写了"中国'三线'建设博物馆"馆名，按程序上报获批后即可挂牌。

成都电视台为纪念"三线"建设 50 周年，蓉城先锋频道要摄制 8 集系列"三线"专题片。前几天，即 2 月 26 日下午，他们邀请我与嘉宾霍志鹏、《峥嵘岁月》节目主持人林国栋，摄制了一、二集——风云初起记：《我是三线人（一）》，象牙微雕钢城记：《我是三线人（二）》，还要摄制两集《彭德怀在"三线"》的故事。让我惊喜的是编导石秀娟才 22 岁，写的"象牙微雕钢城"采访提纲，是颂扬攀枝花的专集故事，表述攀枝花是"三线"建设的龙头，

2012 年 6 月 11 日，当代中国研究所武力副所长、陈东林研究员、郑有贵主任在攀枝花"三线"建设博物馆未开工的位置上留影。从左至右为陈东林、武力、王春才、郑有贵、张鸿春、刘胜利

"三线"建设成就的缩影，许多文字叙述引用的是四川人民出版社 2014 年 3 月出版的《攀枝花 100 问》（主编张鸿春、副主编刘胜利）一书。该书已列为攀枝花学生的教科书。宣传"三线"、宣传攀枝花在社会上已产生了良好的效果。我同时感到庆幸，弘扬"三线"精神，宣传"三线"事迹，有年轻的接班人了。

1964 年成立的中共中央西南局"三线"建设委员会，强有力地领导了西南"三线"建设。时任中共中央政治局委员、西南局第一书记李井泉担任主任，程子华、阎秀峰、彭德怀、钱敏担任副主任，将攀枝花作为一号工程来抓。李井泉、程子华于 1965 年 11 月 30 日至 12 月 1 日陪邓小平视察了攀枝花，邓小平感叹地说："这里得天独厚！"钱敏老部长也曾 4 次到攀枝花考察。

令人高兴与值得庆贺的是，2014 年 11 月，中共党史出版社出版了中共党史专题资料丛书，由陈夕总主编。其中《中国共产党与"三线"建设》分卷执行主编陈东林、执行副主编徐有威、宋毅军，我被该卷聘为顾问，为研究"三线"建设历史提供了重要历史资料。

2012 年 9 月 18 日，在湖北宜昌成立了中国"三线"建设研究会筹备领导小组，2013 年 3 月 23 日在北京成立了中华人民共和国国史学会"三线"建设研究分会。"三线"建设研究分会在钱海皓会长及理事们支持下，编辑出版了《"三线"风云》丛书。2014 年 6 月，研究会编印了第 1 期《"三线"建设研究》，这是国史学会"三线"建设研究分会成立的大会专辑。2014 年 5 月建立了中国"三线"建设研究网，开办了学者馆，发表了 1000 多万字文章，图文并茂。

为纪念"三线"建设 50 周年，国史学会"三线"建设研究分会与中央电视台联合摄制 10 集文献纪录片《大"三线"》，该片的执行制片人、导演刘洪浩也来参加这次会议了。在贵州六盘水市委、市政府支持下，1 月 21 日在六盘水市举行了开机仪式，中央电视台综合频道晚间新闻进行了报道，该片计划采访数百人，将于

2016 年公演。《大"三线"》摄制组还将同时协助国家国防科工局摄制 6 集《军工"三线"》专题片。

2014 年 12 月，中共四川党史研究室在攀枝花成功召开了纪念"三线"建设 50 周年学术研究会。这次又邀请全国有关省市同行出席"首次'三线'建设论坛"，并共同签署《攀枝花共识》，我感到非常高兴并受到很大鼓舞。

"三线"建设取得了举世瞩目的成就，但也存在着不少问题，如有的调迁后的厂址还没有充分利用起来，为"三线"建设作出无私奉献的不少老人生活困难，要关爱他们。从总体上讲，宣传"三线"的面还不宽。

目前，贵州省六盘水已成立了"三线"建设研究会。2015 年 1 月 23 日，贵州省社会科学院已成立了贵州"三线"建设研究院，贵州省"三线"建设研究分会也即将成立。六盘水市贵州"三线"建设博物馆开馆以来，已取得参观人数达到 80 多万人的社会效果，并引发遵义、安顺、都匀等市也将准备筹建"三线"博物馆。重庆市江津区的人大、政协讨论了由"三线"建设研究会理事何民权、江津区档案局副局长周明清呈送的关于成立江津区"三线"建设研究会的提案；湖北省孝感市国家级开发区正在筹建孝感市"三线"建设研究会。四川省国防科工局与四川省文化厅合作，于 2010 年帮助广安市建起了"三线"遗址纪念馆，现又联合发文号召四川国防军工"三线"单位，积极为攀枝花"三线"建设博物馆捐赠文物。中共四川省委宣传部领导正在策划编辑出版《大"三线"》纪实史书，将由作家欧阳敏担纲创作。四川航天研究院牵头组织了"三线"作家凹凸创作的《大"三线"》长篇小说研讨会；湖北卫东股份集团有限公司（846 厂）出版了工厂职工写的工厂回忆录《卫东记忆》一书（主编杨克芝）；上海大学历史系徐有威教授组织出版了多种小"三线"的口述历史，并摄制了电视专题片。

而我们攀枝花市的建设者们，更是通过半个世纪的前赴后继、艰苦卓绝的奋斗，向全国人民交上了一份十分辉煌的成绩单，在你们身上体现出的"艰苦创业，团结协作，开拓创新，无私奉献"的"三线"精神，是点燃中华民族灵魂的一簇圣火，必将让攀枝花这座英雄的阳光城市，在"三线"建设的历史丰碑上光芒四射，熠熠生辉！

　　谢谢大家。不妥之处，请批评指正。

（2015 年 2 月 27 日王春才写于成都）

三、邓小平心系大"三线"

完不成任务要打屁股

1964年5月，中共中央决定建设大"三线"。1965年，当中国大"三线"建设在四川、贵州、陕西、湖北等10多个内陆省份展开时，参与制定"三线"建设宏图的中共中央总书记邓小平对此非常关心。1965年11月，他由北京乘专列南下，专程到贵州省视察"三线"企业的建设情况。小平同志抵达遵义后，当即让西南"三线"建设委员会副主任程子华、机械军工局副局长徐奕培和贵州省委书记程璞如等领导汇报这方面的工作。在听取了第七机械工业部负责人和遵义航天061基地筹建负责人有关工程筹建情况的汇报后，小平同志不太满意，认为工程进展缓慢，不能适应备战形势要求。由于该基地由上海机电一局支援包建，他当即拿起电话给上海市委第一书记陈丕显打电话，限定他在一个月内将主要技术人员、设备派送到现场。临结束通话前，他还以幽默的方式命令道："你陈丕显完不成任务，我要打你的屁股。"接到小平同志的指示后，陈丕显立即布置落实，果真不到一个月，上海的主要技术人员、设备提前到达现场，加快了061基地的建设。

小平同志还在贵阳召开了云贵川3省领导同志会议，进一步布置了"三线"建设进程。

这里条件得天独厚

1965年11月，小平同志视察了贵州后，很关心位于四川省渡口市（后改为攀枝花市）的攀枝花钢铁基地的建设。中共中央西南局第一书记、西南"三线"建委主任李井泉、副主任程子华、冶金部副部长、四川省委书记徐驰、冶金部副部长兼渡口市建设指挥长李非平向小平同志汇报攀钢建设情况。徐驰在招待所内的攀钢规划沙盘模型旁，用棍尖指指点点，向小平同志讲解。这个模型是重庆钢铁设计院精心制作的，山形、地貌、河水、厂房、矿山、交通、电网一目了然。

渡口市位于成昆铁路中段，川滇交界的金沙江畔，北距成都751 公里，南距昆明 367 公里。一般海拔高度 1200 米。攀钢厂址设在一个山坡上，地势不平，李富春、薄一波副总理向周恩来总理汇报时，周总理说不平弄弄平嘛（江苏淮安话），后来厂址就得名弄弄坪，坡地面积开阔，设计摆下一个大型钢铁厂。在这里建厂，条件优越，靠铁近煤。

渡口市地处金沙江和雅砻江交汇处，具有高山峡谷城市的特色。小平同志与夫人卓琳在沙盘旁认真地听徐驰讲解，并不断提出问题。小平同志感叹地说："攀钢选在这里建设，很好，这里得天独厚"，他要求陪同的李井泉等人一定按毛泽东主席指示办："一要快，二不要潦草，三要建设好。"

徐驰还向小平同志讲了一个小故事，当时先遣人员没有地方住，借住在金沙江畔会理矿转运站的几间房子里，站房紧挨一个小渡口，渡口市就是因这个小渡口而得名的；这是有几户人家的一个小村子，长了茂盛的攀枝花，又叫木棉花，它不同一般的花先吐叶后开花，而是当别的树木还在孕育绿叶时，她那鲜红硕大的花朵就以粗壮的枝芽为依托，昂首开放了。故此，这个村名就叫攀枝花。后来搞规划时，取名攀枝花特区。毛主席很关心攀钢的建设，他说："攀枝花建设不好，我睡不好觉。"攀枝花就成了"三线"建设的代名词了。

当徐驰介绍了渡口市和攀枝花特区的来历，并谈及来自四面八方的建设者的精神风貌后，小平同志握着徐驰的手说："你已经把这个地方地理、地况、资源及风土人情了解透了，攀钢建设，战无不胜！"

不执行合同要负责任

1980 年初夏，邓小平决定回四川省看看军工"三线"企业。这年 7 月 9 日，在成都军区司令员尤太忠、第一政委徐立清、四川省委第一书记谭启龙、第三机械工业部部长莫文祥等人的陪同下，他来到位于成都的 132 厂视察。在该厂厂长孙志端和厂党委书记张儒生汇报了这家飞机工厂的情况后，小平同志兴致勃勃地视察了零件加工车间和飞机总装车间，然后观看了飞行员驾驶"歼七"飞机进行空中表演。在参观车间过程中，小平同志还亲切地与一位名叫刘万华的工人师傅交谈起来，他对刘万华说："可以进口一点先进技术设备提高生产能力，生产与使用部门可以搞合同制，新设备研制也要搞合同制，谁不执行经济合同谁要负经济责任。"

几十年过去了，当年的 132 厂现在已发展为成都飞机公司，通过引进技术、引进设备，成为现代化的航空企业。

重庆变化真不小啊

重庆也是中国"三线"企业比较集中的地方。1980 年 7 月中旬，邓小平同志离开成都后，专程来到重庆，然后自重庆乘船经停宜昌再到武汉继续视察。中共四川省委接到中央通知后十分重视，立即开会研究，决定由四川省委书记、省长鲁大东同志亲自负责安排接待，并一路陪同到宜昌。省委秘书长、办公厅主任周长庆同志随大东同志负责安排具体事宜。

小平同志在成都金牛宾馆休息两天后决定于 11 日乘火车到重庆，然后自重庆乘船经停宜昌视察大"三线"工程葛洲坝再到武汉。为了确保安全，四川省委书记、省长鲁大东同志专门找重庆市的领导同志来省里研究，决定在火车到达重庆火车站后，在重庆不再停留，下火车后就直接开往朝天门码头上船休息。

第二天上午，火车顺利抵达重庆菜园坝火车站。鲁大东陪小平同志下了火车，直接上了早已等候在旁的一辆面包车，悄然驶出了车站。小平同志来到了久别的重庆，显得格外高兴，他不时推开车窗，观看重庆的街道和市容，并很有感触地说："自从调离西南局后，我很少回重庆看过，现在变化真不小啊！"

车到朝天门码头后，小平同志刚刚下车就被群众看见了。一个中年男子惊叫一声："小平回重庆来了，小平来了！"周围群众一下就围上来了，又是鼓掌，又是欢叫，争着要看看小平同志。小平同志向大家挥手致意。

上午9时左右，小平夫妇登上了停泊在码头边的东方红32号轮，随着汽笛一声长鸣，轮船离开了港口，沿着滚滚长江向东驶去。

2004 年 7 月 8 日

（原载 2004 年 8 月《国防科技工业》杂志，

纪念邓小平同志 100 周年诞辰专刊）

四、瘦马拉破车

20 世纪 60 年代中期，我从一家国营工厂调到国家"三线"建设领导机关，在工作中结识了许多厂长朋友。30 多年来，一任接一任，像接力长跑一样，老干部厂长的接力棒传到了知识型、技术型年轻厂长的手中。无论哪一种类型的厂长，都在不同时期为企业的建设和发展作出了贡献，令我敬佩。进入 90 年代，面对激烈的市场竞争，厂长不但要有知识，懂技术，而且要善于营销。挑选一位称职的厂长，就像挑选骏马一样，确实不是一件易事。

最近，我的朋友奚为政厂长告诉我一个消息：坐落在重庆江津"夹皮沟"里的中国人民解放军 3533 厂，是部队在西南唯一的染印厂，刘光平当上了第八任厂长。我一时想不起刘光平是谁？后来才慢慢想起，这个刘光平不就是十几年前在厂里开货车的那个瘦矮个儿司机吗？老实说，这是有点出乎我意料的。30 年前，这个厂在荒山筹建时，我蹲点参加过这个厂的抢建工作，1969 年还两次组织四川省"三线"企业学习 3533 厂艰苦奋斗抢建工厂的经验交流现场会。这些年来我与这个厂一直保持着联系，从第一任厂长蒋安心到第七任厂长石炳金，我都熟悉。唯独不熟悉这个新任厂长刘光平，他当厂长行吗？

我带着疑问赶到了江津 3533 厂。

5 月 11 日，厂党委书记丁传发与厂长刘光平陪同我参观了改造的印染生产线，新建的技术研究所，1500 名职工正在不同的岗位上紧张地忙碌着，生机盎然。园林式的厂区里，绿荫下的马路上见不到一个闲人。我发现，刘厂长走到哪里，总是向车间领导"挑刺"，这里不干净，那里水在流。从他们的笑语声和眼神中，流露出一种对新任厂长的信任感，这是非常难得的。后来，我见到从成都出差回来的前任厂长石炳金，他是一位老大学生，总会计师出身。他告诉我，年龄大了，上级组织把厂长的担子交给刘光平，他很放心，是因为刘光平当了多年的 3533 厂的服装厂厂长，成绩显著，而且把重庆人民服装厂兼并了，打开了市场，是成绩把他推上了总厂厂长的位置。我去参观了服装厂，又与职工进行了座谈，最终佩服了刘光平。我悟出了一点道理：刘光平的市场经济意识渗入早，起步快，又勇于探索实践，思维敏捷，是国有企业向市场经济转轨中涌现出来的一位以技术引路、善于经营的年轻企业家。

初露才华

刘光平于 1959 年冬天出生在射洪县茨坝山的一间茅屋中。父亲刘武章是一位老实巴交的农民。1965 年，"三线"建设拉开了序幕，南京中国人民解放军 3503 厂负责包建 3533 厂，厂址最初选在射洪县柳树区瞿河乡，筹建处负责人就住在刘光平家里。刘武章带领一批民工帮 3533 厂修路。后来由于当地水量不足，交通不便，厂址改迁江津。1968 年，刘武章被吸收到工厂食堂当保管员。那时，刘光平还在读小学，闲时割草放牛；高中毕业后，当了一年乡村教师，参军到了济南，在连队当文书。不到两年，他申请退伍回 3533 厂顶替父亲在车间当了一名工人。人事劳资科发现刘光平脑子灵活，能吃苦肯干活，就安排他到厂办当通信员。刘光平成天骑着摩托车取送文件、信件。早上他提前上班，在办公楼走廊里打扫卫生，拖地、抹窗，替厂办附近的处室打开水，深得干部们的喜爱。刘光平在部队时就已学会开车，后来又调到厂汽车队开货车，他风里来雨里去，出色地完成了运输任务。

1985 年年初，机遇向他招手了。3533 厂有一个小型服装厂，

217

那里有 27 名家属工，生产和经营举步维艰，就向全厂招贤选拔厂长。当时有 12 个人报名，刘光平是第八个报名的，最终竞选上任。就在这一年他承包了服装厂，决心在改革开放的惊涛骇浪中一展搏击风采。他首先把立足点放在招揽业务上。刘光平一改平时衣冠随便的习惯，穿上进口的西服、皮鞋，领带垂胸，四处奔波，到外地找用户、揽业务，经过多个日日夜夜的艰辛努力，一批批订货单向服装厂飞来。有了订单，人手就不够了，加工场地也显得窄小，他把 3533 厂一个旧库房利用起来，一边增添制衣设备，一边招聘部分务工人员，同时还在附近建立外加工点。原本冷清的小小服装厂很快变得火红起来。职工不但能按时拿到工资，还拿到了奖金。100 多名家属在服装厂工作，增加了收入，替总厂分了忧。老厂长、老职工感慨地说："让刘光平当服装厂厂长，选对了，选得好!"然而，刘光平并不满足于初期的效益，他知道，要前进就得不断学习，激烈的市场竞争，也逼着刘光平提高自己的素质，补救知识的欠缺。1988 年，他报考了西南师范大学"经济与行政管理"函授班。他白天工作，晚上学习，三年函授学习不仅丰富了他的经济头脑，还使他结识了许多同学、朋友。同学牵线，朋友帮忙，老师指

1999 年 5 月 11 日，王春才在家中与重庆江津长江边的中国人民解放军 3533 厂刘光平厂长（右）合影。（吕娈常 摄）

导，服装厂的业务范围在不断地扩大，经过几年奋斗，产值翻了几番。到 1992 年年底，服装厂已发展到 140 多名工人，年产服装近 6 万套件。

狭窄偏僻的山沟限制了服装厂的发展，由于交通不便，使客户提货增大了费用。刘光平不安于死守摊子，决心跳出山沟，冲破旧有模式，把服装厂的触角伸向更广阔的空间，到大城市去寻找服装加工点。1992 年，他在重庆建立了服装厂办事处，聘用 3533 厂老行政科长王可新为办事处主任，对重庆服装行业及需求量进行摸底。

进军重庆

刘光平是在对成渝两市进行认真考察后选中重庆的。

重庆是西南工业重镇，在轻纺服装行业上不及成都发达，他瞄准了这块市场。1993 年 3 月，他拜访了重庆市纺织局有关领导，提出了合作办厂问题。合作方式可从四个方面考虑：租用场地；股份合作；出资买厂；有利于双方发展的其他合作模式。重庆市服装公司郑德全书记向他介绍了 5 家服装厂，刘光平看后都觉得厂小，一个也未看中。事情就那么巧，正在服装公司办事的大渡口区人民服装厂党支部书记兼副厂长张维芹，听说刘光平找人合作，主动向他自我推荐。这个厂有一幢 6 楼一底的厂房停产闲置，每层 700 平方米，双阳台，有配套的食堂与住房。这时已是中午，刘光平与张维芹在小饭馆一人吃了一碗面条，立即赶到人民服装厂去考察。厂里原有的 400 多名职工下岗分流了，现在只有 20 多个女工在翻修外贸服装，一片荒凉景象。刘光平的心情极不平静，既感叹，又兴奋，暗下决心：他的事业就在这里起步。次日，他请来 3533 厂石炳金厂长、周俊金总会计师考察现场，他们都赞同把现有资产盘活。为慎重起见，刘光平又请来教授、专家、法律顾问反复论证，得到大家的一致认可。刘光平心中终于有了把握，一锤定音，与人民服装厂合作。

人民服装厂这些年来在经营方面的某些失误，使职工的警惕性提高了。他们在与刘光平的初步接触中，觉得他有经营头脑，精明能干，但毕竟对他还不太了解，因此在合作中留了一手：厂区大楼只租3层，租金每年19万元，逐年增长，租期10年；允许利用服装厂的设备；服装厂的工人择优上岗；承担离退休职工的工资；聘请刘光平兼任人民服装厂厂长。刘光平考虑发展前景好，这些条件都答应了，并签订了协议，报重庆服装公司审批。

刘光平爽直的性格，雷厉风行的作风和组织才干，很快得到了人民服装厂职工的认可。特别是在用人问题上，更使大家敬重。除从外面聘用部分经营管理人员外，3533厂服装厂职工他一个也不带来，仅将在3533厂总务科当工人的妻子杨萍借调到人民服装厂当工人，好照顾身边的孩子上学。重庆服装公司批准了3533厂与人民服装厂合作的协议，并动员他与爱人的户口一起迁到重庆来。刘光平婉言谢绝了。他考虑的不是为自己找一个好归宿，而是为3533厂服装厂的发展寻找一条出路。1993年4月1日协议生效那天，他接管了人民服装厂全部资产、择优上岗的200多名职工和183名退休工人，正式以法人代表的资格管理这家工厂。刘光平对地方政府非常尊重，及时向大渡口区委、政府、人大、政协四大班子汇报。各部局领导同志也参加了会议，大家表示积极支持他为办好人民服装厂采取的措施。

刘光平进军重庆的愿望终于实现了。

招贤上马

刘光平不仅关心人，还善于用人。他上任后，马不停蹄地"招贤纳士"，人民服装厂的能人都被他一个个安排到生产、技术、检验、现场等管理岗位重用。他让人民服装厂原技术科长童师玲继续主管技术，以后又提升为副厂长。他先后招聘了四川潼南县教师杨文章等人，让杨文章挑起供应重担，现担任供应科长；西南师范大学本科毕业留校高材生王值文担任办公室主任，现出任军企销售公司总经理；西南师范大学应届毕业生田永红到厂里从事公关销售工作；让西南政法学院本科毕业留校担任法律系办公室副主任的李德军担任销售科长。有了这些知识型人才和年轻的骨干力量作他的得力帮手，刘光平心里踏实了，让他们一个个挑起重担，给职给权，放手让他们边学边干。而他们也十分珍惜这种机遇，在实践中奉献自己的知识才华，体现自身的价值。

刘光平上任伊始，紧张有序地开展了一系列工作。先是登广告、发通知，限期令人民服装厂职工回厂报到，择优上岗；同时招收学工送到服装学校培训。原来的厂区荒凉破败，他又组织职工自己动手治理厂区，清除杂草垃圾，美化绿化环境；防止资产流失，进行资产清理；对车间重新调整布局，花20多万元，购买了新疆石河子一家下马工厂的旧设备，与车间现有设备进行配套。为了保证服装质量，又举办毛料服装制作培训班，请高级服装师讲课、示范，提高了管理人员和缝纫工的技术水平。他狠抓管理，从工艺、加工到现场管理、检验把关，层层落实责任制。还精心制作出一批制式服装样品挂在陈列室，有专人讲解，请各行各业的人到厂里参观、指点、改进。重庆的公安、高法、工商、税务、交通行业有七八万人，过去都是到外地定做制式服装。这是一块不小的市场。刘光平瞄准这块市场不放，将用户请进来参观、座谈，派销售员出去宣传。刘光平对用户恳切地说："你们先给我们一部分服装任务试试，如果质量不比别人差，价格合适，你们就把订单给我；如果做不好，质量达不到要求，就不让我干，行吗？"刘光平的真诚打动了用户的心，既结交了朋友，又揽来了任务，人民服装厂快速运转起来了。重庆纺织系统颇为震惊，他们说人民服装厂几年未生产，刘光平当厂长后，几个月就把它抓得红红火火了。大渡口区政府也非常感谢刘厂长救活了一个区特困企业。

企业是搞上去了，刘光平却累倒了。

多少个日日夜夜的辛勤奔波，运筹帷幄，使刘光平本来只有57公斤的体重又瘦了许多，睡眠不足，饮食长期没有规律，终于引发了胃出血，住进了医院。他躺在病床上，一颗心却在服装厂。病情稍有好转，他又一头扎进车间，激励职工保质保量按时完成一批批制式服装生产任务。有付出就有回报，服装厂的信誉提高了，承揽制式服装由小批量发展到大批量，1994年近8万套件，1995年发展到9万套件，在重庆服装行业站稳了脚跟。

兼并发展

通过几年艰苦创业，人民服装厂兴旺起来了，职工们从内心感谢刘光平。尤其是183名离退休职工，医药费与正式职工一样报销，工资实行社会统筹保险，按月到银行领工资。每逢春节，这些退休的老大爷、老大娘有的提着水果，有的提着食品来看望他们的厂长。有位老工人还特地买了提神补脑汁送给刘光平，拉着他的手说："刘厂长，您这么瘦，为厂、为我们操劳，成天动脑子，买点补脑汁让你补补，这是我们全家人的一点心意呀！"刘光平眼里闪动着泪花，感谢老工人对他的信任和关心。

刘光平不抽烟，不打麻将，不爱喝酒。在工作上不光对自己要求严格，对歪风邪气也敢于抵制。一次他去参加地方上一个部门座谈会，中午留他吃饭，主人向他敬酒，他出于礼貌，向同桌各位一一回敬。其中一位干部坐着不动，拒绝他的敬酒，并说："你们厂有什么了不起的！周围厂、公司的酒饭我吃了几轮了，今天我就不吃你的敬酒。前次你们厂开联欢会，好多单位都请了，为啥子不请我？"刘光平望着那个人傲慢的样子，越听越不能容忍，气得他举起酒杯砸向桌子，大声斥责道："联欢会是厂办通知的，邀请哪些人我并不知道，你如此计较！你刚才那些话，说明你是个吃、卡、拿的干部，与你的职位不相称，我能叫你丢官！……"主人赶紧出面相劝，批评这位干部做法不对。刘光平的举动虽然过激，但众人暗暗敬佩他正直爽快，是一位不信邪的厂长，难怪职工都拥戴他。

1997年9月10日，人民服装厂召开职代会，会议通过了中国人民解放军3533厂兼并该厂的议案，这一举措有利于优势互补，拓宽产品市场，达到共同发展的目的。这一议案，经中国人民解放军总后勤部西安工厂管理局和大渡口区体改办先后正式批准，刘光平担任兼并后的厂长。刘光平感到肩上的担子更重了，想干一番事业的雄心和干劲也更大了。

刘光平认为，质量是产品制胜的法宝，有质量才有效益，没有质量，企业将失去一切。而质量提高又离不开科学管理和先进的技术设备，搞低成本扩张，在服装市场才能够站住脚。他的设想得到了总后勤部新兴集团公司范英俊总经理的肯定。范总在服装厂参观后，要刘光平注意掌握企业产品在市场的定位，高中低档都要有，坚持中低档产品为主；其次产品价位要定好，薄利多销；要充分利用现有资产，花适量的钱进行技术改造。不久，刘光平跑北京，总后财政部借给服装厂300万元，从德国、意大利、日本，北京、大连、沈阳引进配套精良的缝纫设备，形成16条生产线。由于技改的成功，大大提高了产品质量，扩大了生产能力，增强了市场竞争实力。现在完全具备了生产中、高档服装的条件。工厂有裁剪车间一个；中、高档制衣车间两个；夏服及高档衬衣车间一个；大檐帽及皮衣生产车间一个；熨烫及后期整理车间一个。年生产服装能力53万套件，1998年生产15万套件，销售收入2000多万元，被评为重庆市优秀服装企业。其制式卫尚牌服装，获重庆市最佳品牌。重庆市委书记张德邻、市长蒲海清在庆功大会上亲自向刘光平厂长发奖祝贺。1999年，总后军需部向该厂下达了7万套件军品任务，刘光平备感荣幸，同时也深知责任重大。军品要求质量高，可以使工厂技术管理提高档次，也有较好的社会效益和经济效益。由于3533厂服装厂信誉好、效益好，现已有40多名大学毕业生在岗位上尽职，70多名技校生在生产线上操作。服装供不应求，只好加班加点，搞计件付酬，多劳多得，职工生产热情很高。厂党支部书记杨贤伟，厂工会主席、厂长助理方重修，深入车间，劝职工劳逸结合，他们还是不下火线。新的运转机制，使激励与责任心融为一体，他们对工厂前景非常乐观。刘光平一直在3533厂领工资，不取服装厂分文收入。为了感谢刘光平厂长的辛劳，最近服装厂职代会通过一项决议，给厂长奖励5万元，刘光平谢绝了。他说："大家的情我领了，奖金我不收，用作发展生产的流转资金。"在市场经济大潮中，像刘光平这样有贡献的厂长，不图个人发财，追求的是事业发展，这种精神实在难能可贵。这是服装厂起死回生的秘诀。重庆市纺织局张局长见了刘光平感慨地说："重庆是纺织行业老基地，这些年许多国有纺织企业在走下坡路，你们厂却生机勃勃，真是为我们行业争了光。"

重任在肩

刘光平在中国人民解放军总后勤部服装行业中已小有名气，被总后新兴集团公司干部部门看中，他们专门派出工作组到江津3533厂考察，征求有关方面意见。57岁的丁传发已是连任几届的厂党委书记，是看着刘光平长大的，他向工作组同志介绍，刘光平肯动脑子，好学习，能吃苦，善于经营，在服装厂干得非常出色，可以担任3533厂厂长。但他还是预备党员，又未当过副厂长，一步当上大厂厂长，有不少思想工作要做。在传统的干部任用模式影响下，这种看法正在渐渐淡化，但并未彻底根除。如何看待刘光平这样的企业领导者，其中包含着新旧观念的转换，只有通过实践来检验。工作组回京汇报后，领导决心很大，立即行文下令，任命刘光平担任3533厂厂长。

1998年5月20日，新兴集团哈树旺副总经理从北京打电话到重庆，通知刘光平立即赶回江津总厂任厂长。刘光平想推辞，哈副总经理严肃地说：光平，你在部队干过，解放军工厂职工是守纪律、听指挥的，服从命令是天职。刘光平立即表态服从命令，当晚赶回江津。5月21日，哈树旺带上任命书，向工厂主要领导宣布刘光平担任3533厂厂长的决定。少部分职工早有预料，但大部分职工感到意外和突然，刘光平究竟这些年在外面干了些什么，他们并不了解。按刘光平自己的说法，他是个有争议的人物。刘光平并不想当厂长，上级领导对他的信任，大大激发了他的责任感。3533厂已经连续两年亏损，开始走入困境。他是从这里开始自己的人生和事业的，和职工有着深厚的感情，对工厂的前途不愿等闲坐视。他决心带领大家冲出困境，去夺取胜利。

上任第二天，刘光平一大早就找到厂财务处处长，问他账上有多少钱？处长讲，账上有210万元，但这个钱不能动，银行要扣下还债，没钱啦。没有资金，工厂怎么运转？摆在刘光平面前的形势是严峻的。怎么办？刘光平心想，资金是不会从天上掉下来的。他带上这位处长立即赶到江津工商银行，自我介绍是新上任的厂长，说明工厂目前的困难处境，请求210万元暂时不要扣下还债，缓期三个月，保证按时归还。刘光平的苦心得到了理解，6月2日，行长给刘光平回了电话，经研究，同意3533厂继续使用210万元存款。

从银行回厂后，刘光平到各车间转了一圈，看到一部分职工坚守岗位生产，也有些人闲着，东一伙西一伙的正在交头接耳，显然是在议论新上任的厂长。刘光平马上找到厂党委丁传发书记，商量当日召开三个会议：下午分别召开厂级干部会、中层干部会，晚上召开职工大会。如果不开会讲清楚，职工队伍涣散，要出问题。丁书记表示支持。

党办主任却觉得为难，一是来不及通知，二是工厂这么多年晚上从未开过职工大会，怕通知了也没有什么人到会。刘光平胸有成竹地说："你估计错了，职工会来的，他们关心工厂的兴衰，看我这个厂长究竟怎么当法，哪怕有人是耍猴的，也要看看猴子怎么表演。没有什么可讲的，你立即写出通知，多广播几次。"

下午的厂级干部会、中层干部会开得很顺利。晚上 8 时，职工大会在厂俱乐部准时召开。出乎意料，不但职工来了，连离退休职工及一些家属也来了，俱乐部座无虚席，有的家属只好抱着孩子站着听。会议由丁传发书记主持，宣布刘光平厂长讲话后，会场响起了热烈的掌声。刘光平当年 39 岁，个头不高，长着一张娃娃脸，显得更加年轻。可是他讲话不用稿子，声音洪亮而自信。他坚定地说："在丁书记与各位老领导指导下，在厂长岗位上，我会尽职尽力，尽快摆脱工厂困境，保证完成国家军品任务，向市场找出路，找饭碗，按时发放工资，逐步增加收入。希望大家都来出谋献计，我保证秉公办事，请大家监督。平常让我过不去的人，你们放下包袱，我不会给你们小鞋穿；我的好友哥儿们，你们也不会从我这里额外得到什么便宜。老同志、老领导他们是看着我长大的，我能有今天，也是他们带出来的，希望他们健康长寿，继续为工厂发展发挥余热。明天、后天是双休日，你们该钓鱼的钓鱼，该耍的耍。从 5 月 25 日开始，全厂上下，团结一致，艰苦奋斗，走出困境，为国家作出贡献！……"会议虽开得简短，但效果很好，大多数人为之振奋，尤其是老同志，对他寄予厚望。75 岁的离休副厂长唐锡仁会后拍着刘光平的肩膀说："光平，我在你家里看到你时你还是个光屁股娃娃，想不到 30 多年后你当上了我们的厂长。你刚才讲得好，又是从解放军大学校出来的，我们放心。我提出两点希望：一、3533 厂艰苦创业的老传统不能丢；二、抓工作，要抓班子建设，副厂长各负其责。我儿子唐建华副厂长是你的助手，在工作上你对他要有布置，也要有检查，该批评的就要批评，为了事业，别留情面。"老领导真诚的话语，使刘光平深为感动，他相信，只要全厂上下团结一致，努力拼搏，3533 厂一定能重新振兴起来……

这次我到 3533 厂来，刘光平上任还只有一年，时间不长，但我听到职工们都在夸他是位称职的厂长。1998 年 11 月他与厂职代会签订了合作协议，1999 年 5 月让职代会与全体干部评议中层以上干部，无记名投票，结果 20 多位中层干部落选，又提拔了一批年轻有为的骨干。一位已工作6年的大学毕业生因成绩突出当上了计划处副处长，一位优秀工人当上了保卫处副处长。厂级干部由8名减为5名。1998年工厂亏损734万元，1999年上半年减亏674万元，实亏60万元。刘光平决心扭亏为盈，实现他"成都、江津、重庆三点一线"的发展战略，江津老厂为生产基地，重庆、成都为发展窗口。

这位十多年前的货车司机，尽管还是一张娃娃脸，但已越来越成熟。时代给了他机遇，而他也没有辜负时代。当我赞扬他担任3533厂厂长时间不长，工作有起色时，他笑着说，难呀，我是"瘦马拉破车"。刘光平的话说得生动形象。就目前一些企业的情况而言，"瘦马拉破车"的不止一家两家。然而，在党中央大政方针指引下，这些"瘦马"正拉着"破车"冲出困境，走向新的辉煌。"破车"可以改造为新车，敢于"勇往直前"的"瘦马"是有功于人民的战马。刘光平厂长带领3533全体职工，正加快改革的步伐。他像骏马拉着"新车"，奔驰在有中国特色的社会主义建设大道上，迎着朝霞，迈向21世纪。

1999年7月22日

（原载1999年9月1日《中国名牌》、中国改革大潮报告文学大型丛书《历史的使命》第15册）

六、龙虎出山

　　我也记不清楚到大江有多少次了。我很留恋这个地方。最近我又到了重庆巴南区渔洞重庆大江工业（集团）有限责任公司（简称大江工业公司），受到了江信亚总经理、雷荣庆党委书记、王培健副董事长（原大江厂党委书记）的热情接待。借此机会，我还与一直从事调迁工作的同志进行了座谈，勾起了我对往事的回忆。龙虎出山难，但难不倒新时期的大江人。现在的大江，脱险调迁成功了，九九归一，龙腾虎跃，"三线"调迁的潜能开始释放出来。于是我又拿起笔，写下这永恒的记忆。献给最可爱的大江"三献"人，献给那55华诞的年轻的中华人民共和国！

大东情系大江

　　1964年，中共中央西南局"三线"建设指挥部与四川省委批准成立川东"三线"建设指挥部，鲁大东担任指挥长，狠抓以重庆为中心的常规兵器工业基地建设，集中力量打歼灭战，边建设、边投产，投入3亿元，基本建成了这套基地，为国防建设作出了重要贡献。鲁大东主任对大江厂搬迁前的9个厂分布情况是很清楚的：他们于1967年分别由内蒙古包头市，黑龙江齐齐哈尔市、北安市，云南昆明市，辽宁沈阳市的老厂包建的，分别迁入重庆市的南川、綦江、万盛、江津等地。为了备战，让毛主席睡好觉，从厂领导到工程技术人员，响应党的号召，放弃大城市的舒适生活，在山沟安营扎寨建厂。1975年一场特大洪水袭击了重庆地区，这些工厂遭受了严重水灾，厂房、设备被毁，还牺牲了人，厂址先天不足，就地难以根治的问题暴露出来，鲁大东心情沉重。

当时的兵器工业部在1984年向国三办报"七五""三线"调整规划方案时，将双溪机器厂、红山铸造厂、庆岩机械厂、红泉仪表厂、渝州齿轮厂5个厂列入规划，国三办向国家"三线"领导小组汇报时获得通过。1987年10月24日国家机械工业部确定双溪厂等5个企业合并为一个总厂。后来列入"八五"脱险"三线"调整企业规划的庆江机器厂、平山机械厂、青江机械厂、重庆铸钢厂也迁并到大江总厂。9个"三线"厂，搬迁至重庆市巴南区鱼洞镇，经资产重组、改制而新建成为一个大型国有军工企业——九九归一。

本来5个厂都是独立的，现在要求合并迁建，有的厂长组织上服从，内心还想单独迁建。1990年国三办主任鲁大东听了西南兵工局与重庆市"三线"办领导汇报后说，本来几个厂都不大，不能再重复山沟那一套做法，除了火葬场，生活生产设施都要自己建，工厂背了办社会的包袱。5个厂集中在渔洞建，不能动摇，公用设施共建，投资省，好管理。我与国三办黄义浦处长随鲁主任在现场考察，座谈时我补充说，"七五""三线"调整规划受国家121个项目的限制，如航天、航空工业列入规划调迁一个基地算一个项目，僧多粥少，不能让小个挤掉了大个。于是对同类型的小项目采取了捆绑，大江厂在规划上算一个项目。鲁主任要求组成一个强有力的调迁指挥部，统一思想、统一计划、统一建设。讲明后，厂长们表示理解。

1991年1月，鲁主任到刚开工不久的大江厂现场，西南兵工局周汝煦副局长、大江厂现场指挥部席德华指挥长陪同考察，冬雨蒙蒙，鲁主任穿着高统胶鞋在泥泞坡地上行走、眺望。多辆轰隆隆的推土机移山填沟，造平地，有人对此提出异议，将调迁的钱扔到山沟了。鲁主任支持削掉小山包，搞平台，适应改革开放的要求，

229

建大厂房，强调不能再搞山沟里"羊拉尿"的鸡笼厂房了。对于组织如何施工，要求确保工程质量，厂房由正规施工队伍干，住宅附属工程施工要照顾巴南区的施工队伍。工程要快，正规军、地方军、游击队一起上，组织会战，比质量、比进度。临走时，鲁主任挥毫题词："学亚运、创三新、争朝夕、加快建设。"大江厂工程大会战从此轰轰烈烈地开展起来了。

在国三办办公会议上，鲁主任要求规划二局抓几个不同的调迁典型，特别强调大江厂是个大型项目，离国三办近，作为重点来抓，优先安排年度计划，在资金上予以关照，一年去几次，为大江厂调迁鼓劲、服务，帮助协调排忧解难。鲁主任言教身传，每年都要去重庆检查"三线"调迁工作，每次必到大江厂工地，我当时任规划二局副局长，1993年1月担任局长，现在也记不清陪鲁主任去大江厂现场有多少次了。

1994年4月11日鲁主任在原重庆市政府罗文会秘书长和西南兵工局王兆泉副局长陪同下，再次来到大江厂现场。当他听到建设者们为了早日把大江厂建成"两车"基地而废寝忘食地工作时，脸上露出了笑容，他告诉陪同的厂领导，一定要抓住机遇，加快发展，并题词："加快调整改造，搞好军民结合，创三新三级跳，建设一流基地。"

在1990年，国三办一方面抓"七五""三线"调迁计划续建收尾工作，同时着手编制"八五""三线"企业调整规划方案。凡是列入规划的项目，鲁主任提出要具备3个条件：老厂址险情严重，有主导产品，有自筹资金能力。新厂址定点，部、省要取得一致意见，最后由"三线"领导小组审查通过，国家计委立项下计划方可实施。1990年12月，国三办在成都金牛宾馆召开"三线"调整工作会议，大家讨论赞成这些原则。西南兵工局周汝煦副局长、基建处汪珑处长参加了会议，审查了"八五"脱险调迁方案，由于项目太多，排纵队时，兵器总公司申报的青江机械厂、重庆铸钢厂被审掉了。

　　1991 年 1 月上旬，青江厂厂长袁贞友、党委书记何朝刚正在北京向兵器总公司汇报工厂险情情况，要求列入规划。听说规划方案中没有青江厂，火速追到成都向国三办汇报。不巧，鲁主任带规划二局李忠德处长正在重庆考察"三线"企业调迁工作。在重庆市"三线"办陈宏逵主任安排下，鲁主任接待了袁贞友厂长，市委办公厅一位领导看了一下手表，说鲁主任马上要上飞机，限定汇报时间 5 分钟，鲁主任耐心听着，谈了 10 分钟，还问起他的老战友遂玉魁、陶其芳夫妇在工厂的情况。袁厂长心里愣了一下，还是如实向鲁主任报告：遂玉魁是青江厂的老党委书记，两年前患尿毒症去世了。陶其芳是厂子弟校校长，因患直肠癌于去年病故。鲁主任伤感地对袁厂长说："他们都是好同志啊，走得早了。1951 年我在建设厂任党委书记，遂玉魁是组织干事，他是河北人，陶其芳是山东人，我们一起南下的。'三线'建设时，我到你们厂，看望过他们，好多年不见了。你是厂长，担子不轻，你反映的险情没有错，有产品，有效益，但工厂能不能列上'八五'脱险调迁规划？定不了，你去北京，我们在会上研究。"袁厂长如释重负。一星期后，即 1991 年 1 月 24 日至 1 月 26 日，国家"三线"领导小组第 8 次成员会议在北京国防科工委远望楼宾馆召开。中国兵器总公司来金烈总经理在会上介绍了兵器工业"三线"调整情况，表扬了大江厂由 5 个厂合并调迁模式符合现代企业要求，工程进展顺利，同时呼吁适当加大"八五""三线"调整规划规模，要求解决兵器总公司下属的青江厂、铸钢厂等十几个险情严重的厂列入规划。鲁主任接着对来总经理说，平山厂主要生产线在洞里，潮湿，不少工人患了风湿病，出洞没有问题。听过庆江厂李志卿副厂长汇报，工厂平时缺水，大雨来了，工厂多次遭受山洪冲毁，财产损失严重，已列入规划，不再议了。经过领导成员讨论，确定"八五"规划 115 个项目不再增加。国三办规划二局与国家计委国防司、投资司、兵器总公司规划局小组业务对口会上，一致同意让青江厂、铸钢厂列入兵器总公司与重庆市"三线"规划并享受优惠政策，最后由领导审定。

1月24日上午,"三线"领导成员大会11时30分散会,我请鲁大东主任、向嘉贵副主任、规划二局刘涤华局长、重庆市周春山副书记(重庆市"三线"领导小组组长)、重庆市"三线"办陈宏逵主任、兵器总公司来金烈总经理,一起讨论通过了青江厂、铸钢厂脱险调迁方案。来金烈、周春山两位领导当即签了字,鲁大东主任拿笔签字前片刻,认真看了文稿,还问了我一句:"这个办法行得通吗?"我爽快地回答:"行得通,二等待遇。未进入国家计划,列入部省计划也能脱险调迁",鲁主任高兴地说:"那我签,你把商量的意见告诉一下袁厂长。"我忙回答:"好! 袁厂长、何书记早住进远望楼宾馆等消息,未让他们找你。大会规定,不让会外人员干扰会议,会务组执行你的规定嘛!"鲁主任连声说:"好,好! 今后开会也得这么办。"

陈宏逵主任立即将3位领导签字的文稿交给袁贞友厂长。袁厂长跨上出租车,赶到兵器总公司办公厅,办公厅作为急件打印盖了章。文件办成后,下午两点多钟袁厂长才在街上一个小面馆吃了碗面条。1月25日,袁厂长、何书记与我告别,赶到重庆,市政府在文件上盖章后,又将文件送到成都国三办。1月31日,在北京开会的国三办领导回到了成都。规划二局为同意两厂调迁起草了复文稿。朱奎、向嘉贵副主任签名拟同意,请大东同志审定。我将文稿送给鲁主任,他用钢笔在自己名字上画了一个圈,签了"同意"两字,投了两厂可以脱险搬迁关键的一票。

当袁厂长拿到批文时,激动地流下了热泪,他感慨地说:"我们工厂得救了,跑了8年,现在终于拿到了准迁证!"当消息传到工厂后,有的职工还放了鞭炮庆贺。袁厂长、何书记回厂后,召开了党委会、厂领导、中层干部会,传达了鲁大东主任指示,决心赚钱吃饭,赚钱搬家,一手抓生产、一手抓调迁,全厂职工继续发扬"三线"人艰苦奋斗的精神,进行第二次创业。

1991年6月9日,国家计委国防司张家麟副司长、国家建设银行高晓民处长、王邵民科长、兵器总公司规划局谭凯处长一行来四川考察"三线"企业，鲁大东主任指派我与规划二局黄少云处长陪他们去重庆考察，并叮咛看看大江厂现场。6月20日陪张家麟副司长到了大江厂工地，西南兵工局基建处长汪珑介绍了情况，袁贞友厂长及平山厂党委章秉康书记、张昌禄副厂长、廖俊清计划财务处长领我们看了他们在大江厂旁边的厂址，张副司长是基建专家，看了大江厂3000多亩地的范围，视野开阔，临近长江，离市中心26公里，交通方便，非常赞赏。他认为在重庆很难选到这块地方，要充分利用这块土地，肯定了平山、庆江、青江厂的规划，定点在巴县（后改成巴南区）渔洞，不能再三心二意。铸钢厂并入望江厂老厂建设方案，要花3亿多元，钱从哪里来？不现实，"三线"调迁还是穷搬家，建议改点到渔洞，产品为大江厂配套。兵总谭凯处长支持张家麟副司长意见。回到成都后，鲁主任主持国三办办公会议，我汇报了考察组意见，鲁主任明确指出，兵总下属调迁厂，只要大江厂还有空地，尽量靠拢，将渔洞建成一座重庆卫

2002年10月11日，重庆市委副书记周春山一行在大江厂车间参观

233

星城。赞成撤销铸钢厂与望江厂老厂合并方案，改点到大江厂旁建设。

1992 年，兵总规〔1992〕105 号文《关于编制大江厂建设规划的通知》，将庆江厂、铸钢厂、青江厂并入大江总厂搬迁规划中。加上平山厂，扩大了大江总厂的规模。真是条条大河汇大江。

又是一年过去了。鲁主任关心青江厂调迁准备工作进展情况，我们通知袁贞友厂长到国三办汇报。1992 年 12 月 8 日下午，鲁主任在家中接待了袁厂长，还应他要求，为工厂题了词："努力发展生产，加快脱险调迁步伐，为国家多作贡献。"鲁主任在条幅上还端端正正地盖上了鲁大东的红色印章。鲁主任的题词内容极大地鼓舞了全厂职工。1996 年在渔洞建成了第一条 8000 吨热模机生产线，建成一条、投产一条，2002 年工厂生产线全部搬到新址 27000 平方米厂房，单 2003 年就生产微型车曲轴 59 万根，实现了鲁主任提出的"新的厂容厂貌、新的生产水平、新的管理"的要求。职工年平均收入 1 万多元。袁贞友厂长前年退休了，在厂长位置上，他没有愧对上级尤其是鲁大东主任的关怀，终于把职工家属从大山深处带出来了。工厂生产能力与产品成了大江集团的一支重要力量，30 多岁的胡永毅厂长上任后，干得很出色，努力为大江集团和国家作贡献。他让人将鲁大东主任的题词条幅挂在新厂会议室，不断激励职工，再铸辉煌。

领导的关怀　巨大的鼓舞

当时任国务院副总理的邹家华工作十分繁忙，但还分管国家"三线"调整工作，经常到一些"三线"调迁企业视察指导工作，解决重大问题。

1995 年 4 月 10 日上午，邹家华副总理及陪同前来的国家计委副主任、三峡办主任郭树言，重庆市市长刘志忠及常务副书记金烈等领导 60 余人，兴致勃勃地踏上了大江总厂 5701 厂房建设高地。

为了更好地向上级领导汇报大江总厂的工作，使上级领导对工厂的规划、建设、发展有个全面的认识和了解，工厂领导特意安排把总厂大型平面示意图板从厂部会议室搬到了大江总厂5701厂房建设高地。邹副总理不时指着平面图版询问总厂的整体规划、产品发展方向、工艺配套能力、基础建设设施等情况，尤其关注交通运输等问题，如长江边新建码头的吨位、吞吐能力、厂区运输和物流的回转，等等。

邹副总理听得认真，问得详细。邹副总理指出，大江厂一定要从总体的规划上结合自身的实际，发挥优势，搞出特色；要着眼全局、研究市场、开发产品、搞好配套；要注重基础设施的建设；要重点考虑交通运输的问题，保证原材料进得来，产品出得去；大江厂这么大一块，一定要统筹规划建设好，项目要像开发区建设一样：搞一个，成一个，出一个效益。

这一年，是大江总厂建设发展的转折之年。

1996年12月15日，时任国务院副总理吴邦国到大江厂视察长安铃木汽车有限公司。肯定"三线"调迁企业合资合作开拓市场的做法，大江厂抓住了这一机遇。

1997年12月16日，在重庆直辖市挂牌前夕，时任国务院总理李鹏在重庆市委书记张德邻、市长蒲海清等领导陪同下，来到大江厂视察长安铃木汽车有限公司。李鹏总理对"三线"企业调整工作很关心。1991年在中央专委工作会议上，讲到国防工业科技成就时，他肯定这几年军转民、"三线"调整两个方面取得了显著成就。1989年9月李鹏总理审查批准了"七五""三线"调整规划的121个项目，其中就有大江总厂。8年后，他亲临该厂的建设现场，而且看到了大江地盘上的合资合作成果，显得非常高兴。

1996年10月24日，以时任全国政协副主席孙孚凌为团长的全国政协代表团一行60余人，参观考察了大江厂的规划、建设和发展前景，使代表团感到满意。有的代表说：到过一些"三线"工厂，有的在山里，有的则刚搬出来，但看到大江厂集中几个厂在一起迁建，有创新，也便于组织现代化的生产经营，这个规划措施好，也开了眼界。

正是在国务院、有关部委、省、市、县各级领导关心指导下，大江的建设者们继承和发扬兵工传统，克服重重困难，把辛勤的汗水洒在了这块充满希望的土地上，用勤劳的双手托起了一轮新的太阳。

资金，资金，大江新生

1990 年 5 月 17 日，大江工业集团工程破土动工，建了一部分工程后，由于资金短缺等原因，工程停停打打，矛盾重重，部分工程处于半停工状态。上级领导决定调整大江工业集团领导班子，加强调迁工作领导，扭转被动局面。时任庆江厂党委书记、代理厂长的王培健出任大江总厂党委书记。不久，组织上又让他当厂长兼党委书记。

王培健在 9 月 27 日的中层以上干部大会上作了热情洋溢的讲话。考虑几个厂合并在一起迁建，最难的是团结问题，他还说了一段顺口溜："前任艰辛建大江，大江总厂披新装，吃水不忘挖井人，新老团结有希望。"建设全线停工，没有资金来源，王培健书记心急如焚。5 个厂资金统贷统还，统一建设，工厂已自筹的资金用完了，国家计委批准第一次调概算从 1.98 亿元，调到 3.15 亿元，加上银行利息提高、钢材涨价，还施工单位工程款，调整后净增的 1.054 亿元也用完了。王培健书记在厂领导班子中统一思想、统一认识，亲自抓第二次超概算工作。1994 年 8 月，大江工业集团主要领导徐永祥调上海浦东开发区工作，书记、厂长由王培健一担挑，他整整跑了北京一年多时间，终于将第二次超概算资金批下来，但历经艰辛，酸甜苦辣的滋味都尝够了。

第二次超概算申报 3 亿多元。王培健厂长将这一情况向中国兵器工业总公司王德臣副总经理汇报。王总表示，实事求是，如实向国家计委、国家开发银行汇报，兵总规划局、建设局派人一起帮助跑。最终得到了兵总领导理解，王培健厂长闯过了第一关。王培健厂长向国家计委秘书长白和金汇报了两小时，白秘书长对国防司、投资司、甘子玉副主任的李力秘书打了招呼，要他们认真听取王厂长汇报。提出解决意见。国防司王贻素副司长见王培健厂长来了，听了汇报后觉得有道理，感到总不能搞个"半拉子"工程。表示与投资司商量，给国家计委甘子玉副主任写个报告，然后由计委下文请国家开行评估。不巧，国家"三线"领导小组组长甘子玉副主任要去新疆出差，来不及听王培健汇报，李力秘书答应在飞机上向甘副主任汇报大江工业集团第二次超概算情况。几天后，甘副主任返京签发了批文，转送国家开发银行。开发银行积压了一批"三线"调迁项目需要评估，一时接待不了王培健。王培健就利用开发银行午饭后的半小时去汇报。与几位助手下午2点钟才买几个饼充饥。他们的行动感动了开发银行领导与工作人员。开发银行机电局叶富荣局长带队到大江实地调研考察，叶局长算了一笔大账，盖那么一大片厂房，附属工程，花六七亿元是不多的。回京后，向国家开发银行专委会写了专题报告。1994年5月，专委会韩盛启司长带领几位专家又到大江对工程进行评估。

很快拿出了专家评估报告，同意大江第二次申请超概算报告，净增投资3亿多元。

1995年7月，大江现场工程全面复工。

1999年国家有个债转股的机遇，为此把整个调整过程中的贷款及技改贷款转为债转股。经批准，大江减少支付银行利息6000多万元。负债率从95%下降至51%，缓解了公司资金困难，带来了发展机遇。12月26日，大江工业集团完成了对7家工厂注销企业法人取消代号等工作。加上原兼并两厂，大江工业园区圆满实现了"九九归一"的目标！

"龙"入"大江"宏图展

大江工业集团属下的 9 个企业从大山沟搬出来，正在培育和打造自己独特的大江文化，促进大江经济的发展。真是虎入平原天地宽，"龙"入"大江"宏图展！

2003 年，大江工业集团公司的领导班子进行了一次彻底的调整，年轻化了。48 岁的江信亚总经理，精明能干，朝气蓬勃。与雷荣庆党委书记搭配的领导班子，发展思路清晰，勇于开拓进取，有"137"战略目标、有切实可行的工作措施，重铸大江文化，推动大江集团的发展，充满全胜的信心，让渔洞镇大江工业园这块热土成为西南地区最大的汽车零部件加工基地。

江总回眸调迁过程，他们坚持了"四个结合"，即"三线"调迁同产品结构优化和能力结构调整相结合；同技术改造和引进相结合；同资产重组和改革改制相结合；同地方经济发展与振兴相结合。由于在调整中坚持了"四个结合"，从而使经过调迁的企业不仅有了新的生产经营环境和技术装备，而且在转换经营机制，建立现代化企业制度等方面也迈出了坚实的步伐，基本实现了军民分线，主辅分离；企业产品结构得到优化，有了自己的主导产品：特种车辆、车辆零部件，有军品也有民品；现在地方经济融合度也有了进一步的提高；企业经济效益得到了明显回升，职工队伍稳定。在大江工业园区形成了大江工业集团有限责任公司（母公司）属下的子公司大江信达车辆股份有限责任公司，即原九厂生产部分改制形成，下设军品、专用车、工程机械、车桥、变速箱、工模具、转向器、齿轮、锻造、铸钢、冲压 11 个生产厂；全资子公司有房产、建设、动力、机电、运输、科技、物资、庆江机电制品、开诚汽车零部件、泰丰经贸、物业管理 11 个公司；合资合作企业有同长安集团与日本合资的长安铃木、平山泰凯与台湾合资的大江渝强、与美国合资的长安李尔内饰、国有与合资企业合资的江达、与私人合作的大江美利信有限公司共 6 个。职工平时开玩笑说：大江土地上"共军""国军""皇军"三军，全民私营合作经济，多种所有制共存。群策群力打造西南制造加工的车辆基地。

大江工业集团在 2000 年资产重组后，正在摆脱困境，走向新生。2001 年实现销售收入 40138 万元，2002 年实现销售收入 69554 万元，2003 年实现销售收入 102391 万元，首次突破 10 亿元大关，每年以两位数的速度快速增长。原 4 个列入破产的企业都焕发了青春，走向了持续发展的路子。改革给大江带来了生机，带来了新的活力。改革开放的阳光普照在大江每一个角落，使这个投资主体多元化的工业园区熠熠生辉，生机盎然。

江信亚总经理头脑清晰，他与我交谈中，看到了大江集团存在的问题。他说，厂房、高楼林立，绿树成荫，职工骑摩托车上下班，车水马龙，一派生机，那是表面繁荣。深层次的问题还很多，困难还很大。大江还没有自己的品牌，大江名字不响，不像"嘉陵""长安"成了名牌商标，我们要追赶"嘉陵""长安"，用一流的技术生产经营一流的产品。让大江成为名牌商标。现在的一般职工还不能骄傲地说："我是大江人"，还没有成就感，机制与效益方面还不足。要走合作合资的思路，每个分厂、每条生产线都可以合资，为汽车零部件配套，达到做强、做小巨人。加大新品开发力度，建立很强的研发机构，把各个厂的市场利用起来，创造精品工程，建立网络销售。走到这一步，首先要把大江的企业文化搞上去，将大江的传统文化与发展现代文化结合起来，落实科学的发展观。没有自己特色的企业文化，大江就不能健康地经营发展。9 个厂的文化、产品、效益、管理、职工思想素质、精神状态不完全一样，要进行磨合。企业发展思路与企业专业化很好地融为一体，形成大江统一而独特的企业文化，围绕企业专业化的发展，把生产能力调整好，资源调整好，形成规模经济，才能与时俱进。

大江目前处在改革发展的关键时期，他们制定了发展规划。坚持以邓小平理论和"三个代表"重要思想为指导，认真贯彻兵装集团 2004 年工作会议精神，按照徐斌总经理提出的"六年两步走翻两番"的战略目标，制定了 1 个目标、3 件大事、7 项工程的"137"发展战略。他们的战略目标是：2006 年在 2003 年的基础上翻一番，实现销售收入 20 亿元，公司整体步入经济快速增长，效益稳步提高的良性发展轨道，争取进入兵器装备集团前 4 强行列；2009 年在 2006 年的基础上再翻一番，实现销售收入 40 亿元，公司具备较强的盈利能力和竞争能力，实现把大江建设成为中国西部最大的车辆零部件和行走式工程作业机械生产基地的战略目标。紧紧围绕求发展这一中心目标，抓住机遇，调整战略，加快发展，扎实抓好三件大事，即"产品和产业结构调整、合资合作、组织能力建设"；实施七项工程："凝聚力、新品、精品、营销、组织、价值、绩效。"以转换经营机制为主体，以科学创新为动力，努力实现 2004 年销售收入 13 个亿，同比增长 30%的奋斗目标。

大江集团历届领导高度重视职工素质的提高，对职工群众性的体育工作从经费和人力上给予了大力支持。公司先后修建了 4 个田径运动场、3 个足球场、12 个篮球场、3 个门球场，并建成了老年活动中心、大江水上世界和露天舞台，便于增强职工体质、锻炼职工的意志，在消除疲劳、陶冶情操方面发挥了积极作用，使广大员工精力充沛地投入生产工作中去，发挥更大的作用，取得更好的成绩。大江企业文化开展得红红火火。

2004 年 4 月 20 日，在大江集团公司副董事长、原厂长、书记王培健带领下，江信亚总经理一行，专程来成都国防科工委"三线"调整协调中心（原国三办）首次汇报工作。吉大伟主任、张培坤副主任与李忠德、郭自力老处长认真听了江信亚总经理汇报，我们与李志卿老"三线"、老处长就完善工程验收交换了意见，新老朋友见面非常亲切。就大江工业集团债转股存在的问题，要求"十一五"期间继续享受"三线"调整优惠政策等，认真研究向上反映，继续为企业服务。大江人克服艰难险阻，开辟发展新天地，现在龙腾虎跃，展示"三线"调迁的实力，继续为振军威、扬国威作出贡献。

在庆贺胜利的今天，在迎接中华人民共和国成立 55 周年之际，"三线"办同志们，没有忘记与他们曾经风雨同舟为大江工业集团调迁作出辛劳奉献的各级领导以及一大批默默无闻为振兴大江作出巨大贡献的建设者。

（原载 2004 年 9 月 17 日《中国兵器报》）

七、沉甸甸的一袋小米

因为工作的关系，我对"三线"人有着一种特殊的感情，只要有机会，就想去看看生活在"三线"的老朋友。最近，我在西安开完一个会，3 月 28 日，我驱车沿着川陕公路去汉中，住在金江大酒店，第二天晚上，忽然接到城固县核工业 214 大队雷新虎队长的电话，说是中国核工业西北地质局牟庆山局长专门派局计划处张秉琦处长到城固，迎接我到队上"视察"。张秉琦处长原是 214 大队的老队长，也是我的老朋友。9 年前，他常到成都国务院"三线"建设调整改造规划办公室来联系和汇报工作，能在城固县他当年工作时的"老窝"见到他，我自然很高兴。第三天上午，我就乘车赶

1999 年 4 月 9 日，于西安合影。核工业西北地质局计划处长张秉琦（左），曾担任 214 地质大队队长，向王春才（右）作家讲述一袋小米的故事

去了。他背沉甸甸一袋小米的故事，仍然记忆犹新。

汉中平原的春色十分迷人，眼前的田畴，一片无边的金黄，油菜花香飘拂在温暖的春风里，平坦的公路上汽车穿梭来往，一派祥和气象。刚到城固县城，正想打听214大队的驻地，放眼望去，一幢嵌有"核工大厦"四个红色大字的高楼，在阳光下格外醒目，我估计这就是调迁后的214大队了。

对于"三线"一些企业从大山沟里迁进城后，大多盖起了新厂房、新住宅，这些我见得多了也不足为奇。但当我一进这个大门，眼睛不由猛然一亮：眼下不但是一片漂亮的建筑群，而且随处都是花草树木和草坪。这是214大队？还是哪个大学或是科研单位？我正在掂量，小车已在综合大楼门前停下了，从站在门前迎候的队领导中，我一眼就认出了张秉琦，他还是那副朴实敦厚的样子，一头乌发，眼睛闪亮有神，今天穿着一身深蓝色的西装，白领下面系着灰色的星花领带，他的整洁，看得出是对来访者的尊重。当我们紧紧握手之际，我看他仍像当年那么壮实，浑身充满活力，我问他今年多少岁了？他说："57岁了。"大家说，他是个乐观派，看上去最多40来岁。随即，张秉琦和队领导领着我在大院里参观。来到住宅区时，看见十几个离退休老干部正在打门球，雷队长和王新路书记把我介绍给大家。一位老干部拉着我的手说："感谢'国三办'帮助我们大队脱了险，也多亏秉琦同志，为了跑立项，不知闯了多少关口，跑破了多少双鞋，我们今天能住上楼房，安居乐业，一辈子也忘不了老队长的情啊！"张秉琦双手合拢，首先感谢这位老同志对他在214大队工作期间的支持，并且真诚地说，首先应该感谢国务院"三线"办主任鲁大东同志，他将我们大队列入了国家"三线""八五"脱险调迁规划，才有今天这个美好的基地。张秉琦这几句简单的回答，一下子打开了我记忆的闸门，时光隧道展现出9年前的一些往事：谁能想到，就是这个在困难面前从不皱眉的硬汉，为了脱险调迁，历尽周折，也曾流下过滚烫的热泪，甚至还"扑通"一声跪在地上……

山沟里的探宝人

张秉琦 1942 年出生于陕西户县一个农民家庭，在苍游小学读书，1962 年在户县三中高中毕业后，考入北京地质学院，攻读水文地质、工程地质专业。因为品学兼优，1966 年 4 月就在学院加入了中国共产党。1967 年毕业，1968 年 7 月被分配到中国核工业西北 182 大队，直接到新疆军区后勤部报到，又分配到骑兵一师炮兵团锻炼，1970 年 4 月才回到 182 大队，再分配到第 14 分队（现在的 214 大队）。这个队是探某矿的，任务光荣而艰苦。他们常年在大山里转，啃的是干粮、喝的是冷水、睡的是帐篷。农民家庭出身的张秉琦，从小吃苦受累也成自然，对眼下的一切苦与累满不在乎，全身心都扑在探矿上了。他先后担任过找矿员、技术员、工程师、揭露队队长、工区副主任、职工学校校长、党总支书记、副大队长、大队长。他担任大队长后，工作上得心应手，整个大队的工作很有起色。但唯有一件事常使他坐卧不安，像一座山压在他的心里，那就是，多少年来全队职工没有一个可以安居乐业的基地，如果长期如此，不但影响工作，而且也影响队伍的稳定。好在这是一支能吃大苦耐大劳的队伍，大多数职工能够体谅国家的困难和领导的难处，他们从不讲条件和报酬，把青春和热血献给了大山荒漠。他们分布很广，在甘肃的徽县、西当、陕西的凤县、留坝、城固，后来又发展到内蒙和新疆。这是一支强有力的普查、勘探某种矿的专业队伍。20 世纪 80 年代初又调整为物化探综合大队，不搞钻探，搞小比例大面积的区域地球物理、地球化学调查工作。1987 年后，受国务院委托，在找某种矿的同时又找金，先后在陕西、山西评价了近 20 个某矿的矿点，给国家提供了具备综合利用价值的后备某矿库和一个小型砂金矿，为西北地质局这几年对找某矿的战略部署和贮量的重大突破作出了很大贡献。

就是这样一支为国家的核工业默默奉献的队伍，他们常年过的是离乡背井，居无定所的 "游牧" 生活。游牧人尚能逐水草而居，相对来说还比较安定恬适，而214大队所到之处，却不一定有水草，大多是荒山僻野，而且说走就走。说起来张秉琦的生活比他人还略胜一筹，因为他的夫人马明立是位工区医生，他白天在山上工作再苦再累，晚上回去虽说是简陋的家，但还可以享受妻子的体贴和温暖。而队里的大多数职工远离妻儿老小，风餐露宿，其困难可想而知。作为大队长，想起此事，能不揪心吗？秉琦他们的二女儿于1975年就在陕西略阳县工区山上的帐篷里呱呱坠地，儿子也是1978年在陕西陇县一个山沟的破帐篷里来到人间的。即便如此，队里那些单身汉及长期与妻子不在一起的职工，还用十分羡慕的口气夸他们有福气。秉琦夫妇对职工们的心情深有体谅，他俩只有用努力工作来回报大家。马医生待人十分亲切，为职工看病之余，还经常和大家一起在山上劳动，甚至临产前个把月，她还腆着大肚子扛钢管和材料上山。秉琦更是常年与战友们滚爬在一起，作为领导，他想得比别人更多些，说小一点，应该让这些长年在野外工作的找矿人有一个安定的家；说大一点，整个大队也应该有一个基地。这对事业的发展是大有裨益的。然而，要做到，谈何易。尽管主管部门领导对此也非常同情，也想解决，但是，资金从何而来呢？没有资金，再好的愿望也是泡影而已，也就只能这样继续发扬艰苦奋斗精神了。

家在汪洋泽国中

早在1964年214大队就在山西繁峙县组建了，当时的职工都分散居住在民房中。到1970年在城固建立队部时，已有8个分队250余人，但仍无固定住处，单身汉就住在城固天主教堂里，睡的是通铺和行军床。单身女职工和已婚职工只有租农民的房子住。张秉琦就是在1970年与另外两位同学到队上报到的，一时找不到住处，当时大队军管会和军代表就安排他们临时在一间民房栖身。房内只有两张行军床，三个大小伙子怎么睡？干脆不睡了，三个人就坐着吹牛到天亮。当时他们的唯一"财产"是一只旧炸药箱，里面装几件换洗衣物，甚至连热水瓶也没有，于是就从山上砍来木柴，架着大锅烧点热水，一口气拼命把肚子灌足，免得上山后口渴。生活上更是"军事化"，哨子一吹，开饭了，大家都蹲在地上吃面条，喝面糊糊，也没有什么菜，只要肚子填饱就行。作为搞地质勘探的人，他们的脸晒得黝黑黝黑的，衣服也破破烂烂的。队上还传着这样一件逸闻：前任大队长徐家凯是位行政十级干部，一次他乘火车，本该名正言顺享受坐软卧车厢待遇，可是列车员看见他戴顶破草帽，衣服也皱皱巴巴的，硬说他冒充"高干"，竟然赶他下车。这件讲起来是笑话、想起来心酸的事，使这位老同志感触良多，他下决心要为214大队建立一个营地，起码要让大家有个办公、住宿的地方。当时，由于受"三线"建设以粮为纲，不占良田好土的政策制约，只能搞"干打垒"，于是他们在城固县沙河营镇文川河大桥旁的河滩上，征了50亩地，河西建了实验室，河东建了办公室和住宅。有了这两处建设，野外普查分队的冬训和资料能在室内整理了，虽说不尽如人意，总算第一次有了个去处。这应该说，是214大队自建队以来的一件喜事，是应写入队史的。

然而，喜事没有让他们高兴多久，老天硬要为难他们。大大小小的险情不断地向这个简陋的窝巢袭来。1981年和1982年他们两次遭受洪水袭击，整个营地的围墙及两排平房被洪水冲倒，营地一片汪洋。所幸队领导们早有思想准备，事先加强了防洪警戒，及时将职工家属、仪器转移到了高处，同时组织敢死队，扎上木排、架着小木船在营地的泽国内武装巡逻，保护国家财产。后来，每到汛期，队领导与职工白天黑夜轮流值班，准备好车辆和防汛器材，随时准备疏散人员和财物。对他们来说，最大的潜在险情是文川河的上游那座1958年修建的水库，这座水库已多年失修，到处可见裂缝和沉陷，此地已被当地政府定为危险区域。一到雨季，山地的雨水就像千万头烈马汇集到水库内咆哮，倘若崩堤，30分钟内洪水就将吞没214大队整个营地。为此远在内蒙古和野外的工作人员，常常担心家里会出险情，整天心神不安。陕西省防汛抗旱指挥部已经发出文件，要求 214 大队迁出水患区。怎么办？全队领导经过认真研究，决定由张秉琦大队长向上级汇报，力争将 214 大队搬迁一事列入国家"三线""八五"脱险调迁规划。

四处奔走争"立项"

身负重托的张秉琦马不停蹄地赶到西安。核工业西北地质局、陕西省"三线"建设调整办公室听了张秉琦的汇报，极为同情，也十分重视，可是爱莫能助，他们拿不出资金来为 214 大队脱险搬迁，并转告说，地质大队还未列入"三线"调整范围，只能介绍他去国务院"三线"办公室（以下简称国务院"三线"办或国三办）汇报情况。张秉琦听后，心里一下凉了半截。但想到大队那么多双期盼的眼睛，那么多位迫切要求解困的职工，他并没有灰心，决心继续争取。于是又回到核工业西北地质局向局领导汇报，局领导支持并将报告修改成文，再报省"三线"办，经省"三线"办介绍去国务院"三线"办汇报。

为了使国务院"三线"办领导对大队险情了解和重视，张秉琦向西北地质局和地质总局领导建议，请两局领导出面领队去国三办汇报。总局王升学局长非常重视，派杨士文副局长负责，与西北地质局领导和 214 大队、219 大队领导组成汇报小组立即赶赴成都。时令也是 1990 年冬天的一个下午，他们在四川核工业局顾玉民局长陪同下，来到成都玉沙宾馆国三办会议室。分管"三线"调整工作的向嘉贵副主任认真听取了杨士文副局长、张秉琦大队长的汇报。向副主任对 214 大队的困难与险情表示同情与理解，按上面规定，地质大队虽在"三线"地区，但不属于"三线"调整行业，建议由核工业总公司首先审查并拿出调整方案，同时"三线"办再向鲁大东主任汇报请示。这次汇报会，让我第一次认识了张秉琦，从他的脸上可以读出焦虑和坚毅来。会议已经结束了，地质总局杨士文副局长继续留在会议室与我们交谈，张秉琦只好先走了。李忠德处长送他下楼时，他向李处长试探着问：核工业 3 个矿区已列入"三线"脱险规划方案，他们是否马上就可以开工？李处长告诉他：由于上项目的产品仍未选好，一时难于上马。张秉琦心领神会，脑子里又闪现出一丝亮光。回到招待所后，他向杨士文副局长透露了李处长讲的信息，认为争取进入国三办"八五"脱险规划还是有一线希望的。杨副局长为了进一步弄清情况，请李忠德处长到招待所又谈了一次。李忠德曾在国家核工业部计划局工作过多年，后调四川核工业局，1984 年调入国三办，在规划二局分管核工业"三线"调整，对核工业单位自然很了解。李处长走后，杨士文副局长要张秉琦写了一份国三办领导谈话纪要，由杨副局长签发立即电传给北京核工业地质总局。总局王升学局长马上向中国核工业总公司主管领导作了汇报，核总全力支持，并由计划司郝东秦副司长（现为江苏核电有限公司总经理），把核工业总公司研究的意见电话告诉"国三办"。

国务院"三线"办在一次办公例会上，由规划二局刘涤华局长汇报了核总公司要求列入三个地质大队进入国三办"八五"脱险规划的理由，研究是否作为特殊困难脱险单位补入。当时我任规划二局副局长，跟着谈了一下看法，支持刘局长的意见。鲁大东主任当时已经 70 多岁了，但每次会议他都第一个到会，而且听得很认真，亲自做笔记。听了汇报后，先征求向嘉贵副主任的意见，向副主任说可以考虑这个方案。最后鲁老说话了："核工业地质大队为发展核工业增强国防实力作出了重要贡献，他们长年累月在野外工作，甚至比'三线'工厂的职工条件还要困难，要关心他们啊！我赞成核总的意见，让三个地质大队脱险。他们应该有个窝，有个后方生活基地。"随即指示，先将他们列入规划方案，下个月在金牛宾馆召开"三线"规划工作座谈会议时，请部、省来的领导同志与到会代表讨论。

核工业总公司（以下简称"核心"）接到国三办回电话后，按程序，蒋心雄总经理、李定凡副总经理（现为中国核工集团公司总经理）当即批示转告核工业地质总局。王升学局长责成杨士文副局长、计划处朱寿生处长，准备材料，总局按核总要求写出申请 214 大队、219 大队、311 大队脱险专题报告并报核总。不久，"国三办"接到核总正式申请立项报告。

夜闯宾馆探消息

当时，张秉琦一直住在北京核总局招待所，焦急地等待着立项进展情况。听到这个消息后，他激动不已，心想 214 大队脱险有望了，但又喜忧参半。他深知国家的困难，调迁不是一件容易事，心里总觉不踏实，立项工作抓而不紧等于不抓，事不宜迟，还得继续争取。回到西安向核工业西北地质局领导汇报后，他立即回到队部，安排好队上工作后，连休息都没顾得上，又匆匆赶赴成都。

这时，即 1990 年 12 月 12 日至 14 日，国务院"三线"办正在成都召开"三线"调整工作座谈会，参加会议的有云南、四川、贵州、陕西、甘肃、河南、湖南、湖北及重庆市"三线"办主任，国家计委国防司、国防科工委"三线"办、航空、航天、核工业、船舶、兵器、有色金属总公司、机械电子工业部、化学工业部及财政部、税务总局、建设银行有关领导和业务处长。企事业单位不参加会议，但还是有一些"三线"基地、工厂领导在外面等候会议消息。张秉琦自然也不属入会之列，但在外面也打听不到什么消息。他想，干等不是办法。他灵机一动，在一天晚上，他坐着一辆外地牌号的小车开到金牛宾馆，大门口的武警人员手挥红旗挡住了小车，问是干什么的？张秉琦说："我是参加'国三'办会议的。"武警战士手持绿旗向院内一指，让小车开进去了。会议在东楼召开，张秉琦站在玻璃大门外，不见有人开门，也不知怎么进去。正在犯难，身子不由自主地贴进玻璃门，不想门却自动打开了，欢迎他进入大厅。这使张秉琦既觉新奇，又难免慨叹。"三线"人员长期在大山里生活，已经跟不上时代变化的步伐了，都快成"乡巴佬"了，难怪 214 大队引进不了人才，大学生毕业分配到队上，看一眼就走，再也不回头了。214 大队如果脱险调迁不了就不可能求得生存与发展。张秉琦总算找到了参加会议的陕西省"三线"办副主任文纯祥和宫光安同志，当他听说"国三办"规划名单中 214 大队已经榜上有名时，心中的一块石头才算落了地，高兴得连声说："谢谢，谢谢，我好像当年考大学似的，天天盼望录取通知书，总算录取了！"大家看着这个壮实的汉子高兴得像孩子似的手舞足蹈，都笑了。

"背来的是延安艰苦奋斗精神"

虽说还未最后敲定，张秉琦却相信调迁大有希望了。他心里充满了对"国三办"、核总公司、陕西省"三线"办，特别是对鲁大东主任的感激之情。倘若没有鲁老对地质工作的理解和支持，214 大队能挤上脱险调迁规划吗？他多么想去见见鲁老，当面表达他那感谢之情啊！张秉琦听说鲁老是河北人，几十年来出生入死，南征北战，现在已是 75 岁了，还在为国家建设操心，为"三线"企业排忧解难，是位德高望重的领导。他言语不多，对自己要求严格，大家对他既尊敬又有点害怕，有些企业领导不敢随便去拜访他。张秉琦是个细心的人，他怀着崇敬的心情，来成都之前，在西安买了 30 斤小米，每斤三角多钱，背上火车，到了成都放在核工业西南地质局滨江路招待所里。现在调迁有了眉目，他想，一定要去看望一下鲁大东主任。临离开成都的前一天晚上，他打听到鲁老的住处，请李忠德处长带路。鲁老住的是一幢旧式二层小楼。岗楼警卫战士打电话给鲁老，说陕西 214 大队张秉琦队长要拜访他。接着，警卫战士把他带到鲁老门口，他将那袋小米放到墙角，在客厅里等候鲁老接见。鲁老听说客人到了，立即关掉电视机，沿着铺有红色地毯的木楼梯，从楼上走了下来。张秉琦看见一个瘦高个的老人，头戴白色帽子，身着蓝色夹克，好像网球场上的老年运动员，显得很有精神。张秉琦望着满面笑容向他走来的老人，这位从不流泪的汉子突然热泪盈眶，情不自禁地"扑通"一声跪在了老人面前。

鲁老愣了一下，他有点激动，急忙拉起张秉琦，连连说："小伙子，快起来，快起来，使不得，使不得！现在不兴磕头礼。"接着，两人在沙发上坐定，张秉琦自我介绍道："我叫张秉琦，是214地质大队队长，我代表2000多职工、家属来看望鲁老，祝您健康长寿，对您关心地质大队的脱险调迁，衷心感谢。"鲁老说他曾去过汉中航空012基地，有机会的话，他要去队上看看大家，同志们为国家找某矿辛苦了，不应该忘记你们，你们应该有个家、有个窝。这时，李忠德处长也来了，他向鲁老汇报，214大队已列入"八五"脱险调迁规划方案。鲁老强调说，如果国家批准后，工程质量一定要搞好，要创"三新"（新的厂容厂貌、新的生产水平、新的管理）企业。张秉琦在笔记本上记下了鲁老的指示。李忠德处长指着墙角那袋小米，向鲁老说，这是张队长从西安背来送给鲁老的小米。张队长忙说，不是公家送的，是我个人花钱买的，不值几个钱，请鲁主任收下。鲁老听说是张队长从外地背来的小米，他站起来拉着张队长的手连连称道："你能吃苦，从老远为我背来沉甸甸的30斤小米，使我想起，在艰苦的战争年代，咱们靠小米加步枪取得了一个又一个胜利。我在延安待过，还参加过中国共产党第七次代表大会，大会号召艰苦奋斗，我们任何时候都不能丢掉老传统。你背来的不只是小米，背来的是延安艰苦奋斗的精神，难能可贵。保持延安艰苦奋斗精神，同样也能打好建设硬仗。小米我喜欢吃，多年未尝到了，你个人花钱买的，我收下，让全家人都尝尝，不忘延安精神！谢谢张队长一片深情，回去后，请代我向大队各位领导和全体职工、家属问好！"鲁老一直把张队长和李处长送出门外，看着他们在路灯下慢慢地远去。

艰苦奋斗创新业

1991年元旦过后，国务院"三线"办在北京国防科工委远望楼宾馆召开第七次"三线"领导小组会议，正式批准214大队、

219 大队、311 大队列入国家"八五""三线"脱险调迁规划。经过紧张准备，不到两年时间，214 大队就在城固县建成了新型基地。在新基地筹建时，214 大队成立了大队"三线"调迁领导小组，由张秉琦任组长，总经济师周德志任指挥长，开始了第二次艰苦创业。做了选址、勘察、设计等大量工作，自力更生搞建设。1996年 12 月，中国核工业总公司举行现场验收大会，验收委员会评价214 大队新基地建设快、质量好、投资省，原预算 2650 万元，不但没有超，而且节省了 31 万元。达到了鲁大东主任指示创"三新"的标准。职工欢天喜地搬进 11 幢住宅楼，男女老少从此有了个安定的窝，工作和生活上了一个新台阶，在野外工作的职工解除了后顾之忧，干劲更大了。不论前方和后方，他们集中精力抓生产和经营，搞得有声有色。1998 年全队创收 500 多万元，1999 年实现创收 700 多万元。职工 500 多人，去年人均收入 6000 多元，离退休职工 1500 多人，平均收入 7000 多元，每月都能按时发放工资。由于实行了新的劳动分配制度，有些岗位职工收入大大超过了平均收入。

当年的 214 大队脱险调迁功臣张秉琦，1991 年 6 月调到核工业西北地质局。那次他回去搬家，原准备悄悄离开的，却走漏了消息，接任大队长欧阳正元与一大批职工和家属自发来为他送行，一个个依依不舍地跟他握手，感谢他为 214 大队做了一件大好事。张秉琦百感交集，在一声声"再见""保重"的告别声中，他的眼里噙满了热泪。汽车开动了，他望着车外那片河滩上的旧营地，一幕幕艰辛的往事涌上心头。"他们应该有一个窝。"他想起鲁老说的这句话，这句话里包含着对"三线"人深深的关爱。他想，一定不能辜负党和政府的关怀，一定要把调迁工作搞好。调到局里工作后，在分管这项重点工程的李小龙副局长领导下，他对 214 大队的调迁工作，依然倾注了全部热情。

十年过去了。当张秉琦陪我来到这座花园似的新基地时，我们都能听到时代前进的脚步声。看看身边这位陕西汉子，正是他的不懈努力，才使 214 大队有了今天，而且还带动了核工业总局七个大队先后列入国家"三线"脱险调迁规划，但他依然像当年那样朴实热情。可惜鲁老已在 1998 年 8 月 28 日去世，如果他还活着，我想他一定会来看望大家的，一定会握着张秉琦的手说：现在生活工作条件好了，切记不能丢掉艰苦奋斗的传统啊！

（原载 1999 年 12 月 15 日《军工报》、2000 年 1 月 18 日《中国兵器报》《鲁大东纪念文集》摘登。本文获陕西《军工报》"祖国在我心中"征文二等奖）

八、三到东汽

已经记不清楚我去四川德阳市东方汽轮机厂（以下简称"东汽"）学习、考察过几次了。但其中3次我记忆犹新，现记录于此。仅将此文献给默默无闻为国家作出重大贡献的东汽厂广大职工！

一到东汽

第一次到东汽，是在1995年4月18日。同行的有四川省"三线"建设调整改造办公室的赵伟副主任。我们是带着课题去考察，论证东汽该不该列入国家"九五""三线"企业脱险调整规划。之前，东汽向国家计委"三线"办和省"三线"办报送了工厂险情报告。"国三办"张培坤副主任与李忠德、郭自力处长已经考察过东汽，张副主任催我抽时间也去东汽看看。

为了增加对东汽的了解，临行前一天，我认真阅读了马胡声同志发表在《中国大"三线"报告文学丛书》的纪实文学《东方之声》。

一大早，我们从成都出发，预计在10时左右到达位于绵竹县汉旺镇的东汽。车行至广汉一路口，一辆解放牌军用卡车从后面驶来，将我们坐的小车撞飞十几米远。小车被撞烂了，所幸无人员伤亡。后门打不开，我只好从汽车前门爬出来。这样的车祸，从1961年算起，我已经遭遇过6次了。赵副主任问我还去不去东汽，我说："去！东汽领导正等着我们呢！不能失信。"

车祸的责任方在军车，司机是个新手，部队领导很快赶来处理，广汉 174 厂张彦博副厂长很关心，立即派来一部小车，将我们送到东汽。

东汽十里厂房，分布在龙门山下，东汽人历经 30 年风雨，生产出中国大量优质大型发电设备，为我国机械、电力工业、国防军工作出了巨大贡献。但是，在建厂初期，由于受"分散、靠山、隐蔽"六字方针的影响，遗留下许多问题，厂房建筑标准也很低。目睹被山洪冲垮了的防洪堤，我的心情十分沉重。厂房倒槽板屋面漏雨严重，一旦下起暴雨，设备、产品被水浸泡，损失惨重。考察了现场后，我对陪同的张绳铨厂长等领导说："你们申请脱险的报告情况属实，险情确实严重。"赵伟副主任表示："省里将你们厂列入'九五''三线'调整规划方案，请你厂再向机械工业部汇报，争取部、省取得一致意见，'国三办'正在汇总各部、省规划方案，对项目进行排队。现在还不能说你们能进'笼子'，但你们可以着手编制就地脱险调整方案，东汽厂经济效益还不错，可争取被列入国家'三线'脱险'单给'项目，'双给'项目挤不进去"。几位厂领导当时对国家'三线'调整政策不太熟悉，问我什么叫"单给"项目。我向他们讲了一个小故事："最近我去自贡市参加晨光化工研究院建院三十周年庆典，我在大会上发言，宣布国家给晨光院享受'三线'调整优惠政策，也就是'单给'项目。与会者没有反应过来，我强调，政策就是钱，会场上顿时响起雷鸣般的掌声。"张绳铨厂长、厂党委何木云书记表示：东汽如能争取到"单给"项目，也就满意了。

第二天上午，几位厂领导到招待所来送行，张厂长风趣地对我说："老乡，'国三办'作规划，请笔下留情哟！"我向他挥手告别道："请放心！我们会尽力的。"

同年 5 月下旬，国家计委"三线"办在昆明召开了"九五""三线"调整工作会议，编制了"九五""三线"企业脱险调整规划初步方案，东汽厂榜上有名。

同年 9 月 18 日到 20 日，在北京召开了国家计委"三线"领导小组第一次会议，领导小组成员由 28 个副省长、副部长以上领导组成。组长甘子玉（国家计委常务副主任）、副组长怀国模（国防科工委副主任、中将）主持了会议。国务院邹家华副总理到会作了重要指示。在会上，我代表"国三办"汇报了"八五""三线"脱险调整情况，"九五""三线"脱险调整具体意见。大会发言时，机械工业部孙昌基副部长在汇报行业"三线"调整规划方案的同时，为东汽困境大声疾呼。他原来曾任东汽厂长，对东汽险情了如指掌，自居高位之后，时刻记挂着东汽厂的安全……

东汽厂被国家正式列入了"三线"调整"九五"脱险"单给"规划。

二到东汽

1996 年 7 月 26 日，我第二次来到东汽。

东汽有位与杨勇将军同名同姓年轻的工作人员，故大家都戏称他为"杨勇将军"。"杨勇将军"负责对外联络，同厂基建处王超副处长多次来"国三办"汇报联系工作。这一次他和江海燕秘书来"国三办"，转达东汽厂领导、厂工会王希才主席意见，盛情邀请"三线"办职工家属去东汽看看。"三线"办机关工会主席李忠德、副主席蔡海珍接受了这一邀请。他们认为，这是了解"三线"职工、与"三线"职工建立感情的一次机会，于是利用双休日组织了这次联谊活动，参加活动的职工家属共 47 人。

我这次来东汽，没有压力感，人也格外轻松。省"三线"办在绵竹县城专门为东汽厂享受国家优惠政策召开了协调会，得到当地政府特别是税务部门的大力支持，按期退税，为东汽"三线"调整筹集了资金。"国三办"吉大伟副主任很重视这次会议，也到会指导。现在，该厂改道的防洪沟已经收尾，综合楼、住宅、学校已在新址动工兴建。

上午，车到招待所，稍作休息，我们便在分管基建的副厂长常相如的带领下，参观了工程建设；晚上，厂工会与"三线"办工会组织了联欢，唱歌、跳舞，气氛热烈，大家玩得很开心。当晚，下起了雨。第二天，东汽的王超副处长、余家喜科长带领我们冒雨参观元朝古建筑三溪寺；中午，在绵竹县城就餐。有人建议我带头唱一支歌助兴，我虽唱不好，但贵在参与吧！于是就邀请江海燕编辑一同对着电视机唱《康定情歌》，掌声之后，大家争拿话筒放歌；晚上，厂工会组织大家看电影《绣女》，久居大城市，在山沟里能看到电影，真是别有一番感触！正在省人民医院住院的张绳铨厂长专程回厂看望我们，令大家十分感动……

前一天晚上开始下的雨，一直没有停，到看完电影出来，外面已是滂沱大雨。这时我们获悉，厂区车间已经浸水，办公大楼积水已到膝盖深，厂领导和职工们已经投身到抗洪抢险中去了。"三线"办职工们看在眼里、急在心里，有人要求参加抗洪工作，被厂领导婉言谢绝了。在这种情况下，我与"三线"办吉大伟副主任和机关工会领导商定，为不增加工厂麻烦，"三线"办职工家属提前离厂。7月28日早餐后，我们上了返程车，车子启动了，我们见厂党委何木云书记、常相如副厂长打着雨伞，穿着高筒雨靴，站在大雨里向我们挥手送行……

车上，"国三办"的职工家属们的心情久久不能平静，他们亲眼目睹了"三线"职工艰苦奋斗的一幕，切身体会到东汽脱险调整的必要性，在政策上给予更多扶持的重要性。同时，激励我们不断改进机关工作作风，进一步为"三线"企业排忧解难，努力服务。

三到东汽

2002年11月24日，我第三次来到东汽。

我在参观绵阳核工业九院与解放军29基地后，特意想去东汽看看。这时的我已经退休几年了，其间还生了一场大病，刚刚康复不久，已能走路了。但我仍惦念着与之建立深厚感情的"三线"企业与"三线"人。

车驶出绵阳以后，我有些后悔，事先未对东汽厂厂办打招呼。车至东汽后，办公大楼值班的同志很客气，为我打通了常相如副厂长家的电话。我心中有些不安，又要打扰他难得的休息了。远远地，我看见常副厂长从桥头急匆匆地赶来，我迎上前去与他热烈握手。几年不见了，他头上添了丝丝白发，但仍然充满活力。

常副厂长将我们一行引到厂党委副书记王志红办公室。她今日未休息，正伏案写文稿，见我们到来，立即放下手中的笔，热情地让座，并与我们交谈起来。不一会儿，厂党委副书记王超、基建处长余家喜、基建处技改办主任杨勇、厂办副主任魏涛集中到了会议室。之后，我们进行了座谈。

从座谈中我和随行的几位同志都了解到，国家给东汽厂享受"三线"调整政策已发挥了作用，生产厂房、职工住房、子女上学、就医等综合条件有了较大改善，职工生产积极性得到进一步调动，经济效益不断提高。东汽厂由于利润大幅度增长，纳税多了，退税也相应增多，每年退税2000多万元，预计"十五"期间，每年退税将达到3000多万元。用于工厂就地脱险调整改造。该厂现在8000多名在职职工，离退休职工4000余人，人均年工资收入达1.5万元。座谈中我们还得知，现任厂长许正威、党委书记高青鹤，正齐心协力推进"一改二化三突破"，积极开发非轮机产品，将东汽建成适应市场经济需要的现代化的大型企业。看着东汽呈现出的惊人变化和做出的可喜成绩，我感到东汽完全达到了原国务院"三线"办鲁大东主任提出的"三线"调整企业创"三新"的要求。"三新"即新的厂容厂貌、新的生产能力与管理机制、新的经济效益。

东汽是成功者！东汽为"三线"调迁企业树起了一个榜样！

在会议室，王超副书记高兴地站起来对大家说："难得聚会一次，我们到楼下广场合个影吧！"于是，他随即电话通知东汽实业开发公司党总支书记、副董事长孙岩松同志，带着照相机为大家照相。孙岩松同志是德阳市摄影家协会会员，很会照相。常相如副厂长安排以设备检测中心大楼、新世纪碑为背景，大家在草坪上站成

一排，孙摄影师精心地为大家照了好几张相。

东汽很美，留下了愉快美好的瞬间。

下午，我们带着东汽人的祝福与情谊返程。离别时，我萌生出写一篇文章以见证东汽的发展和东汽人的艰苦创业精神。当即我向王超副书记谈了我这个想法，他很赞成，并将《东汽厂报》热心的陈阳编辑介绍给我，将文章直接寄给陈编辑，在《东汽厂报》刊登。汽车启动了，缓缓前行，我在车窗内挥手：再见了！东汽人，祝你们新春快乐！万事如意！

2002 年 12 月 20 日写于成都

（原载 2003 年 1 月《东汽厂报》）

九、再到振华

我虽然离开工作岗位退休几年了，但与"三线"人结下的情谊一直让我不能忘怀。最近我又到了贵阳，2002 年 5 月 17 日首先去新天寨看看振华集团。3 年前，我到过振华。时间并不长，但振华大变样了，不知道小车从哪条路上才能开进振华办公大院。正在寻路时，前方大门横梁上，"〇八三基地" 5 个大字映入眼底，那就是振华集团的大门门口。集团调迁办副主任 4326 厂副厂长龙汉民同志早在办公大楼前迎候了。龙汉民算是"三线"调迁工作的老朋友了。他热情地将我引进办公室，他与刘文信主任向我介绍了"三线"脱险调迁情况，我听了，看了现场，非常敬佩与感叹。

"三线"建设，作为一个特定的历史概念，已经深深留在一代人的记忆里，它的建设成就是一代创业者自力更生、艰苦奋斗、无私奉献的结晶，振华人在贵州大山深处为此作出了艰难的努力。1983 年国务院对"三线"作出调整的决策，我有幸参加了这项工作，振华集团领导紧紧抓住了调迁的机遇，被列入国家"七五""八五""九五"调迁计划，经过十几年的建设，将荒凉的新天寨建成为贵阳美丽的科技城，尤其振华"三线"调迁的高科技让"卫星城"更加璀璨夺目。

申自强副总裁高兴地告诉我，陈清洁总裁非常重视"三线"调迁工作，将机制、产品实行优化组合，3 月 26 日，他主持召开了 4326 厂、4325 厂、891 厂、4433 厂加快调迁协调会，新云元器件发展公司，1983 年年底 1984 年年初几条生产线将迁入振华电子大

2002 年 5 月 17 日，王春才在贵阳新天寨中国振华电子集团公司参观电器生产线

厦。正在建设的 38 万平方米 16 层的大厦，规模之大，集中生产，便于管理，在整个"三线"地区独树一帜。更使我惊奇的是，整个工程由振华房地产开发、振华建筑公司承担。我见到裴永锐总经理、朱仲生副总经理亲自在现场组织抢建，争创优质工程迎接国家明年对振华"三线"调迁工程进行全面验收。

4326 厂胡钊仙副厂长与车间毛主任陪我参观了片区钽电容器生产线，通过技术改造，设备更新，生产线高度机械电气自动化，车间 160 多名职工，生产热情很高，人平均年收入一万余元，工资虽然不高，但也很不容易了。30 岁的毛主任说："这也得益于'三线'调迁，在山沟里就活不了。"几个月后，这条生产线也将迁入振华大厦，生产条件将进一步改善。

我很想了解职工住房及退休职工的生活状况。龙汉民副厂长陪我参观了新云小区，征地历时一年多，400 多户漂亮的住宅楼环抱草坝院坝。龙汉民是业余摄影师，以院内花木为背景，他为我照了几张彩照留念。我随便看了三户人家，由于房改，每家住房宽敞、明亮，进行了装修，木地板，铝合金窗，漂亮的家具，让人羡慕，所以我进入室内自觉脱鞋。住户异口同声称赞国家"三线"调整政策好，让工厂脱险迁入市区；否则，他们还在山沟里住"干打垒"呢。

我去老友孙汉同志家小坐，他与夫人去深圳女儿处居住半年，前几天带着外孙女回来了，正在家中打扫卫生。深圳天热了，他们又回到凉爽的贵阳来住，有人称他们是"气候鸟"，冬去夏归。振华退休职工像孙汉这样的"气候鸟"还不少。龙汉民副厂长的女儿也在深圳工作，家中只有夫妇二人，夫人吴君梅退休在家，我与同行的姚春根、戴学军友人走访了龙汉民住处。一进门见到长方形的透明的金鱼缸，数条金鱼在水中翻滚，姚、戴2位家中也养了金鱼，但养不活，请教吴老师，她讲了养金鱼之道，关键是净化水。吴老师说，她退休后一是养金鱼，二是种花养花，汉民喜欢照相，互不干扰。汉民架起了照相机，自动摄下了我们聚会情景。我在大"三线"地区走访过千家万户，走进"龙家照相馆"还是第一次，别有一番情趣。

向性双书记5月21日在百忙中会见了我，并告诉我，正在对离退休职工制定若干具体规定，使他们尽量解除后顾之忧。集团党委宣传部许克忠老部长、左国顺部长、殷宜兴副部长就继续发扬"三线"人的"三献"精神与我进行了交谈。集团公司正在着手制定企业文化建设纲要和职工行为规定，牢固树立"诚信、创新、务实、高效"经营管理理念。"跳出山沟、跳出沿海、跳向世界"的振华集团前程似锦。

因为"三线"调整的工作关系，我到振华记不清有多少次了，一些老朋友退休了，又结识了一些新朋友，年轻的陈中副书记就是我刚结识的一位。他们都很热情，我到了振华，就像回到了温馨的家，没有人走茶就凉的感觉，甚至茶水还升温了呢，这缘于情系"三线"。

（原载2002年6月1日《振华报》）

十、艰难崛起的重庆"三线"

2006 年 5 月 18 日，在重庆船舶工业公司杨本新总经理、杨璞党委副书记的安排下，我来到了江津增压器厂，厂党委陶克健书记、周忠清常务副厂长、沈世平政工处长、094 职工医院张志军院长、高晓刚书记热情接待了我，我们都是老"三线"人，有共同语言，座谈时不忘当年"三线"艰难岁月情，如今"三线"精神仍然是职工的凝聚力，推动崇高事业的发展，沈世平处长、岳德强编辑陪我参观树荫下的马路、厂房，山顶上的 094 医院几幢住宅楼和医院楼仍然是石头砌的墙。当年"三线"人因地制宜、因地取材是当地"五匠"的杰作，具有长期保存使用的价值，岳德强记者为我们照相留念。

江增厂、094 医院领导实事求是，不是一提"干打垒"就一风吹推倒，能用的尽量用，这是老"三线"人一贯艰苦创业的作风。陶克健书记告诉我，重庆市园林局、环保局领导看了他们厂区参天大树覆盖的路廊，到处鸟语花香，赞叹不已，真是前人栽树后人乘凉，老"三线"人战天斗地抢建"三线"的大恩大德我们永志不忘。20 世纪 60 年代初期，重庆没有什么船舶工业，"三线"建设填补了这块空白，经过 40 年的努力，大量的潜能开始释放出来。往事悠悠又勾起了我们深深的回忆，留下永恒的纪念。今年是江增厂建厂 40 周年，仅向全厂职工表示热烈的祝贺。

光阴似箭，岁月如梭，一晃几十年过去了。弹指一挥间，今年是"三线"建设 42 周年了。每当抚今追昔，或是老友重逢，感叹时代巨变时，作为经历"三线"建设和"三线"调整的人们，有太多的回忆、感叹和自豪。

"三线"建设是一幅雄伟壮观的历史画卷。它开拓了我国西部地区经济建设的新局面，也为以后向纵深发展打下了一些基础。

"三线"建设，是老一辈革命家的战略决策。20世纪60年代中期中苏关系紧张，党中央从战略高度需要和国家长远的建设布局考虑，决定开展大"三线"建设。1964年8月，在中央书记处会议上，在谈到"三线"建设问题时，毛主席表情严肃地说："机不可失，时不再来。内地一天建设不好，我睡不好觉。"会后，有关方面立即确定了"三线"建设的布局。

大规模的"三线"建设一直延续到20世纪70年代末期，其间形成过两个高潮，第一次是1965年，不久即因"文化大革命"受到严重干扰。第二次高潮是因1969年中苏边境发生"珍宝岛事件"，许多"三线"企业都建于这段时间。在那17年中，国家投资2000多亿元，建成2000多个大中型项目，四川是战略大后方，投资项目占全国四分之一。尤其"三线"造船工业沿长江川东山区布点建设，填补了四川造船工业的空白。那时我在中共中央西南局国防工办基建规划处工作，工办蒋主任（后任电子工业部副部长）、赵新民、李天民副主任、田栋梁基建规划处长，让我协助第六机械工业部选厂组工作。"文化大革命"动乱严重干扰了"三线"建设，冒着生命危险开展选厂址工作的往事，如今仍历历在目。

中共中央西南"三线"建设指挥部组织了多种行业的选厂工作组，有43位部长、副部长参加。第六机械工业部由刘星常务副部长带领选厂组出没在四川彭水、武隆、涪陵、万县、江津、永川山区，跋山涉水，选择百余个厂址方案。山再高他要爬，洞再深他要钻，无一处不亲身勘察。尤其是在那动乱的年代，四川武斗激烈，他从不顾个人安危，在枪林弹雨下往返川东地区，给"三线"建设职工很大鼓舞，而且留下极其深刻的印象。"文化大革命"动乱中，大家关心他的人身安全。记得有一次，刘副部长坐车在途中被"造反派"拦截了。

　　1967年1月28日，天很冷，刘星副部长穿着棉大衣在万县船舶一套仪表厂工地检查研究工作，突然接到北京部机关电话，要他立即返京，在万县军分区一辆军车的护送下，小车去达县机场。晚上两辆车拉开一段距离后，不知怎么分开了。刘星副部长乘的小卧车被长寿县化工厂的"造反派"拦住盘问，并将小车借走拉武斗的伤员。刘副部长和他的秘书李尔华处长，只得乘"造反派"的卡车到该厂"造反派"司令部办公室隔壁房间等待盘问。透过玻璃窗可以清楚地听到里面两部电话同时在响，指挥部头头——接电话答复有关问题，一会儿有人跑步来"请示"，一会儿电话铃又响了，几乎没有断过。一些"造反派"小头头来盘问刘星副部长是否是在逃的"走资派"，李尔华秘书回答是六机部副部长。他们要求出示出差证件和工作证。但按当时习惯都没有带。恰好李尔华秘书带了工作证和刘副部长到大连造船厂搞"四清"前注射防疫针的证明。参加盘问的一位年轻人是从北京某部机关调来的，过去听说过刘星是副部级干部，便出面说明不是当地在逃的"走资派"，这样才开了"希望沿途革命造反派查证放行是荷"的证明。还在上面盖了红色印章"长寿化工厂无产阶级革命造反司令部"，刘星副部长风趣地对秘书和司机说："今天晚上有收获，看到了'造反派'头头们指挥'作战'的场面，还得了一张'保驾'路条。"回到北京后，才得知是六机部机关"造反派"夺了权，下令所有出差在外的"当权派"回京参加"文化大革命"。

　　部机关再次学习了毛主席关于对船舶工业"三线"建设的指示："造船工业为什么不能搬一些到内河江湖去？""三线建设要抓紧，与帝、修、反争时间。"不久，刘星副部长又回到了涪陵六机部093西南办事处，加强了"三线"建设工作的领导，推进了船舶工业选厂址的进程。

　　1968年11月，我与中共中央西南局基建规划处王志刚同志（后任航空部西南物资站党委书记）到川东出差考察造船工业"三线"建设进展，由重庆坐船到涪陵，专门向刘星副部长汇报请示工作，第 2 天晚上 12 时由涪陵坐船到万县仪表基地几个 "三线" 现场看看。天很冷，外面下着细雨，刘星副部长身披军大衣，手提马灯照亮，到码头送我们上船，刘副部长身居高位，平易近人，我们非常感动。

四川船舶工业一套 "三线" 工厂，由六机部上海第九设计院设计，设计人员与 "三线" 工人同志们一起工作，设计基本上是现场进行。筹建阶段住的是工棚，支起木板搞设计，伏在地上画总图，千方百计配合设计进度。我与王志刚同志看了万县 489 厂、457 厂、454 厂、452 厂、16 所现场后，设计院里十个工程师、技术人员带上几大捆图纸，与我们坐车前往涪陵 093 西南办事处。我与王志刚同志、六机部基建局俞大犹设计处长，乘坐北京吉普车行驶在前面，厂领导与九院领导乘坐第二辆吉普车，大卡车上面拉着测量仪器及图纸。下午 2 时左右，行至垫江县城前面一个小镇，"造反派" 荷枪实弹，带着红袖套，把我们围堵了，勒令下车盘查，硬说我们两辆吉普车是抢来的，因当时两辆吉普车，刚从北京汽车厂接到万县。还未来得及上牌照，临时开到涪陵途中被造反派抓住了把柄，造反派头头把我与俞大犹处长关在一个小学校里审问，天快黑了，围观人群中一些老人帮助说情："人家是上海人、江苏人，响应毛主席号召来四川搞 '三线' 建设建厂的，赶快放人家走。""造反派" 头头同意放行，但要借用两辆吉普车，实际上是抢车。

为了避免发生意外伤亡，尽快离开为上策。我们十几个人爬上大卡车，深夜才到了涪陵，刘星副部长与其他领导同志心急如焚，估计路上出事了。见大家安全回来了，非常高兴，向大家慰问。我向刘星副部长检讨，丢了两辆小车，他说，只要人未伤就是大幸，丢车保人。后来得知，两辆小车成了 "造反派" 武斗指挥车，全部打烂了。

1968 年 5 月 9 日，国务院国防工办、国家建委正式下文批准六机部军管会报告，正式批准武隆一套柴油机厂离开交通闭塞、缺水的武隆，到江津另选厂址。当时选厂工作组住在江津县招待所。同时住在招待所的还有两派 "造反派的司令部"，"造反派" 战士进进出出，有的背着枪，有的挎着手榴弹。一天中午正在吃午饭，一颗手榴弹爆炸了，死 1 人，伤多人。从此，选厂址的同志晚上不敢在招待所院子里转了。幸好两派"造反派"都拥护毛主席关于"三线"建设的战略决策，都扛着"支援'三线'重点建设"的大旗，没有过多干扰选厂址工作的活动。

刘星副部长反复强调要各厂领导主动搞好与当地工农的关系，搞好"三线"建设，带动当地文化、交通、经济的发展。

在那动乱的年代，四川地区生活是艰苦的。尤其是一个地区突增上千、上万人吃饭，生活供应出现困难，粮食供应还跟得上，而蔬菜就难以解决。各厂不得不求助老厂。如江津 405 厂，到洛阳柴油机老厂搞来一些黑酱，每餐的黑酱两分钱卖给职工下饭，也有的用酱油汤下饭。晚上饿了，冲碗酱油汤充饥。遇到下雨，土棚漏雨，常把被褥打湿。生活虽然艰苦，然而职工情绪稳定，没有怨言。上下一条心，都以为"三线"建设作贡献为荣。

刘星副部长、黄忠学副部长、部政治部杜道周主任（后任《工人日报》社社长）、部办公厅李岩主任（后任国家体改委委员、办公厅主任）、部计划局叶绥局长、基建局浦均局长（后任副部长）、张同格处长（后任基建局长）、俞大犹设计处长、李尔华处长（后任国家体改委办公厅副主任）等领导同志，艰苦创业，每到一个工厂筹建处，住工棚、同员工吃一样饭，抢建船舶工业"三线"建设。现在叶绥、张同格、李尔华同志已先后病故。我曾与他们结下了深厚的友谊，情系"三线"，选、建厂的一些往事仍记忆犹新。

刘星副部长后调四川省任副省长，他住在童子街 29 号，我在成都常碰到他，他仍关心重庆船舶工业发展情况，我表示陪他去江津几个厂看看，他说年纪大了，不增加工厂同志麻烦了。让我代向厂领导问好。2004 年 4 月，刘星副部长在成都患肺癌去世，享年91 岁。前辈们为船舶工业"三线"建设呕心沥血，作出了重大贡献，将被船舶工业战线上的广大职工永远怀念，永远铭记。

（原载 2006 年 3 月《江增报》）

十一、一盒红证书

20 世纪 90 年代初，一位到国务院"三线"建设调整改造规划办公室汇报工作的同志引起了我的注意。我们似曾相识。忽然之间，我记起来了，他是我少年时代读建湖中学时的初中同级校友胡学信。1952 年秋，我们同时被学校保送去扬州华东第二工业学校读工民建专业，1955 年毕业后，他被分配去大西北，我去了西南，都从事国防建设。

1991 年，我陪同"国三办"鲁大东主任去江西考察，到了新余市 177 厂，胡学信在这个厂工作，我们再次相见。他与厂领导陪我们一行人参观调迁工地，我见他身体瘦弱，要他注意劳逸结合。后来我得知，不久后他就病倒了，并于 1995 年 7 月 1 日病逝。

以后，我又一次出差来到江西 177 厂，见到了胡学信的妻子张秀兰。张秀兰已退休，她向我叙述了胡学信献身"三线"的感人事迹。回忆使她沉入了悲痛之中，深情的诉说催人泪下，听罢令人扼腕叹息，催人奋进。

她抹了一把眼泪，从头叙述：

1966 年 11 月，为了响应党和国家支援"三线"建设的伟大号召，胡学信带着家眷从内蒙古第一机械制造厂千里迢迢、风尘仆仆来到位于江西省铜鼓县三都乡大沩山下的黄田沟，开始进行整个赣西地区第一个"三线"厂兵器部 177 厂的建设。

刚来到黄田沟的时候，我们住的是没有天花板，抬头能看见瓦片的"干打垒"房子。在房顶和墙壁的衔接处，小鸟都可以自由地飞进飞出。电线没有接通，一到晚上到处是一片漆黑，只有点煤油灯或蜡烛照亮。水管没有接通，吃的和用的水只有自己到田垄边的小河沟去挑。生活上的困难可想而知。十一、二月的山沟里，气候非常阴冷潮湿，没有取暖设备。这对于我们这些在北方住惯有暖气房间的人来说，是一个非常严峻的考验。面对如此艰苦的环境，胡学信没有一丝的懊恼和后悔，表现得非常坦然。

1967 年年初，177 厂生产区的基建工作正式开始。根据党中央、国务院"靠山、分散、隐蔽"和"山、散、洞"的"三线"建设指示精神，长林厂的生产区要建设在长达数十里的蜿蜒曲折的山沟里，还要依山势开挖几个山洞，将大部分生产车间隐蔽建设在山洞里。

胡学信为了亲自掌握山沟里的地形、地貌、山体走向以及地质状况等第一手资料，他经常手持一根钢钎只身一人顺着山路爬山坡、涉水沟，连续几个月不辞辛苦地往返奔波在十几里长的山沟里，考察确定和布置好建设厂房和开挖山洞的具体位置。

随着施工队伍一个个开进绵延数十里的黄田沟，沉睡了千百年的山沟被隆隆的开山放炮声、鼎沸的谈笑声和建设机械声给唤醒了。这个时候胡学信的工作更加繁忙了。他白天忙、晚上也忙，指挥着施工队伍修路、架桥，首先贯通了沟里的运输线，为厂房建设和山洞开挖做好了一切准备。

山洞开挖对于胡学信来说，在内蒙古一机厂是从未经历过的。由于受当时技术条件等原因的限制，基本上是靠炸药碎石头，然后用人工挖掘碎石将山洞一米一米地开凿出来。黄田沟里的地质状况十分复杂，在开挖山洞的过程中经常有塌方和巨石掉下的险情发生。胡学信面对眼前的险情和困难毫不畏惧，镇定自若，每天戴着安全帽，拿着手电筒，穿着高筒雨鞋工作在开凿山洞的施工现场上。这个山洞开凿出来，将它被覆好后，又指挥施工队伍开赴下一个开凿山洞的施工现场。就这样，胡学信每天风里来，雨里去，昼夜不停地工作，年复一年，日复一日，终于带领大家在这绵延数十里的山沟里陆续建起了五个生产山洞和十几个生产厂房，从而保证了生产设备的陆续安装、军品试制和生产的按期进行。

由于担心胡学信在工地上受伤，每当他连续几昼夜奋战在施工现场上没有回家时，我的心都焦急得揪了起来，晚上怎么也睡不着觉。一听说工地上出事了，塌方了，就吓得要命，不知道他会有什么闪失，直到他平安回来后我才放心。为此，我曾一度落下了严重的心脏病和神经官能症。

1969 年和 1973 年，工厂连续遭遇了两次特大洪水的袭击。山洞进水，设备被淹，部分厂房、桥梁、道路被不同程度地毁坏，工厂财产因此而受到相当大的损失，正常的生产因此而遭到严重的破坏。为了改善工厂的生产环境，杜绝此类灾害性事件的再次发生，1974 年，工厂决定在黄田沟生产区的尽头开凿一个泄洪洞，并将河床改道，让山洪经泄洪洞分流出去。胡学信负责泄洪洞的现场施工，一忙又是三四年。

由于常年工作在阴冷潮湿的山洞中，他患上了严重的风湿性关节炎，一到晚上浑身上下疼得难以入睡，但是第二天他又像正常人一样到工地上坚持工作。我心疼地劝他休息一段时间去看看病，他总是说没有时间。无奈之下我找了一个土郎中给他治病，每天晚上给他熬制中药缚在身上，再缠满绷带，然后睡觉。可是由于药性的作用，浑身上下奇痒难熬，然而他凭着顽强的意志和超乎想象的忍耐力，硬是坚持了半年多的时间，才把风湿性关节炎治愈。

在十几年的山区生活中，我们的生活用水一直取自三都河（又名定江）里的水。它的上游是铜鼓县城。到了 20 世纪 70 年代末，铜鼓县城建了一个造纸厂，每天向河中排放大量的污水，污染了水源，使下游居民的饮用水质量大大降低，职工的身体健康受到了极大危害。我们曾向县政府多次反映此事，但一直未得到解决。为了维护职工群众的切身利益，保障职工群众的身体健康，工厂决定自筹资金建造一座生活用水的水库。经过专家考察和论证，1983 年在罗神洞生活区依山筑坝开始建筑一个 14 米高的新型空腹重力坝水库。这个工程项目施工期长，施工难度大，质量要求高。胡学信作为水库建设负责现场施工的责任工程师，深感肩上的担子重，责任大。为了方便工作，让胡学信在全天24小时之内随叫随到，及时处理工地上出现的各种技术质量问题，水库建设指挥部特意给我们家里装了一部直线电话。

在水库建设的日日夜夜里，胡学信每天从早到晚都工作在施工现场，栉风沐雨，披星戴月，没有吃过一顿热乎的饭，没有睡过一夜安静的觉。每当他从工地上回来精疲力竭准备要休息时，电话铃一响，他又像一根拧足了劲的发条一样腾地跑到桌边接电话，放下电话后穿好衣服，拿起手电又冲进茫茫黑夜，向水库工地奔去……

胡学信有时也很想彻底休息一下，可是他肩上的担子太重了。现场施工的进度需要他去督促，质量技术问题需要他去处理，工程进展情况需要他去向上级领导汇报。看到他那一脸的倦容，我问他：“累吗？”他总是笑一笑，然后摇摇头。既没有豪言壮语，也没有慷慨陈词。

胡学信是一个承受能力相当强、忍耐力极高的人。面对工作中遇到的各种艰难困苦，他从不向领导去诉说，而是一个人默默承受着、忍耐着，想尽一切办法去解决。宁可自己多吃点苦，多遭点罪，也不愿给领导的工作增添任何麻烦。

胡学信是一个有强烈的事业心，忘我工作，全身心投入工厂建设的人。家中的大小事情，他从没有时间去过问。三个孩子的学习、生活都由我来照管。家务重，工作忙，每天上下班我都急匆匆的，像去打仗似的，以致我前后两次骑自行车在上下班的路上被撞，将右胳膊和左脚腕摔成骨折，住院进行治疗。胡学信则因工地上工作忙而未能到医院照顾我，后因治疗护理不当，使我的左脚落下了终身残疾。有时我一想起这些事情，心里就非常怨恨他，但是我更能理解他对事业的执着追求和对“三线”建设的无比热爱。从他的身上，我看到了一个共产党员耿耿赤诚之心，看到了一个军工战士拳拳报国之情。

由于胡学信常年工作在野外艰苦的环境里，从来都没有很好地休息过，过度的劳累使他积劳成疾。1984 年 5 月，他因患腹膜网状血管结石瘤及双下肢静脉血管曲张住进医院，进行了手术。术后拆线刚出院几天，他就急着要去工作。医生和单位的领导、同志都劝他多休息些日子，最好再到省人民医院去检查一下。胡学信却说："我已经痊愈了，没有什么问题，可以上班！"于是，他又投入紧张繁忙的水库工地的施工建设中。

1985 年，罗神洞水库竣工后，单位领导又将他派到铜鼓县大椴水电站，去支援那里的水库建设，一干又是三年……

随着党中央、国务院开始对全国 "三线" 企业进行调整、改造，1988 年，177 厂被国务院、兵器部调迁到位于浙赣铁路线的江西省新余市。同年 5 月，胡学信肩负着工厂的使命到北京兵器部第五设计研究院，邀请建设工程设计人员到新余进行勘察、测量，为新厂的建设规划设计蓝图。九月正式调到新余基地基建工程指挥部，从事新厂的基本建设工作。具体负责施工项目的招标和施工队伍的遴选以及工程施工过程中的技术指导和质量监督工作。工厂领导还带他向 "国三办" 汇报调迁工作，落实调迁计划。

新厂址的位置在新余市城北优惠区，原来是一片丘陵地带，有好几座小山包。要将这些山包推平建厂，土石方开挖的工作量非常大。为了加快新厂的建设，中标的基建施工队伍纷纷进驻工地，承包的工程施工项目也同时开工。作为厂里唯一的高级工程师的胡学信，这时已被新余市城建局任命为市建筑质量监测站第五分站的站长。

新厂建设初期，生活条件十分艰苦，食堂没有建好，水电尚未接通。为了便于工作，胡学信吃、住都在工地的老表房里。白天往返奔波于各基建工程项目的施工现场，及时跟踪和处理施工过程中出现的各种技术、质量问题，晚上点着煤油灯仔细填写着施工日记，并做好第二天的各项工作准备。

当时基地基建指挥部基建处的一个副处长因工作需要被调往省

城，指挥部将其负责的工作任务交给胡学信，让他本来就已超负荷的肩上又多了一副沉重的担子，然而又不给他副处长的工作待遇。我非常为他打抱不平，但是胡学信却像一头垦荒牛一样，毫无怨言，默默地为基地建设，为新厂建设无私地奉献着自己的光和热……

新余的气候，夏天非常炎热，气温有时可高达摄氏三十八九度，冬天虽然不是特别冷，一般在摄氏三至七八度，但最低气温有时也在摄氏零度左右，风特别大。胡学信晴天一身灰，雨天一身泥，夏天头顶烈日，冬天迎着寒风，一年365天，夜以继日地工作在施工现场上，逢年过节都没有回老厂家中和亲人团圆。

随着新厂生产区102号、103号厂房和生活区部分住宅楼拔地而起，在工地上过于辛苦和劳累的胡学信又一次被病魔击倒。从1990年7月开始，胡学信食欲变差，吃不下饭，人也一天比一天瘦了下来，腹部经常一阵一阵隐痛。我劝他到医院去仔细检查一下，他总是说工作忙，走不开。实在坚持不住了，就到基地保健站开点药吃，然后继续坚持工作。直到1991年9月，胡学信的病情加重，用手都可以在他的腹部摸到一个拳头大小的包块，他这才放下工作到市医院去检查，市医院的医生一检查，觉得情况有些不太好，就建议我们尽快到省肿瘤医院去做详细的检查。我向基地领导提出要求和孩子陪胡学信到省肿瘤医院检查，经检查后，被诊断为晚期胰腺癌。这个残酷无情的消息如同晴天霹雳打在我的头上。医生看到他当时的情景，责怪我将病人送来得太晚了，拒绝接受。我伤心地流着眼泪急忙给医生下跪，求医生无论如何也要想办法救救他。新厂的建设正需要他，我和孩子们更离不开他呀！

1991年10月24日上午8时许，胡学信在省肿瘤医院被护士推进手术室做了肿瘤切除大手术。医生从胡学信的腹腔中摘除了一个如同婴儿脑袋般大小的瘤子。由于肿瘤组织的黏连，手术中同时还切除了一个脾脏，五分之一的横结肠和五分之四的胰腺。手术整整做了6个多小时，到下午2点30分左右，胡学信才被护士从手术室里推了出来。

胡学信从手术后的昏迷中苏醒过来后，面对前来看望他的厂领导和同事们，没有谈自己的病情，而是挂念着因自己生病而耽误的新厂建设工作，关注着新厂建设的未来。领导和同志们都劝他安心治病、养病，祝愿他早日康复，回到工作岗位。

在以后的4年里，我和孩子们陪胡学信度过了放疗、化疗的一个又一个疗程，陪他度过了在希望中等待的日日夜夜，而他也在积极地与病魔作顽强的抗争。但是终因后来病情恶化医治无效于1995年7月10日6时10分永远地离开了他热爱的工作岗位，离开了与他朝夕相伴三十多年的妻子，离开了曾经被他疼爱过的儿子、孙子……

胡学信临终前没给我和孩子们留下金银财宝，仅仅留下了"三个愧对"和一盒红证书。这三个愧对是：一是愧对了贤妻。当妻子心脏病发作和两次骨折住院时，他都因忙于工作而未能到医院去照顾。二是愧对了孩子们。由于长年在工地上忙，没有时间关心、照顾孩子的学习、生活，结果没有培养出一个大学生，没有尽到做父

1952年宋庭宏（前排左）、李友保（前排右）、胡学信（后排右）、王春才（后排左）校友于扬州照相馆合影

亲应尽的责任。三是愧对了自己。自从 1966 年到江西后 29 年的岁月里，胡学信先后为 177 厂的两次建厂，两次创业付出了自己毕生的精力，贡献出自己最美好的年华。对待工作勤勤恳恳、踏踏实实，只知奉献，不图索取；对待自己则是一生俭朴，粗茶淡饭，别无所求，忙起工作来，饥饱冷热全然不顾。没有注意劳逸结合，身体透支太多，结果身患绝症，坑害了自己，坑害了贤妻和孩子们，破坏了美好幸福的家。

一盒红证书是胡学信几十年来荣获的先进生产者、先进工作者、优秀共产党员、优秀质监站长的荣誉证书。胡学信临终前对我说：要把这些红本子好好保存起来，将来儿孙们长大后，要让他们知道他们的父亲、他们的爷爷是怎样为党、为国家、为"三线"建设奋斗和工作的，并以此作为激发和教育儿孙奋发向上的教材。

我的丈夫、战友胡学信，一生对党的事业忠心耿耿，对"三线"建设和"三线"调整事业无限热爱，为人忠厚善良。他不图名，不图利，为国防建设、为工厂建设埋头工作，鞠躬尽瘁，奋斗一生！虽然没有当上一官半职，但尽到了一个共产党员和高级工程师应尽的责任！

胡学信离开我们的时候年纪并不算老，如果他不生病，完全还可以继续在他热爱的工作岗位上干一番事业的。但他却因长年的过度劳累而早逝，这是非常令我们全家和所有熟悉、认识他的人所痛心和惋惜的。胡学信虽然已经离我们而去，但他的敬业精神、他的垦荒牛精神、他的音容笑貌、他的高大形象，都将永远留在我们的心中……

张秀兰一口气倾吐出这些，中间几乎没有休息。说完后，她拿出那盒红证书。我揭开盒盖，一份份地翻读，那些都是荣誉证书和奖状，展示出胡学信光辉的一生。

这一盒红证书，表达出胡学信的价值观，只求奉献，不求索取；这一盒红证书，是胡学信为自己立起的一块永远的墓碑，它将通过子孙一代一代传下去，告诉子孙，该如何做一个对社会有用的人。

面对这一盒红证书，我不禁肃然起敬，一个 "三线人" 默默地站在我的面前，我向校友深深一鞠躬！

……

2004 年 8 月 10 日

十二、陈荒煤情系"三线"人

陈荒煤同志逝世的噩耗，我是在川东出差途中听到的，正值深秋时节，我的心情似秋风秋雨，感到分外哀伤和沉重。

一个月前，也就是 1996 年 9 月下旬，我在北京参加"三线"调整工作会议时，还到北京医院看望过陈荒煤老人。前几次去时，他尽管已身患重病，但精神还好。每次看到我，都显得分外高兴，不知疲倦地谈这谈那。他告诉我，他还有好多写作计划没有完成。等他身体好一点，他一定要抓紧时间工作。其实，他从来就没有停止过工作，他把自己的全部精力，全然花在对社会主义文学事业的深切关注上，花在对中青年作家的热情扶植上。

他与电影《彭德怀在"三线"》

我是搞"三线"调整改造规划工作的。那是 1965 年，为了适应国际国内形势，党中央决定进行一次重大的经济布局战略转移，这就是以后持续了十多年的"三线"建设。所谓"三线"，是指长城以南、韶关以北、京广铁路以西，甘肃乌鞘岭以东的广阔内地，纵横十三个省、自治区。西南地区是"三线"建设的战略腹地，投资项目最多，中央派了强有力的领导干部组建了西南"三线"建委，彭德怀元帅任"三线"建委副主任。我当时在西南局国防工办从事"三线"建设规划、协调工作，因此，对他在"三线"工作期间的经历、遭遇比较了解。党的十一届三中全会后，我利用业余时间写下了长篇纪实文学《彭德怀在"三线"》，想不到得到陈荒煤的喜爱和关心。后来北京电影制片厂和中共四川省委党史研究室根据我的原著，联合摄制了同名电影。他不但审读过电影剧本，而且提出了宝贵的修改意见。每次我去时，他都十分高兴地向我祝贺，并说，能拍成电影，不容易啊！

1996 年 3 月 18 日，在人民大会堂举行了隆重的《彭德怀在"三线"》电影首映式。荒煤同志是该片顾问，因住院不能出席，便亲笔写来贺信。信中写道：这不仅是对彭德怀元帅建设"三线"所作的伟大贡献的真诚的缅怀，也是对全体参加"三线"建设的同志们所取得的伟大成就的真诚纪念和鼓舞。3 月 28 日下午，我与李尔华、陈晓宏、王永峰、吕婺常等一起去医院再次看望陈荒煤同志。他正坐在沙发上看报纸，我拿出带给他看的《彭德怀在"三线"》影片宣传画，他拿在手中端详，称赞雷飞饰演的彭德怀很像，还说希望你们抓紧把《彭德怀在"三线"》的电视剧拍出来。陈晓宏挽着荒煤爷爷的胳膊一连照了几张相，荒煤同志看她那么年轻活泼，问她

1994 年 1 月 14 日，四川人民出版社与中国大"三线"丛书编委会在成都军区新华礼堂隆重举行中国大"三线"报告文学丛书首发式，钱敏（左三，原国家电子工业部部长、国务院"三线"办副主任）、陈荒煤（左四，中国作协副主席、中国报告文学学会会长、国家文化部原副部长、著名老作家）与丛书编委会编委陈光华（左一）、陈川（左二）、薛晓燕（左五）、王春才（左六）、李寿鑫（左七）在主席台前合影。（摄影编委 冉泽勋）

多大岁数了？她回答说 33 岁了。他说，不像，顶多 25 岁。我告诉
陈荒煤，晓宏也是"三线"职工子女，大学新闻系毕业，《彭德怀
在"三线"》文章十年前首次在四川军工导报上连载时，晓宏是责
任编辑，篇名就是她起的，这次作为特邀代表参加首映式，还担
任了报幕员，由她宣读了他写给首映式的贺信。荒煤同志感叹道：
"'三线'有人才啊！"然后，他坐到桌边，为我写了"千言万语颂
彭总"的赠言，并亲自加盖了"荒煤"字样的红色印章。

　　《彭德怀在"三线"》彩色宽银幕故事片，在全国公映后，广大
观众赞扬此片是一首正气歌，并获得文化部"华表奖"提名，四川
省精神文明建设"五个一工程"奖。该片的拍摄成功，应感谢陈荒
煤同志的扶持与指导。

走进大"三线"

　　最使我难忘的是，陈荒煤同志对"三线"人的那份难以割舍的
深情。1991 年秋，他率全国政协视察团赴贵州"三线"视察。其
所见所闻使这位热血依旧的老人激动不已。9 月 21 日，在贵州省委、
各界人士为他们举行的欢送大会上，他代表视察团作了报告，深情
地说，视察团成员参见了许多工厂科研单位后，有三个想不到：第
一，想不到"三线"军工在极其艰苦的条件下取得了这么大的成绩。
"三线"职工具有高度爱国主义精神和时代责任感；有一支水平很
高的科学技术队伍。他们是最可爱的人，是最值得尊敬的人。我们
为拥有这支队伍感到骄傲。第二，想不到"三线"军工在很短的时
间内，探索出一条"军转民、军民结合"的新道路，而且开发出许
多具有国际水平的新产品，打开了国际市场，取得了这么大的成
绩。第三，想不到"三线"军工目前还存在很多问题和困难；职工
生活还很苦，有的单位干部职工还住在"干打垒"里。视察团成员
中有将军、专家，有国内外知名人士，看了都很受感动。他们不同
意"'三线'是包袱"这种说法，他们认为"三线"企业不是什么

包袱，而是我们国家宝贵的物质财富和精神财富。通过改革开放和调整改造，将来还会发挥更大的作用。

点燃灵魂的一簇圣火

回京后，陈荒煤同志向党中央有关领导同志建议，并在《人民日报》撰文，呼吁作家创作反映"'三线'巨大成就"及"'三线'人"的丰功伟绩和精神风貌的作品。我得此信息后，写信给荒煤同志，响应他的倡议，他很快复信了，赞成我的意见，由"三线"人来写"三线"人。经国务院"三线"办批准，荒煤同志担任了丛书顾问。在他的关心指导下，各省"三线"办精心组织近千名作者写稿。经过编委、编审两年的努力，160万字的《中国大"三线"报告文学丛书》（包括《中国圣火》《蘑菇云作证》《穿越大裂谷》《金色浮雕》四卷），由四川人民出版社于1993年12月正式出版了。这是一部以文学形式系统地反映"三线"建设历史背景、艰苦创业的历程及其光辉业绩和讴歌为之"献了青春献终生，献了终生献子孙"的"'三线'人"的"三献"精神的作品。阐释了在当时历史条件下党中央这一重大举措的必要性，颂扬了"三线"建设在我国国防和高科技建设以及经济建设中日益突出的重要作用。特别是"'三线'人"在"三线"建设中所表现出的艰苦奋斗、无私奉献、敢于拼搏甚至付出生命的精神和事迹可谓感人至深。惊心动魄的历史画卷，将激发人们在社会主义现代化建设中的热情。荒煤同志读了初稿后，含着热泪为丛书作了题为《点燃灵魂的一簇圣火》的序，薄一波同志也写了题为《一次重大的经济战略调整》的序。江泽民总书记读了两位老同志所作的序，1993年4月9日欣然挥笔为丛书题词："让'三线'建设者的历史功绩和艰苦创业精神在新时期发扬光大。"这也是该书的价值所在。

陈荒煤同志不顾81岁高龄和严冬的寒冷，由丛书编委李尔华副司长陪同，由北京乘火车赶到成都，参加1994年1月14日举行的《中国大"三线"报告文学丛书》首发式，并在会上讲了话。会后，我又陪钱敏、荒煤同志看了川北十几个"三线"工厂，他不仅深入车间，还与工厂职工代表座谈，走访职工家属。《中国大"三线"报告文学丛书》有一篇《换了人间》的特写，介绍了3536厂由射洪县大山沟调整迁到绵阳市高科技开发区，发生巨大变化的事迹，引起了荒煤同志的兴趣，他立即到厂区看了车间生产线，感到工厂确实建得很好，比《换了人间》所描写的还好。晚上还参加了工厂举办的职工周末舞会，当看到八百多平方米的现代化舞厅和职工们的轻盈舞姿，荒煤同志拿着话筒即席发表了带有深厚感情的讲话。他说：你们为"三线"建设立下了汗马功劳，已载入史册，你们是幸福的一代，生活得很好，我从内心里感到高兴，祝大家在改革开放中作出新贡献，生活得更加美满幸福。

丛书出版后，在社会上引起了强烈的反响和关注。《人民日报》《光明日报》《中国军工报》《文艺报》《解放日报》《求是》杂志、《四川作家报》等报刊发表了评介文章。丛书还被评为四川省1993年度优秀图书。特别是《中国文化报》1994年6月20日，还特邀首都部分作家、评论家、企业家举行了一次座谈会。我陪荒煤、钱敏同志也出席了座谈会。荒煤同志很赞成周明、毕淑敏、李下等同志的意见，当场热情而风趣地向我提出了要求，希望我"两手都要抓"，既要搞好本职工作，又要编出一本《中国大"三线"报告文学》精品选集。

荒煤同志与文化、文学界朋友们的热情肯定、高度评价和真诚希望使我十分感动。这也是对广大"三线"职工的肯定、评价和希望，然而对于编选精品选一事，我却犹豫再三，不敢贸然落笔。

1996年3月22日，我去北京医院向他汇报《彭德怀在"三线"》电影首映式情况，他欣喜之余，再次问起《中国大"三线"报告文学》精品选年内能不能出书？我回答说：问题不大。9月29日上午，我与中国航天工业总公司王永峰处长去北京医院看望荒煤老人，此时的老人正在昏迷中，鼻孔插着氧气管，我的心情极为沉重。次日我去新疆考察"三线"厂，行前请李尔华副司长代我去看望荒煤老人。10月1日，李尔华去医院探望时，荒煤同志的病情已有好转，虽不能说话，但脑子清醒。尔华告诉他：春才来看过您，《中国大"三线"报告文学》精品选正在排印中，很快就能出版，请您放心。荒煤同志听后，脸上露出了微笑。想不到荒煤同志这一笑，竟是对广大"三线"职工的最后一次微笑。我想，在这个微笑中，不但蕴含着他对"精品选"的关注，同时也蕴含着他对"三线"人的那份深情。

9月28日，中共中央政治局委员、国务院副总理邹家华出席国家计委"三线"建设调整第二次领导小组会议，在会上作了重要指示。最后我简单地汇报了编辑出版《中国大"三线"报告文学》精品选一事。特别汇报了荒煤同志住院病重还关心此事，我请邹副总理题写书名。邹副总理欣然应允。10月8日，我从新疆返回成都，就收到了邹副总理的"中国大'三线'"的题字手迹，这充分体现了中央领导对新时期"三线"两个文明建设和广大"三线"干部职工的支持和关怀。

陈荒煤1994年1月14日上午在成都军区新华礼堂举办的"中国大'三线'报告文学丛书"首发式上讲话。鲁大东（左一）、钱敏（左二）为丛书顾问，在主席台就座

荒煤同志关注的《中国大"三线"报告文学》精品选——《中国大"三线"》，1997 年 1 月再度由四川人民出版社出版发行，全书 40 万字，印装精美，深受文学界专家及读者好评。我终于完成了荒煤老人的重托，心里也踏实多了。

正当编委会遵照荒煤同志指示拟编辑出版《中国大"三线"报告文学丛书》续集，需要荒煤同志指导时，1996 年 10 月 25 日，淋巴癌夺去了老人的生命。

当我在北京工作的胞弟王春瑜电话通知我这个不幸的消息时，我感到突然和悲伤。荒煤同志虽然走了，但他的人品、文品以及敬业奉献精神深深感染着我、教育着我。近几年，我与荒煤同志从不认识到相识到结下深厚的友谊，我为有这样一位德高望重的导师，感到高兴和荣幸。我这几年从事写作所取得的每一点成绩都与荒煤同志的精心指导、帮助、言传身教分不开。近几年，他赠送给我四本书：《永恒的纪念》《荒野中的地火》《冬去春来》《点燃灵魂的一簇圣火》都堪称佳作，令我爱不释手，它将伴随我继续人生之路。

1994 年 7 月 20 日，文化部在北京中国文化报社会议室召开"发扬三线人的奉献精神、《中国大"三线"报告文学丛书》座谈会"。原文化部副部长、中国作家协会副主席、中国报告文学学会会长、丛书顾问陈荒煤在会上讲话："这两天，我日夜不停地翻阅这部文集，我这个年近八旬的老人，也不免时时被感动得热泪盈眶。文集中所描写的"三线"人的光辉形象，时时清晰地浮现在我眼前。他们是点燃我灵魂的一簇圣火。我很欣赏这句话……"

图中：陈荒煤部长讲话，王春才主持座谈会

"三线"人忘不了荒煤老人

陈荒煤同志视察"三线"、颂扬"三线"人的文章，为广大"三线"人所知晓，他们为有这样一位关注他们的老人而高兴。是老人拉开了宣传中国大"三线"的序幕，从某种意义上推进了"三线"企业调整，改善了"三线"企业生存与发展条件。1996年11月1日，我在四川铜梁县大山深处的5013厂考察时，通过电话与北京文化部陈荒煤同志治丧办公室取得联系，得知11月8日在八宝山革命公墓举行陈荒煤同志遗体告别仪式。我决定进京向荒煤同志表示最诚挚的悼念。11月2日一大早，我伏案写出《情系"三线"人——

1996年11月8日，老作家陈荒煤同志遗体告别仪式在北京八宝山殡仪馆礼堂举行。李尔华、王春喻、王春才等参加了告别仪式。（刘扎根 摄）

记荒煤同志与"三线"人》的长文，5013厂厂办同志立即打印出来，我将文稿传真给北京《中国军工报》毕小青社长，请他们发表。毕社长当即应允，并很快让匡翠华编辑调整了版面，把稿子排了进去。我11月7日由成都乘飞机赶到了北京，住在南礼士路中国核工业总公司招待所。8日上午8点半钟，匡翠华准时将当日出版的500份《中国军工报》送来了。我连忙将报纸放到小车上，带到八宝山革命公墓。悼念荒煤同志的各界人士排成长队签到，我与李尔华副司长、刘礼根同志将报纸发给大家，人们争阅我写的"荒煤老情系'三线'人"的悼念文章。原以为500份报纸带多了，结果还不够发。我随着悼念的人流，在哀乐声中，向荒煤老遗体深深三鞠躬。王春瑜教授用小摄像机摄下了这珍贵的惜别情景。我将录像带带到家中，与荒煤同志在"三线"视察的录像进行组合，带到"三线"工厂，放给职工看。他们说，荒煤老虽然去世了，但他的音容笑貌依旧活在"三线"人的心中。

（原载 1996 年 11 月 8 日《中国军工报》）

十三、鲁大东情留"三线"

　　1998 年 8 月 28 日清晨接到电话，得知原国务院"三线"建设调整改造规划办公室鲁大东主任，在报病危一个月之后，于当日 6 时 35 分安详地离我们而去；放下电话，长久默默无语。窗外吹进秋风，寒气袭人，我的心情更加悲痛。我长期在"三线"机关工作，老首长的往事历历在目。大东同志工作作风严谨、认真、细致，为我国大"三线"建设与调整作出了不可磨灭的贡献。他对"三线"人的深情厚谊，长留大"三线"，广大"三线"职工十分怀念他。

　　鲁大东同志 1983 年担任"国三办"主任。他坚决执行国务院对"三线"实行"调整改造发挥作用"的八字方针，全身心投入"三线"调整工作。为了解决"三线"建设历史遗留问题，稳定"三线"职工队伍，发展中西部地区经济，他不顾 70 多岁高龄，呕心沥血，深入大山考察，足迹踏遍了云、贵、川、陕、甘、豫、湘、鄂、渝八省一市的山山水水，到几百个"三线"工厂、科研单位调查研究，完成了"七五"规划 121 个"三线"调整项目任务。他身先士卒，不畏艰辛，常年在大山里，帮助"三线"企业排忧解难。1991 年 3 月 4 日，我陪他到江西省新余市看了三个"三线"厂，晚上听汇报时，得知他患重感冒，高烧不退。省、市领导正在着急，传来北京电话，要大东同志立即去北京，参加中央召开的有关工作会议。

　　我们劝说他留下住医院治病，被他谢绝了。3 月 6 日，他由南昌坐飞机到了北京就病倒了。后来，他带回了会议精神，国家进一步加大了"三线"调整的力度，启动"八五"115 个脱险调迁项目。1994 年 5 月，国家计委组建了"三线"建设调整办公室，让我担任"三线"办主任。我经常向鲁老汇报请示工作，得到了他的关怀与鼓励。鲁老在重庆工作多年，对重庆有深厚感情。今年 4 月下旬，应重庆市蒲海清市长邀请，鲁老参观了重庆市"三线"调整单位：大江车辆总厂、西南合成制药厂、308 厂、338 厂、789 厂，最后到涪陵中国核工业建峰化工总厂考察。他拄着拐杖，参观了位于江边的 30 万吨合成氨装置生产流水线，感触很深。这个厂起初是军工厂，后转为化肥厂，有关部门只同意按 8 万吨年生产规模设计，大东同志审查方案后，认为水、电、气等综合条件好，8 万吨合成氨规模太小，救活不了工厂，他坚持要求按年产 30 万吨合成氨设计，最终被国务院批准。在现场，他看到工厂生产了大批量的化肥，不仅产生了经济效益，也带来了社会效益，心中充满了喜悦，他应工厂领导要求，当场挥笔题词："创建峰名牌。"这是他最后一次握笔。途中身体不适，5 月 2 日返回成都住进医院治疗，自此再没有出院。

鲁老学习勤奋，每天看书、读报、看电视新闻，关心国家大事。病重住院期间，他还对夫人刘树范同志和四川省委办公厅王成福副主任讲："给'三线'办老余（指余立仁处长）打电话，买些东西看望一下下岗职工！"

鲁老非常关心"三线"职工的疾苦，努力改善他们的居住条件，让他们有一个好的工作生活环境。1990 年 4 月，在陕西省"三线"办副主任文纯祥陪同下，他到洪灾严重的凤州 067 基地慰问考察，看到 7103 厂领导和工程技术干部仍然住在二十多年前建厂时修建的"干打垒"平房、工棚内，他流着眼泪说："同志们，你们辛苦了，居住条件这么差，我心里难过啊，真对不起你们。我们共同努力，脱险搬迁，尽快恢复生产，改善生活。"现在这个厂已迁到西安，生产科研都有了重大起色。至今全厂职工仍然铭记着鲁老鼓励他们进行第二次艰苦创业的话语。

鲁老无私的公仆精神是我们学习的典范。他以身作则，要求干部廉政、勤政、高效地为"三线"企业排忧解难，不允许自己的子女经商谋私。身边一儿一女及在外省工作的两儿两女，无一经商。他艰苦朴素，冬天见他常披着绿色军大衣，春秋穿着灰色中山装，常年如此。

晚年他早起早睡，注意锻炼身体，并与老同志在一起打网球，比赛还得了名次。平时爱唱京戏，散步。1987 年他向我讲了他陪彭德怀在重庆考察望江厂的故事，被收入我写的书中。

他家茶几上摆放着《晚霞》杂志、我著的《彭德怀在"三线"》以及我主编的《中国大"三线"报告文学丛书》。一次在他家中，鲁老高兴地对我和他夫人说："我喜欢看老年杂志与反映"三线"的书，因为贴近我的生活、工作，读了几遍了。"他家里人也读了《彭德怀在"三线"》，还召开了家庭座谈会，畅谈读书心得，家庭成员都表示要努力学习彭总的高风亮节。对此，我激动不已。1990 年 11 月 12 日，他为此书再版题词："学习彭德怀同志严于律己、全心全意为人民服务的高尚品德，学习他深入'三线'现场联系群众的优良作风。"1996 年 4 月 3 日，《彭德怀在"三线"》电影在成都首映，他前去观看。1994 年 1 月 14 日，他与陈荒煤、钱敏、徐世群、向嘉贵等领导参加了《中国大"三线"报告文学丛书》首发式。希望"三线"人的艰苦奋斗精神在新时期发扬光大。他嘱咐我晚上写文章不要熬夜，千万不要把身体搞坏。这是长辈对晚辈，上级对部下真挚的关爱。

鲁老对干部和工作人员要求很严，但又对他们关怀备至。1984 年 1 月，正是寒冬季节，"三线"三位年轻司机去北京接车。正好他在北京远望楼宾馆主持"三线"第一次领导成员会议。他对司机们讲："你们开车要小心，秦岭正下雪，路滑，注意安全，天冷，多穿点衣服。""三线"办组建时，干部来自四面八方，他说首先应该有个窝。住宅施工过程中，他几次到工地协调解决有关问题。

鲁老一病不起，牵动着众人心。省有关领导到医院去看望他，"国三办"老同志、现"三线"办同志去医院问候他。为了不影响鲁老治病，"三线"办老局长、老处长及全体职工只好分批探视。可见鲁老在人们心中的位置。

8月23日上午，我陪重庆巴南区渔洞大江车辆总厂党委书记王培健去四川省人民医院看望鲁老。真巧，鲁老这天精神特好。王书记代表大江厂一万多名职工向鲁老表示慰问，祝鲁老早日康复。鲁老鼻孔插了一根氧气管，躺在病床上，紧握王书记的手，表示感谢。告别时，我送给他一本修订再版的《元帅的最后岁月——彭德怀在"三线"》，他看了彩色封面、薄一波同志题写的书名和扉页上的文字，又翻开他亲笔题词的那一页，握住我的手连声说："好，好，好！"想不到五天前的这次会面，竟成为与鲁老的诀别。

"三线"办张培坤主任从自贡出差回来，叫上我立即与陈功文局长赶到鲁老家中，向鲁老遗像深深地三鞠躬，表达我们无限的悲痛与哀思。

鲁老夫人刘大姐还对我讲，8月23日，我离开病房时，鲁老仍在翻阅我给他的书。此刻，我的眼睛湿润了。

鲁老曾几次叮咛我写文章不要熬夜，关心我身体健康。但今天例外。谨将此文化作馨香一缕，祭献于鲁老灵前。

（原载1998年9月3日《中国军工报》、1998年11月《晚霞》杂志）

十四、骄傲的上海"三线"人

——记孝老敬老的道德模范朱建华

当我提笔写《骄傲的上海"三线"人——朱建华》时，便想起著名老作家陈荒煤同志曾经写过的那篇《应当自豪的上海人》一文。

记得那是 1991 年秋天，中国作协副主席陈荒煤时任全国七届政协常委，他与上海市原市委副书记杨提率领 41 位全国政协委员，组成"三线"工业视察团到贵州访问过十多天，行程数百公里，参观了 10 多个"三线"企业。陈荒煤年轻时在上海生活工作多年，对上海人民很有感情。这次视察，他遇到不少上海"三线"人，听他们回忆 60 年代响应党中央"备战、备荒、为人民"，"好人、好马上'三线'"的号召，离开上海大城市，在荒山僻野不毛之地艰辛创业的往事，非常感动。在改革开放中，"三线"企业面临新的艰难处境，这些老同志们毫不气馁，迎着困难，开始新的征程。陈荒煤触景生情，感觉到他们是真正值得骄傲和自豪的上海人，我们没有任何理由忘掉他们。回去后，他于当年 12 月写出一篇观感，题目就叫：《应当自豪的上海人》，十分动情地赞美了支援贵州"三线"建设的上海人。因此，我对来自上海的"三线"建设者的印象特别深了一些。

2014 年 12 月，中国国史学会"三线"建设研究分会常务理事、《"三线"风云》新书主编倪同正，通过网络给我发来作者朱建华写的《那个年代》《怀念先父朱瑞兴》等两篇文章，读后让我非常感动。朱建华是上海"三线"人二代，为传承宣传"三线"精神，写了不少回忆"三线"建设的文章。同时我也了解到她积极参与"三线"

人的网群交流，为人正直善良，很有亲和力，于是我很想见到她。

2015年1月21日，央视《大"三线"》大型文献纪录片在贵州六盘水市举行开机仪式。中央电视台聘请我担任《大"三线"》一片的总顾问，我与总制片人、执行总导演刘洪浩商量后，决定邀请朱建华来参加开机仪式，并由她与四川锦江厂的卞美兰分别代表贵州、四川的"三线"人上台向央视摄制组敬献"用事实说话　让信仰回归"的书法卷轴。晚上，她还在六盘水市"三线"建设研究会首次研讨会上发言，受到代表们的热烈鼓掌和敬重。会后，沉浸在激动之中的朱建华，却依依不舍地向大家告别，原来她还要赶回贵阳家中照顾病卧在床的老母亲，这时我才知道朱建华19年如一日地照顾瘫痪老母亲的感人故事。

今年6月8日下午，我与刘洪浩导演专程去贵阳新天光电科技有限公司与卢继敏董事长、总经理及朱基彦党委副书记会面，洽谈《大"三线"》摄制组到新天光电公司座谈拍片一事。朱建华是光电公司退休职工，朱基彦副书记请她在厂区大门口与我们合影留念。应我们的要求，朱建华带我与刘导以及"三线"建设研究会理事李佳蔚去看望她卧床近20年的老母亲。我们来到新光厂"三线"建设时期的一栋老职工住宅楼，建华母亲住在三楼，房间不大，陈设简陋。看到我们到来，老人可开心了，向我们招手，并示意请我们喝茶。

朱建华的父亲朱瑞兴于1966年6月响应国家"支援'三线'建设"的号召，从上海光学仪器厂调迁到贵阳新添光学仪器厂，任厂动力科科长，工程师，是新光厂最早的建设者之一。1972年6月朱建华在上海控江中学毕业，跟随母亲从上海来到贵阳父亲的身边，并成为新光厂的一名工人。1996年8月26日，朱建华母亲任寿娣突发脑梗塞中风，导致左半身瘫痪，大小便失禁，说话不能言语，在医院一住就是三个半月。住院期间朱建华为了照顾住院的母亲，不得已申请歇岗几个月，每个月拿着160元的歇岗工资，在医院和母亲同吃同住，学习护理知识，学习按摩等，帮助母亲慢慢恢复。

经过三个半月的治疗，出院后的母亲已经能慢慢地开口说话了，但是含混不清，虽可以扶着坐一会了，但始终站不起来，更不能走路。起床，梳洗，吃、喝、拉、撒都要人护理。她的哥哥嫂嫂因为忙于事业，没有时间来照顾，她的父亲年事已高，当时已经70多岁了，又患有心脏病，因此照顾母亲的重担就落在了朱建华身上。为了就近照顾母亲，她从刚住不久的新房子搬到了父母住的老楼，与他们只相隔了两个单元。

每天早上母亲醒来，她都要打热水给母亲清洗身体，并且用热毛巾在肚子上按摩，然后换上干净的布尿片。由于她母亲不喜欢用尿不湿，于是她用旧床单、旧棉毛衣裤等改制成布尿片。19年来已经数不清用坏了多少布尿片。

然后她给母亲洗脸、洗手、刷牙、擦身，每天用空心掌在母亲的背部由下至上拍二百下左右，帮助左肺和右肺的运动，减少卧床病人患肺部感染的机会。接着给母亲喂早餐，由于她母亲只有一颗牙，吃东西很慢，只能一口一口慢慢地喂。所以一个早上忙下来，她往往腰酸背痛的，有时候连早餐也顾不上吃一口。有时她母亲看了很心疼，会拉着她的手说："我这样拖累了你们，活着也没有什么意思，还不如早点死了算了，这样你就不用那么忙了。"

听了母亲的话，朱建华很心酸，她对母亲说："妈，你不要这么想嘛，你活着多好啊！我们回到家可以喊一声妈呀！有妈喊心里才踏实呀，有妈才有家呀！你就当我每天锻炼身体好了。"她母亲听了这些话才稍微安下心来。

众所周知，卧床病人最麻烦、最头痛的事就是排大便了，由于长期卧床，母亲的大便功能早已经退化，不能自行排便，全靠吃中药"番泻叶"排大便。为了正确掌握药的剂量，她们自制了一杆小称，每隔三天就要熬药给母亲吃，由于药难吃，味道不好，每次都不会顺利服下去，她就想办法在药里放一点蜂蜜，一边喂药，一边给她讲一些老邻居之间发生的事，讲她熟悉的人和事，分散母亲的注意力，这样不知不觉中一碗药就喂下去了。

但是也不是每次吃了药以后就能顺利地排便，有一次，她母亲吃了药后一连八天没排大便，打了好几个开塞露都没有用。看着母亲痛苦的表情，情急之下她毫不犹豫蹲下去用手把大便一点一点地抠出来，再用热水清洗便道。看着母亲排便后舒服的表情，她也很舒心。19 年来帮助母亲通便的事儿时常都有，但她从来没有嫌弃过自己的母亲。

2010 年 5 月中午的一天，她把母亲扶起来半躺着解大便，突然母亲头一歪，嘴角吐出白色的泡沫，并发出"咕咕"的声音，她急得不停地喊"妈妈"，可母亲一点反应也没有，头东倒西歪的，眼睛紧闭，一点儿气息也没有，她急忙往母亲嘴里塞速效救心丸，又手忙脚乱地给她掐人中，她老公急忙打"120"，也急着帮忙掐人中，掐了好一会儿，她母亲才吐了一口气，慢慢地缓了过来，急救医生赶到了说："如果不是你们采取了果断的急救措施，老人家早已不在了"！这种情况前前后后一共发生过三次。所以每次母亲大便的日子，她都会小心翼翼地守候在母亲身边不敢离开，直到母亲断断续续彻底解完才能放心。

朱建华的母亲任寿娣原来是家庭妇女，来自无锡农村，大字不识一个，五十多岁时才在公司的洗澡堂上了几年的班，有了这几年的工作记录，才于 2009 年 5 月一次性缴纳两万多元后，办理了社保，现在每个月可以领到 1500 元工资。早些年母亲生病时没有医保，看病做 CT、验血、输液全部都是自费，家中早已一贫如洗。但她们家从来没有给政府增添麻烦，还想办法借钱给母亲买了两台大电视机，分别放在母亲床的两侧靠墙的位置，这样一来，母亲无论侧向哪一边躺着都能清晰地看电视了。直到 2011 年 4 月，医保政策下来后，瘫痪已经 15 年的母亲才终于可以享受医保。

母亲瘫痪后，朱建华不但学会了换输液瓶、拔吊针等，她还学会了理发。由于她母亲家住三楼，理发要抬到街上很麻烦，所以她就努力学习理发，原来可以扶母亲坐起来理发，现在 87 岁的老母亲已经坐不起来了，只能躺着理发。每次理发，她就和老公一起慢慢地挪母亲，把母亲挪到床边上横躺着（像在理发店一样），半边半边地给母亲理发，每两个月理一次，每次都理得短短的。所以 19 年来，她母亲从来没有上过一次理发店！理好发后还要洗头、擦身、换衣服，一做就是两小时左右。

朱建华不但给母亲理发，还给小区的空巢老人理发，交水电费等，并为社区老人们义务拍照，免费为老人们冲洗照片，老人们都很开心！

为了多陪伴母亲，她尽量推脱掉应酬和聚会，实在推不掉，她就提前做好饭菜喂好母亲、换好布尿片、翻好身后才放心出门。她老公也跟着一起分担照顾母亲，做好后勤工作，天天如此，坚持了很多年。

朱建华的女儿 9 年前大学毕业后在上海工作，长期吃饭和住宿都靠自己解决，没有人照顾，虽早已到了谈婚论嫁的年龄，但懂事的女儿知道妈妈心挂两头，她让妈妈不要为她担心，让妈妈安心照顾好外婆，并且每次回贵阳都会替母亲喂外婆吃药、喝水、吃饭、换布尿片等。知道外婆平时牵挂她，她也经常打电话给外婆，和外婆聊天，逗外婆开心！

朱建华的父亲 2010 年去世后，她便搬来和母亲同床而睡，以便随时观察母亲病情，及时喂药、喂水，陪母亲聊天，几乎没有睡过一个安稳觉。19 年来由于她的精心护理，她母亲的背部从来没有长过褥疮。

由于长期照顾母亲，朱建华自己也患上了心脏病、头晕病，头发也早早花白了。从 42 岁到 61 岁，她几乎没有自己的生活，但她从无怨言，她说："人的一生可以错过很多东西，但万万不能错过回报父母养育之恩的机会，这样的机会人的一生只有一次，我不想错过，不然会后悔一辈子！"

"三线"二代的朱建华，18 岁从上海来到贵州参加"三线"建设，从一名普通铣工成长为全国铣工行业的优秀技师，获得同行的尊敬。而她近 20 年来坚守孝道，照顾高龄瘫痪的母亲，更是赢得了社会的赞誉。2014 年她荣获贵阳市"孝女之星"荣誉称号，同时被贵阳市乌当区推荐为 2014 年贵州省第四届"明礼知耻·崇德向善"孝老爱亲道德模范，获得提名奖。贵阳电视台、贵州都市报、贵阳晚报、贵阳黔中早报都曾做过专题报道。

难怪刘洪浩导演听了朱建华照顾病母的事迹后，非常感动地对我说："朱建华老师真是太不容易了。与她一起工作的几十位同事退休后都回上海了，可她为了照顾病重的老母亲，留在'三线'，吃苦耐劳，恪尽孝心，让母亲的生命得到延续，创造了奇迹。假如此事发生在其他人身上，问问自己做得到吗？我要向朱老师学习，要把这个上海'三线'人的优秀事迹宣传开去！"

朱建华，这位"三线"企业的普通女工，正以她良好的道德风范和精神品质，成为人们学习的楷模。

（原载 2015 年 7 月 13 日上海《书刊报》、

2015 年 10 月 10 日重庆《江增报》）

十五、《岁月留痕》序

2005年8月19日上午，我接到一个电话，对方在电话中自我介绍："王主任，你不认识我，找你有点事。我是彭州锦江油泵油嘴厂的倪同正，原厂办副主任，退休回上海老家几年了，近来回川小住，厂退管站陆仲晖站长让我协助组稿编《锦江岁月》一书，现稿已成。我们厂有你主编的《中国大"三线"报告文学丛书》，读了很受启发。现在想请你为《锦江岁月》一书作序……"8月24日下午，倪同正副主任、陆仲晖站长、刘宗岳副总工程师又在成都与我见了面，并带来了书稿。

这是一部凝聚了"三线"人汗水、心血和情感的回忆录。锦江

2005年9月25日，王春才与《锦江岁月》执行主编倪同正（左四）、厂长戴阳（左三）、副总工程师刘仲岳（左一）合影

厂在彭州建设初期，因工作关系，我曾经去过工地。20世纪90年代，锦江厂的李百华同志几次到国家计委"三线"建设调整办公室汇报工作，要求享受"三线"调整优惠政策。我接待了他。以后，我又与四川省"三线"办领导同志去锦江厂考察，厂领导和李百华同志接待了我们。时隔多年，锦江厂已发生深刻的变化。这次同陆仲晖、倪同正、刘宗岳同志见面时，得知76岁的李百华同志已于今年上半年病逝的消息，使我很伤感。李百华同志在为工厂的生存与发展，争取上级部门的政策支持中所表现出的拼搏进取精神让我感动，令我怀念。主管厂离退休工作的陆仲晖站长同倪同正、刘宗岳等同志做了一件功在当代、利在千秋的好事，发动职工把那一段英雄的历史、如歌的岁月记录下来，值得提倡。这是一种历史责任感。

四川是战略大后方，国家对"三线"建设的投资、项目最多，占全国"三线"投资计划的四分之一。

锦江油泵油嘴厂是国家农机部大型骨干企业，沿海一线支援"三线"，于1966年由上海柴油机厂部分内迁在彭州山区兴建。几十年来，艰苦创业，它为共和国的经济建设作出过重大贡献，人们将永远不会忘记"三线"人的丰功伟绩！"三线"建设不但增强了我国的国防实力，对西部的资源开发、经济发展和社会进步，都有着深远意义。"三线"建设不但为社会留下一笔丰厚的物质财富，而且还留下一笔宝贵的精神财富。"三线"人功不可没。

锦江油泵油嘴厂已经改制，这是新形势发展的需要。与时俱进，适应这种需要，将会使一个老厂焕发青春，走向更加辉煌的明天。"三线"人的精神，也将在新形势下得到光大和弘扬。

2005年8月25日于成都

十六、《山之海魂》拍摄散记

2004 年 5 月，我应邀随中央电视台《山之海魂》摄制组拍摄重庆船舶工业"三线"企业，我见到了永恒的"三线"奉献精神，仍在广大职工中代代相传，这是推动西部大开发的核动力。

20 世纪 60 年代，中国面临内忧外患。国际上，中苏交恶，帝国主义加紧对我国封锁；在国内，"文化大革命"正风起青萍之末。面对日趋恶劣的国际局势，面对中华民族的百年耻辱，毛泽东主席作出了"大打，早打，打核战争"的战略判断，中共中央 1964 年 5 月作出了"集中力量，争取时间，建设'三线'，防备外敌入侵，在西部建立战略后方基地"的战略决策。为了建设一个稳固的大后方，在 20 世纪六七十年代的中华大地上，上演了一幕举全国之力开展"三线"建设的历史大剧。"三线"建设正是新生的共和国为改变西部贫困落后面貌，奋力开发西部的一次艰苦卓绝的努力。"三线"建设完成了新中国首次大规模的由东向西部的移民浪潮。可以说，那些在"三线"建设各条战线上诚实劳动着的千千万万的人们，是中华民族最优秀的群体，是共和国非常时期的脊梁。在"三线"建设中，演绎出无数悲欢离合的故事和可歌可泣的英雄事迹。"三线"建设造就了"献了青春献终生，献了终生献子孙"的"三献"精神。"三线"建设所积累的巨大精神财富，应该成为今日西部开发的精神动力。

"三线"建设是在计划经济体制中开展的一次经济战略大调整，是开发西部的一次伟大实践，取得了举世瞩目的伟大成就，振军威、扬国威。但"三线"建设由于布点过于分散，钻山太深，给一些工厂、厂址带来了不少后遗症，通过 20 年的调整改造，部分企业走出了深山大川，走向平原城市，其转型过程之艰难，惊天地，泣鬼神！总结正反两方面的经验，可以作为新时期西部大开发的镜鉴。

中央电视台西部频道拍摄《山之海魂》，总结回顾这一特定年代的历程，回望"三线"人命运跌起，回望"三线"企业的盛衰起伏转型，其意义正在于此。同时，也将该电视片作为奉献给"三线"建设 40 周年和默默无闻的广大"三线"职工的厚礼。通过电视全面系统地再现"三线"惊心动魄的历史画卷，高扬"三线"人无私奉献的精神，进一步推进西部大开发，这是电视新闻工作者采取的重大举措，非常必要，非常及时，得到了各方面的关注和欢迎。重庆市经委有关领导推荐从重庆"三线"船舶工业拍起，是很有见解的。"三线"船舶工业填补了重庆与西南地区的空白。为此，重庆船舶工业公司党委张学文书记、杨本新总经理非常重视，2004 年 5 月 17 日，专门召开了相关企业党委书记、宣传部长会议，进行布置，要求全力以赴，协助中央电视台把专题片拍好。同时责成政

2004 年 3 月 20 日，央视《山之海魂》徐平导演采访中船重工重庆船舶工业公司杨本新总经理与王春才

工处吴小川处长、罗建生副处长具体负责此项工作，由他们精心安排、协助徐平编导、张成记者完成拍摄计划，并全程陪同。在有关企业领导与宣传部长密切配合之下，从 5 月 20 日到 5 月 31 日，历时 12 天，沿着长江，奔波万州、武隆、涪陵、江津沿线拍摄 "三线"企业与"三线"人，圆满完成了拍摄任务。经过大家讨论，以"三线"人的"奉献"精神为主题，宣传"三线"人、"三线"事，要求拍成精品或优秀作品，做到以情感人，以实撼人，以优秀的作品教育人，鼓舞人。所以全体摄制组工作人员非常敬业，非常投入，一丝不苟地进行拍摄工作。我有幸参加了拍摄工作，30 岁的徐平编导，27 岁的张成摄影记者，他们是影视新闻战线上一支年轻的力量，他们深入"三线"企业，耳闻目睹"三线"人为共和国所作出的无私奉献，"三献"人的精神感染了他们，他们不怕苦、不怕累，全身心地投入编导、拍摄工作。我作为长期在"三线"建设领导机关工作的老"三线"人，对徐平、张成两位青年非常敬佩，从他们身上看到了"三线"精神在发扬。

拍摄工作时间并不长，但给我留下了美好的记忆。

5 月 16 日，我由成都乘飞机去南京，转车到盐城市参加一个

2004 年 5 月 28 日，央视《山之海魂》摄制组采访华渝电气公司总经理

经济工作会议，会议期间，接到重庆重型铸锻厂党委杨璞书记电话，她转达重庆船舶工业公司杨本新总经理意见，邀请我参加拍摄工作。这是弘扬"三线"精神的一件大事，我放弃了回建湖老家看望亲友、休整的计划，会议结束后，5月21日，由南京乘飞机到重庆。在吴小川处长的安排下，开展接力赛。涪陵川东造船厂秦培良厂长、徐贵平书记，火速陪我坐车到了武隆县。这是我三十多年前陪第六机械工业部刘星副部长、李尔华处长来过的山城，当时，参加厂址选址工作，住过武隆县招待所。如今招待所改建成宾馆了，在武隆宾馆，与编导徐平、记者张成见面，当罗建生副处长将这两位带有稚气的年轻人介绍与我握手相识时，顷刻间，我心中凉了，心想这两位小青年能胜任拍摄任务吗？产生了疑问。通过他们实地拍摄，我很快打消了这个念头，看在眼里，喜在心头。他们都是先后在北京广播学院新闻系毕业，而且工作好几年了，有了一定的实践经验。他们是专业的影视新闻工作者，充满了智慧和热情。开始他们称呼我为王老先生，有点拘束，我叫他们去掉"先生"两个字，于是改口叫"王老"，我开玩笑对徐平说，叫老王吧！她直摇头，不行、不行，叫王伯伯，越喊越亲热。进出住地，张成主动为我提行李，生活上关心备至。他们又很好学，5月23日，罗建生副处长安排我在坐车的空闲时间，向他们讲述"三线"建设的历史、成就、问题。张成像爱护眼睛一样爱护摄像机，坐在车前护着摄像机，侧耳倾听我的讲话，时而敏捷地掉转摄像机拍摄我讲述"三线"人故事的画面。徐平还认真地在摇摇晃晃的车上做笔记。下午终于到了武隆县白云乡共和村的深山老林，那是35年前江津新兴机械厂、江津永兴机械厂在这里建设的旧厂址，两个厂分别由上海、大连老厂包建，从大城市来的领导干部、科技人员负责工厂筹建，当时没有房子，就住在农民家中，吃住非常困难，但为了让毛主席老人家因为"三线"建设好而能睡好觉，克服困难，抢建工厂，组织民工、施工队伍盖厂房、盖住宅，上海第九设计院工程技术人员也在现场设计，将军工车间放在山洞中。经过反复论证，这个地方缺水，交通太闭塞，经中共中央西南局、第六机械工业部上报国务院正式批准，1968 年，撤点搬到江津建设。徐平编导确定拍摄这废了的厂房、"干打垒"住宅，还采访了共和村老党支部书记李天开，他对当年组织村民建厂情景记忆犹新，但未将工厂留住，不免有些伤感。在当年建厂的老同志于继勃、沈照福带领下，张成还进入两个山洞中摄像，空旷的洞壁上，燕子不停地筑窝、飞落。行前，大家还依依不舍地在洞口合影留念，这就是我们"三线"厚重苍凉的历史文化，展示了"三线"人艰苦奋斗的历程。永进机械厂就是现在的重齿公司，新兴机械厂就是现在的江津增压器厂，两个厂的宣传部长刘荣进、沈世平前几年深入旧址，拍了专题片，教育职工记下这艰难的厂史，教育后人。

5 月 21 日，徐平、张成在万州清平机械厂拍摄，他们被"三线"人悲壮的献身事迹感动了，一边拍摄，一边流泪不止。该厂党委女书记邵雄音，眼睛含着泪水讲述了金关梁副厂长的感人事迹。关梁是浙江海宁人，研制产品有重大贡献，获国家金质奖章，当他从北京回来时，人们夹道欢迎他，可是老天太不公平，2003 年他患上了食道癌，但仍坚持工作。他安慰职工说，我不害怕，我会渡过难关的。临终前，他艰难地对妻子说："我要回老家。"在场的人潸然泪下，他多年来未回老家了，再也回不去了，送回去的是一个骨灰盒，他将青春年华终身献给了壮丽的"三线"建设事业，我们将永远铭记着他、怀念他。

5 月 25 日，在涪陵川东造船厂，罗建生副处长与徐平、张成在厂宣传部丁毅部长安排下，到该厂已退休的 64 岁高级工程师程葆清家，他们一家三代 14 口人均扎根在工厂。程老虽然退休几年了，仍关心工厂的生产经营，帮助解决重大技术难题。3 个女儿与3 个女婿、1 个儿子均在工厂不同岗位上工作，收入低，生活清贫，但全家人平和幸福。徐平编导为了表达对这个"三线"大家庭的敬意，专门在涪陵商场为程家 3 个女儿、1 个儿媳每人买了一条裙子，亲自送到程老家，全家人非常感动。

2004 年 5 月 28 日，468（重齿公司）宣传部长刘荣进（左3）带领央视《山之海魂》摄制组在武隆溶洞口与 1966 年参加建厂的民工交流

5 月 27 日，江津增压器厂周忠清、王庆伟副厂长、沈世平宣传处长与摄制组同志座谈，接受采访，张成对这园林式的工厂非常赞赏，拍摄新厂房生产线，也拍摄当年石砌墙的厂房。这天下午天气闷热，加重了他感冒咳嗽，一次喝几支藿香正气水，企图压住病情，坚持工作。在厂大门口，他架着摄像机，等待扩音器传出雄壮的乐曲，职工像潮水般地向大门涌去，拍下了职工队伍下班时焕发的精神面貌。晚上，厂领导请我们在招待所就餐，周忠清、王庆伟副厂长、沈处长向客人敬酒，任凭主人怎么劝说，徐平滴酒不沾，喝冷开水，张成只喝一小杯酒。沈世平处长动情地说："你们采访了王庆伟副厂长，我们厂连续盈利 26 年，有的媒体、协会很关注我们厂，接待一批又一批人，有的记者来了要吃要喝，拉赞助，我们都难以应付，而中央电视台西部频道拍'三线'片子，不要企业赞助，减轻企业负担，派出的编导、记者有良好的作风，我们深受感动，欢迎徐编导、张记者常来。"

为了追求拍摄真实的场景和美丽的画面，徐平、张成密切合作，一丝不苟。5 月 29 日在重庆重型铸锻厂拍摄铸钢分厂炼钢情景，张成一会儿爬到行车扶梯高处，俯视拍摄炼钢情景，一会儿摄像靠近正在出钢、浇注的场地，钢花四溅又很危险，在场的段志发厂长非常感动，也非常担心，为张成的安全捏了一身汗。当张成完成拍摄后，段厂长拍拍张成的肩说："我非常敬佩你，但也要批评你，以后不能这么干，太不安全。"张成说："谢谢段厂长，我以后一定注意，'三线'人是英雄，我不能不拍摄。"

每个 "三线" 厂的历程与发展有共同之处，但产品有很大差别。重庆重型铸锻厂是一个大型工厂，产品又大又重，军转民转得早，转得成功。生产铁道部用的车皮，累计已生产2万多辆了，厂党委抓领导班子和职工队伍建设，发挥共产党员在企业改革、生产经营中的模范作用，卓有成效。5月29日上午9时，巧遇厂工会组织 "咱们工人有力量" 拔河比赛，参加比赛的职工个个精神焕发，周围助阵的职工声震四方。张成钻到人群中，摄下了一个个壮观的比赛场面。徐平编导听了厂党委书记杨璞介绍情况后，将采访地点放在该厂铁路线上，厂宣传部史汝敏部长亲自维持现场秩序，堵住车辆，减少嘈杂声。杨璞书记穿着工厂工作服，坐在铁轨间的椅子上，太阳暴晒，汗流浃背，接受徐平编导专访。张成调整好摄像角度，认真拍摄。我在一旁倾听杨书记的讲话，还用手中相机摄下拍

2004年5月23日，中船重工重庆船舶工业公司宣传部副部长汤治平在武隆山坡采访王春才，回忆 "三线" 建设与调整情况

摄场景，只见小蚊虫咬红了徐平小腿，徐平拿着话筒，对着杨书记采访，身子一动不动，当拍完后，徐平立即坐到铁轨上，手抓腿上红斑，松了一口气，连声诉苦："王伯伯，太难受了，好痒，你看，小腿抓出血了。"史汝敏部长欲带徐平去厂医院搽点药，徐平婉言谢绝了，她说，不要紧，搽点清凉油就好了。徐平称杨书记为"阿姨"，高兴地在厂铁路专用线上与大家合影留念。

为了抢时间拍摄，往往不能按时吃饭。5月29日上午，重庆船舶公司党委张学文书记上午8时要去新疆出差，我们一大早赶到公司大院草坪采访他，接着去李增华老局长家采访。上午10点钟，才到街上小面馆吃早饭，5月30日上午，摄制组在采访完重庆船舶工业公司杨本新总经理和我后，已到中午12点钟了。华渝总厂宣传部唐敏部长来电话催，刘忠厂长、厂党委李世仁书记都在总装车间生产流水线等我们呢！当拍完后，下午2点钟才吃午饭。之后又马不停蹄冒着大雨，驱车到了长江边明月沱的重庆造船厂，厂长余礼明，打着雨伞在厂门口迎接，张成将摄像机套上雨罩，露出镜头，拍摄江边的厂房、船下水的滑道、船舶，为了艺术上的需要，吴小川处长为张成打着雨伞，张成跪在泥浆地上拍摄江面上的航标、行船。厂区高差大，路陡水流急，徐平牵着我的手说："王伯伯，小心啊，不要滑倒了"，这是我们拍摄的最后一个厂。回来的路上，由于太累，徐平、张成在车上就睡着了。

江津重齿公司这几年在董事长、总经理姜海峰带领下，工厂发展壮大了，经济效益有很大的提高，最近组织15年以上工龄的一线工人与先进工作者53人去港澳旅游了一个星期，5月29日旅游团回来，因为飞机从广州起飞晚点，23时才到重庆江北机场。公司工会主席聂磊与宣传部长刘荣进亲到机场迎接。徐平拿着话筒，张成摄下了旅游团高高兴兴走出机场的场面。在回到宾馆住处后，已是深夜了，徐平、张成又忙开了，做当天拍摄场记。在华渝期间，每天睡眠只有3到4个小时。在他们身上，体现出了"三线"人艰苦创业精神。

在与吴小川处长、罗建生副处长、徐平、张成以及"三线"企业年轻人接触中，我见到他们互相尊重，亲密相处，互相配合，为完成拍摄任务，努力工作。特别看到徐平、张成两位年轻人，有强烈追求进步的愿望与表现，他们希望加入中国共产党，张成对我说，已向本单位党组织递交了入党申请书，这次到"大'三线'"感受很深，"三线"人、尤其是那些共产党员献了青春、献终身，献了终身献子孙的"三献"精神，深深地教育了他，鼓舞了他，回北京后，要向本单位党组织写一个思想汇报，争取早日加入中国共产党。川东造船厂党委宣传部丁毅部长对我说："我们厂要求入党的青年也比较多，我以后也要教育这些青年，要向徐平、张成这样，对待工作，严格要求自己。"

在中国船舶重工集团公司的领导下，重庆"三线"船舶工业正在发展、壮大。但真正全面了解的人并不多，现在中央电视台西部频道用电视展现他们的历程和"三线"人的艰辛、风采，将"三线"精神融入西部大开发，推动我国改革开放事业的发展，必将产生良好的社会影响。我想，这仅仅是个良好的开端。机械、冶金、化工、核能、兵器、航空、航天、电子等"三线"行业与其他地区也将能看到中央电视台西部频道拍摄他们的绩集。

2004 年 6 月 2 日写于重庆

十七、风雨同行向未来

——《中和风雨行》序

  中和厂人自己撰写和自己编辑的大型历史回忆文集《中和风雨行》一书终于定稿了。记得 2013 年重阳节我和锦江厂的倪同正一起去参加中和厂同事的联谊活动，其间我们同中和厂的编委们就文章的收集、分类、修改等编辑事宜进行过认真全面的讨论和研究，还对《情系九一三》的书名予以了斟酌和确定。现在成书付印的书名没有采用这个名字，可以见得编委们工作认真和广泛征求群众意见的态度。《中和风雨行》一书也是历经三次以上的集体讨论和较大修改才最后确定的。尽管编委们的观点还不完全一致，但是这本书从总体上看来，正面突出了中和厂四十余年的人和事，正能量的历史和故事叙述基本上是主流。我为编委们几年来的辛勤劳动和无私奉献而点赞。

  中和厂、锦江厂是两个比若邻居的兄弟企业，这两个企业虽然所属行业不同，但是它们都是属于"三线"建设时期由国家建立起来的大型重点骨干企业。在过去三四十年的时间里，中和厂、锦江厂都为国家的大"三线"建设，为西部的大开发，为成都彭州地区的工业布局、财政税收、人才输送、文化体育等方面作出了巨大的贡献。国家和人民不会忘记这段历史，更不会忘记这两个"三线"企业。

  据我所知，《中和风雨行》一书是受到锦江厂《锦江岁月》系列回忆文集几本书的启发和鼓励，从 2011 年 9 月开始，并且通过贴吧和博客等网络上的联系而索文约稿串珠成型的。几易其稿的

《中和风雨行》一书，现在分为十个篇章，120多篇文章约40万字，投稿的作者有近70人。工厂原来的厂级领导，工程技术人员，行政管理人员，一线操作工人和家属，以及部分锦江厂人等都参与了撰稿投稿，足以见得这本书的广泛性和抒发感情上的厚重。

《中和风雨行》一书，是目前全国和彭州地区由破产企业的离退休人员、破产失业人员自发自费出版回忆文集的第二家单位。但是，在全国破产的电子企业、军工企业范围，中和厂应该是第一家单位。《中和风雨行》一书源于《锦江岁月》系列文集，但不雷同于前者。它更具有其积极的个性特色，它更具有鲜活的故事性和可读性。它是地方工业史，电子企业史，军工企业史方面不可多得和十分珍贵的第一手材料。《中和风雨行》一书和《锦江岁月》系列文集，它们是开放在丹景山下的两朵美丽的姐妹花，它们是奉献之花，不屈之花！

从亲手建设一个企业到亲眼看到一个企业的破产，这是不可逆转的历史发展的偶然性。但是这个企业的奉献精神，永远不言败的奋斗精神是不会破灭的，一个企业积极向上，开创新局面的灵魂是

2015年10月18日，四川彭州913厂建厂50周年，王春才向厂党委96岁董亚东老书记（右）表示祝贺

永远存在的。"三线"企业和"三线"企业的职工，为了国家为了民族的利益，他们会把"三线"企业的精神圣火传承下去的。无论前进的道路上将有多少风雨，她们都会面对现实，开创出可圈可点的美好未来。这就是《中和风雨行》一书编辑出版的目的和价值吧！

我很高兴地为《中和风雨行》一书作序，对我也是一次学习的机会，并在此祝愿中和厂人和所有的"三线"人健康幸福。

2015 年 8 月 18 日

十八、"不救活'816'死不瞑目"

　　徐光同志，1927 年出生在河北省深县，1945 年 6 月参加工作，同年 9 月加入中国共产党。1966 年，他从甘肃核工业 404 厂派往川东涪陵地区白涛镇的金子山筹建第二套 404 厂，代号为 816 工程。经过工程兵 54 师全体指挥官兵艰苦奋斗，终于完成了洞体开挖任务。建成 18 个洞室、130 多条隧道。1984 年工程接近尾声时，中央军委宣布停建，2002 年 4 月 8 日，国防科工委同意中央军委对 816 核基地解密。后来打造成旅游景点，现在一天参观人数 3000 多人。

　　我从 1964 年起先后在中共中央西南局国防工办、四川省国防科工办、国务院"三线"建设调整改造规划办公室、国家计委"三线"建设调整办公室工作，从事"三线"基建规划协调工作，与徐光书记交往就多了，多次去过 816 厂，印象最深的 816 厂面临丢军转民的艰难时刻，徐光誓言"不救活'816'死不瞑目"。1985 年 11 月 10 日，他在涪陵登船向李鹏总理汇报；1987 年 10 月 27 日国家计委和化工部主持召开中央有关部门审查会，最后 816 厂中标，建大型化肥厂，为国家农业服务，当时 816 厂建设指挥长闫川、副指挥长徐光，到国务院"三线"建设调整办公室汇报，核工业部、四川核工业局有关领导都参加了讨论，确定将 816 厂产品转为生产化肥。列入国家"七五""三线"建设调整规划。国务院"三线"办计划处长李忠德于 1984 年从四川核工业局调到"国三办"规划二局工作，他在核工业局工作时与万海局长 1976 年在 816 厂现场蹲点，作为国家重点工程进行调研协调，因此，他对816厂建设历程很熟悉。他告诉我，816厂转民生产化肥列入"国三办""七五"规划，投资6亿元，"八五"开始实施，投资不足，调整为17.2亿元，其中国家贷款资本金1.25亿元，建设银行贷款2.73亿元，开发银行贷款7600万元，其他贷款12.6亿元。先安排1000万元抢建电厂。经过多年努力，816厂大化肥厂建成投产了。1998年4月，83岁的鲁大东主任在李忠德处长陪同下，视察816大化肥厂。鲁老"五一"节回到成都生病了，1998年9月28日病逝。徐光对鲁老去世表示深切悼念。

一次徐光在北京南礼士路100号核工业招待所与我相遇，我陪他到国家计委、财政部汇报落实建设资金事宜，有了头绪，他与助手请我及"国三办"李忠德处长在三里河一个饭馆吃午饭，桌上几个菜吃光了，剩下半碗饭，他打包带回家，对大家说，多好的大米，不能浪费，三年自然灾害喝不上稀饭，现在生活改善了，不能忘本，粒粒皆辛苦，建峰化工厂要多生产化肥，让农民提高粮食产量。在座的人深受教育和感动。

国务院"三线"办领导支持我主编《中国大"三线"报告文学丛书》，成立了编委会，我担任主编，编委会有20个人，大家分头组稿，1991年我首先打电话给徐光书记，请他写篇文章，他满口答应，20多天后，收到他亲笔写的万言文稿，我看后，交给执行副主编陈光华修改，光华阅稿后对我说，徐光书记不但记忆力强，也有文采，是篇好文章。《中国大"三线"报告文学丛书》有《中国圣火》《蘑菇云作证》《金色浮雕》《穿越大裂谷》4册，每册60万字，1993年12月由四川人民出版社出版。1994年4月9日，江泽民总书记为丛书题了词："让'三线'建设者的历史功绩和艰苦创业精神在新时期发扬光大"。2003年，"三线"建设20年，李忠德处长与徐光书记交流，采纳徐书记体会，写了"对'三线'建设布局调整工作与思考"论文，刊登在国防科工委"三线"调整中心，2015年12月编印了《"三线"建设调整改造20年纪念文集》一书。

　　1994 年 1 月 14 日，在成都军区新华礼堂举行了《中国大"三线"报告文学丛书》首发式，国务院"三线"办鲁大东主任、钱敏前主任、向嘉宾副主任，全国政协常委、文化部副部长、中国作家协会副会长、中国报告文学学会会长陈荒煤老作家、成都军区副司令员茹夫一等领导参加了会议，《人民日报》、新华社、中央电视台、四川电视台等媒体参加了会议，祝贺中国大"三线"报告文学丛书出版发行。从此拉开了中国"三线"建设神秘的面纱，加大了宣传力度。

　　编委会规定，给每位作者赠寄《中国大"三线"报告文学丛书》2 套，付稿费。徐光书记收到书后很开心，认真阅读，表示稿费就不要寄了，再寄给他一套书，我请副主编、"国三办"黄少云处长给徐光书记又寄了两套书。1996 年 10 月 30 日，中国核工业建峰化工总厂举行"八一六化肥工程国家竣工验收会议"，徐光书记邀请我与四川省"三线"办主任王瑞等同志参加了会议。我向徐光书记祝贺，他千辛万苦实现了"又绿江南"大化肥梦想成真，会议代表参观后，高兴地合影留念。

　　徐光离休后，住在北京市朝阳区，身患高血压、糖尿病，我去北京出差，曾 2 次去他家看望谈心，并有书信来往。

　　2016 年 4 月 13 日上午，建峰工业集团旅游健康产业项目部总经理郑志宏与老保卫部长韩明、蒋德燕、江娜经理、重庆大学建筑城市规学院院长助理杨宇振、重庆文化旅游研究院长李永明，他们是筹建"816'三线'军工小镇"的团队，我们进行了座谈交流。看了郑志宏总经理带给我的 2015 年 6 月 26 日《人民日报》刊登的《"816"一个无法抹去的生命代号》整版文章，再现了徐光为企业转型创业作出的无私奉献。

　　2010 年徐光在北京病逝了，但他 2005 年 12 月 20 日，2006 年 12 月 20 日给我的来信仍珍藏着，他称赞我与他之间的友谊是革命的友谊，信中表达了他对建峰大化肥取得的成就开心，也表达对持续发展的企望。

　　2016 年 4 月 14 日上午，我用手机将两封信拍照发到肖德燕、江娜经理微信，郑志宏总经理及时向重庆建峰工业集团有限公司董事长、党委书记何平汇报了，他们说徐光老领导的信是珍宝，我表态将转赠给"816'三线'军工小镇"陈列馆藏。郑志宏总经理回到建峰集团后，向董事长、党委书记何平作了汇报，立即邀请我去816看看，我请中国"三线"建设研究会常务理事、中国"三线"建设文选《"三线"风云》丛书主编倪同正、中国"三线"建设研究会理事、重庆"三线"建设研究会副秘书长、江津区"三线"建设研究会会长何民权、央视"大'三线'"大型文献纪录片导演刘洪浩、摄影师李彤于2016年5月7日下午到了"816"，5月10日下午离开。让我感动的是何平董事长与几位副总经理双休日不休息，全程陪同我们参观、座谈。我20年未去"816"，让我感到陌生和震撼。倪同正主任与我交流，一致认为"816"人和工程兵战士不怕牺牲，前赴后继、浴血奋战，共同创造的人工洞体工程，必将成为新中国崛起之路上又一惊天地，泣鬼神的伟大奇迹，充分显示了中国人民捍卫民族独立，国家安全和世界和平的决心。

建峰集团对洞体工程的申遗和保护利用，也将使这一"三线"建设的伟大工程如万里长城、成昆铁路等建筑一样载入史册。愿建峰集团排除万难，奋勇向前，争取更大胜利！

王春才

2016 年 4 月 20 日于成都

十九、弘扬"三线"精神　促进时代发展

——在东汽《大"三线"》央视拍摄启动仪式上的发言

尊敬的各位领导、各位来宾：

大家好！

今年1月21日，在贵州六盘水市举行了中央电视台大型文献纪录片《大"三线"》的开机仪式，开启了制片的前期工作，这项工作得到中央和社会的高度关注和期望。今天，我们又在德阳东方汽轮厂举行西南地区《大"三线"》拍摄启动仪式，这是我们纪念宣传"三线"建设，传承弘扬"三线"精神，践行社会主义核心价值观的又一重要举措和实际行动。

大家都知道，起始于20世纪60年代的"三线"建设，是以毛泽东为首的党中央为打破国际敌对势力的战争挑衅和封锁围堵所作出的重大战略决策，是新中国建设史上一场规模空前的国防、科技、工业和交通基本设施建设。历史已经证明了这一决策的前瞻性和正确性，因"三线"建设而崛起的我国西部的经济和国防实力，至今仍然在捍卫国家安全、保障人民生活方面发挥着重要作用。

"三线"建设凝聚了老一辈共和国建设者的光荣与梦想，铸就了艰苦创业、勇于创新、团结奋进、无私奉献的"'三线'精神"，为后人留下了宝贵的物质文化财富。作为"三线"建设的亲历者和见证者，我们有责任和义务去研究、反映、记录下这段历史，将"三线"建设的精神和文化进一步发扬光大，将"三线"建设者的英雄事迹留存史册。

最近几个月来，我陪同刘洪浩导演走访考察了 6 个省市 40 多个"三线"企业。我们高兴地看到，经过调整改造，许多"三线"企业攻坚克难，走出困境，焕发出蓬勃的活力，取得了新的成就。在调研期间，我也发现这些"三线"企业都非常重视文化遗产的保护和传承，东汽便是其中之一。2013 年，东汽就与建川博物馆有过良好的合作，开展了工业文化遗产纪念地保护交流。现在，刘导正在与攀枝花市文物局张鸿春局长和彭州锦江厂站长陆仲晖研讨打造"三线"拍摄影视基地的事宜。10 集《大"三线"》纪录片的第 7 集就是展现"三线"工业遗址文化保护的专集。

我们知道，东汽是"三线"建设时期建立起来的重要电力设备装备制造业，经过多年艰苦创业，东汽已成为我国研究、设计、制造大型电站汽轮机的高新技术骨干企业和国有重大动力装备制造企业。同样，正是因为大"三线"建设，才成就了今天德阳这座美丽的重工业城市。之前，因为落实"三线"脱险政策，我多次到东汽调访，与东汽人结下了深厚情谊。特别是得知东汽利用脱险退税资金修建起来的厂房、幼儿园等建筑在千年不遇的大地震中经受了考验，使得东汽减少了人员伤亡和财产损失，我倍感欣慰！四十多年来，东汽历经坎坷，奋斗不息，东汽人创建的"人和"文化和"东汽精神"，成为"三线"精神的生动诠释。前段时间，我认真拜读了丁一老厂长的回忆录，我很感动，他是祖国第一代"三线"建设者以及东汽精神的典型代表，被誉为"将中国制造升华为中国创造的民族工业的引路人"。今天的仪式后，刘洪浩导演还要组织专门采访丁老总。选择东汽举行《大"三线"》文献纪录片正式开拍的启动仪式，不仅是对东汽人的肯定和褒奖，也是中央电视台的媒体工作者献给我们的时代英雄——广大"三线"建设者的最崇高的敬礼！

我是老"三线"工作者，长期从事文学创作，著有《元帅的最后岁月——彭德怀在"三线"》，主编《中国大"三线"报告文学丛书》等著作。因此，中央电视台邀请我担任《大"三线"》建设纪录片的总顾问，国防科工局邀请我担任《军工 "三线" 记忆》高级顾问，中国 "三线" 建设研究会给予了大力支持，我也是 "三线" 研究会的副会长。最近，我将两个片子的领导、制片主任、导演专门在成都开了协调会，加强工作的协调推进，就是为了研究、反映、记录下 "三线" 历史，传承于后人、给社会发展带来力量。现在，我年岁已高，发挥 "三线" 资源的余热是我的责任和义务，我深信，在广大 "三线" 企业、"三线" 建设者和各级领导机关的大力支持和帮助下，刘导和他的团队一定会以 "三线" 人为榜样，努力拼搏，精心制作，为把 "三线" 建设的英雄壮举永存史册作出他们应有的贡献！

祝东汽事业发展、东汽人幸福美满！东汽是 "三线" 人的家园，我也是 "东汽人"，最后，我要特别感谢东方电气集团王计董事长、东汽党委书记何显富为承办《大 "三线"》拍摄仪式所付出的努力。向你们致敬。

祝各位领导、各位来宾、各位朋友们身体健康、生活愉快！

谢谢大家！

王春才

2015 年 6 月 10 日于东汽

二十、为做好"三线"建设的文化传承而努力

——在"三线"建设决策 50 周年座谈会上的发言

最近我陪同中国传媒大学崔永元口述历史研究中心"三线"建设课题组 3 人在成都、德阳和重庆等地采访"三线"企业，重庆齿轮箱有限责任公司党委副书记徐华亮在座谈时感慨地说："非常感动于你们对'三线'人和'三线'事业的绵绵感情，这也是一代年轻人应该去传承的精神财富。"重庆船舶工业公司为纪念公司成立30 周年暨"三线"建设决策 50 周年，办了重庆船舶《船魂》特刊，64 篇作品，图文并茂。中船重工集团公司李长印总经理于 2014 年3 月题词，"适逢'三线'建设 50 周年之际，希望继续弘扬'三线'军工精神，不断推进重庆船舶工业发展"。今年 5 月 29 日，重庆船舶工业公司党委书记向宗军接受记者采访时说："我是'三线'建设研究会常务理事，与公司领导班子商定，下属 15 个单位都申请全部加入'三线'建设研究会，不光是会员，均成为理事单位，按规定缴纳会费。"

在采访过程中，还发现有些政府主管部门的现任领导居然不知道当年的"三线"建设，需要对他们进行一番介绍后才大体了解这段历史，更不要说普通老百姓了。可想而知，他们对有关媒体或专家学者开展"三线"建设的调查研究的态度是不那么热情的。

这些情况让我感觉到，这些年来，尽管我们许多机构和专家学者在宣传"三线"历史、弘扬"三线"精神方面做了大量工作，特别是经过两年的努力，我们"三线"建设研究会成立了，中国"三线"建设研究网站也建立了，"三线"题材的书籍、电影、电视剧也在

陆续问世,"三线"建设博物馆也在一些城市相继建立起来,但从全国范围来看,从各层次人员的反应来看,我们对"三线"建设的宣传力度还是远远不够的。因此,摆在我们研究会面前的任务是非常艰巨的。

今天,我们开会纪念党中央"三线"建设决策50周年,与50年前相比,国际、国内的形势已发生了翻天覆地的变化。改革开放的成果来之非常不易,这是党和国家几代领导集体的智慧结晶,是几代"三线"建设者艰苦奋斗,前赴后继,为国家工业经济建设作出的巨大牺牲才取得的胜利成果。

回顾"三线"建设的历史,它是中国共产党领导中国人民打破国际强权政治的封锁围堵,建设独立自主的现代化国家的一场伟大实践,为我们留下了极为丰富的物质遗产和精神遗产。因此,有同志说"三线"建设也为我们留下了一部独具特色的"'三线'文化"。

现在我们常常听到一个"文化强国"的口号。毫无疑问,文化作为一种精神力量,特别是艰苦奋斗精神能够在人们认识世界、改造世界的过程中转化为强大的物质力量,会对社会发展产生深刻的影响。在任何时代,一个国家的社会经济是否可持续发展,都离不开历史积淀所形成的文化的主导作用。我国"三线"建设的伟大成就也完全证实了这个道理。

文化的力量是巨大的,而代表一个国家、一个民族的先进文化更是需要不断创新和不断传承。攀枝花市、六盘水市"三线"建设文化传承带动了全市各项工作。"三线"人都知道,没有"三线"建设就没有四川的攀枝花市、贵州的六盘水。攀枝花是"三线"建设的龙头,是我国"三线"建设巨大成就的缩影。市委市政府多方位地开展"三线"建设文化传承工作,目前正在抢建中国"三线"建设博物馆,迎接2015年3月4日攀枝花建市50周年。六盘水市委市政府正在打造六盘水市"三线"文化品牌,力争建成"三线"文化的凝聚地。市委书记李再勇提出了"三线"建设文化"六个一"工程即出版一套丛书、创作一首弘扬"三线"精神之歌、拍摄一部

2014 年 6 月 21 日，在北京当代中国研究所会议室举行纪念"三线"建设 50 周年。中国军事科学院原副院长、钱海浩中将（右一）、原国家物资总局燃料局长王俊（右三，时年 90 岁，副部级）与张燕（右二）、刘卫平（左二）、王春才（左一）合影

电视剧、编排一套文艺节目、保护一批"三线"建设遗址、创作一部历史纪录片。市委市政府欢迎"三线"建设研究会于第四季度在六盘水召开"三线"建设学术研讨会。

我想，在座的各位，不论是"三线"建设的亲历者还是研究"三线"建设的学者，还有关注"三线"建设的宣传工作者，都应该为"三线"建设的文化构建和精神传扬尽一点义务，作出一点贡献。德阳东方汽轮机有限责任公司、四川航天工业集团有限责任公司、江苏剑桥涂装工程有限公司、重庆市贤丰信用担保有限责任公司，北京宏泰文化发展有限公司都是"三线"文化的传承带动了企业大发展。几个公司主要领导在百忙中出席座谈会，介绍他们的做法和经验，积极支持"三线"建设研究会的工作。

目前，为迎接新中国成立 65 周年，研究会正在与新华社、国家国防科工局、国家文物局等单位筹备"三线"建设大型主题摄影图片展览，计划今年 9 月中下旬在北京开展，并准备到全国各地办巡回展览。这是我们纪念"三线"建设，宣传"三线"建设的一个重要举措和实际行动，希望能得到大家的积极支持，并通过我们的网站宣传、征集到更有代表性的历史资料和照片。中国"三线"建

319

设研究网于 5 月 15 日上线试运行，运转良好，会员反映较好。今天正式上线开播，表示热烈祝贺！感谢中国社会科学院研究员、历史学家、散文家王春瑜的题词，感谢原国务院"三线"建设调整改造规划办公室秘书长、国防科工委"三线"建设调整办公室副主任于锡涛的题词。

网站开播了，社会影响力越来越大，广安的傅琳老主任就是通过网站和我联系上的，并且自己从网上下载会员申请表填报邮寄给"三线"建设研究会张燕副秘书长。希望大家多宣传网站，积极投稿。顺便告诉大家一下，上海大学徐有威教授策划的上海小"三线"纪实片待会儿播放给大家看看，他与凤凰卫视合作的《中国小"三线"》五集纪录片也将播出。西安《华商报》今年 4 月 26 日，发了五个版面的"三线"建设专版，以纪念"三线"建设 50 年，还有全国政协的《纵横》杂志，也在不断推出原创文章，宣传"三线"建设。我相信，在大家坚持不懈的共同努力下，我们研究会的工作一定会克服困难，有声有色地开展起来，我们的目标一定会实现！

（2014 年 6 月 21 日王春才在北京当代中国研究所召开的"三线"建设决策 50 周年座谈会上的发言）

二十一、攀枝花建设很成功

——流沙河先生题写"攀枝花市文物管理所"所名前后

近日，攀枝花市文物管理所负责人来电，说攀枝花市很重视文物保护工作，专门下发"政府纪要"，解决了文管所的办公场所问题，想请当代著名诗人、作家、文物专家、书法家流沙河先生题写所名。我建议他写封信给流沙河先生，我帮助协调。

流沙河先生原本姓余，今年已80高龄，1948年开始发表作品，著作等身。前些日子，四川电视台邀请流沙河先生讲古典诗词故事，观众很爱听。

10月10日，我在上海大学历史系讲述"我国大'三线'建设

2011年11月12日，著名诗人、学者流沙河先生（中），在成都家中，为攀枝花市文物管理所题字："攀枝花市文物管理所"后，又为作家王春才（左）题字"崇怀"，为作家张鸿春（右）题字"宁静"。（吴梦华摄）

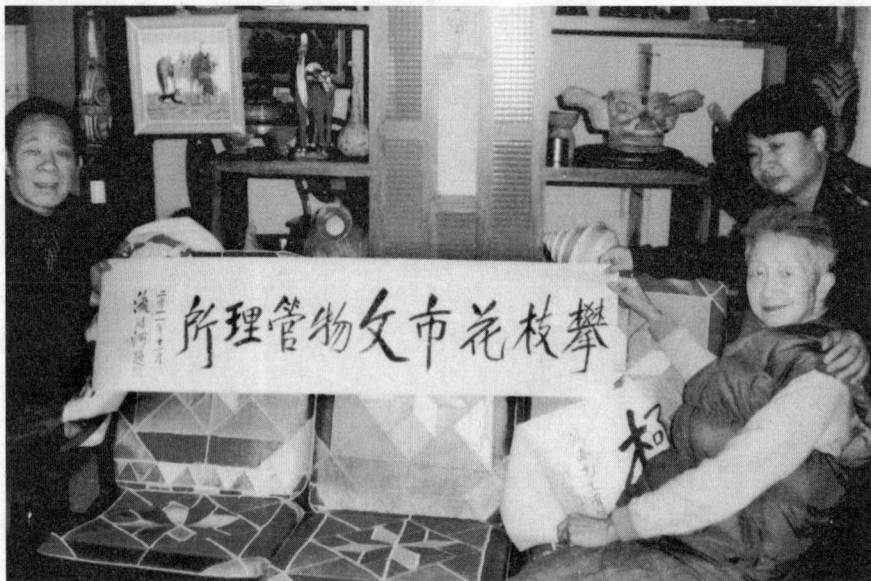

2011 年 11 月 12 日，流沙河（右前）、张鸿春（后）、王春才（左）在流沙河题字"攀枝花市文物管理所"宣纸旁合影。（吴梦华 摄）

的回忆"课程后，坐飞机回到成都家中，收到文管所所长请流沙河先生题写所名的信。10 月 21 日上午 11 时，终于拨通了流沙河先生家中的电话。我向流老说明来意，他让我立即到他家中叙谈。

流沙河先生住成都大慈祠附近，离我家不远。11 时 30 分，我来到五楼，见门上贴有"余舍"二字，我按了电铃，不一会儿流老开门相迎，不让我换鞋，引进到客厅，在沙发上就座。他送走先来的客人，转身坐上板凳，面对着我交谈。接过我赠给他一册我著的《元帅的最后岁月——彭德怀在大西南》的书（四川人民出版社出版），他认真翻阅宋任穷、张爱萍、洪学智、张宗逊将军及鲁大东、钱敏、陈荒煤、刘纪原、杜鹏程、马识途等领导同志的题词。

流老合起书放在茶几上，听我叙述书中记载彭德怀 1966 年 3 月沿着正在施工的成昆铁路到渡口市（今攀枝花市）"三线"建设现场视察的情景。流老感叹道："我上次和你见面后，很关心'三线'建设成就，读了些简报、文章，攀枝花的建设很成功！"于是我随手将受托的信递到流沙河手中。他看信后对我说："明天早上我要去乐山讲课，下午就写。9 个字分别写成大字，制牌时，字不必缩小，排列制作就行了。同时，您与我都敬重彭德怀元帅的高尚情怀，也写'崇怀'两字给您。请您下午6点钟来取。"我说："行。想不到流沙河先生办事这么爽快，我从心眼儿里高兴。"

下午，下着濛濛细雨，心想流老题字的纸不能打湿了，我准备了塑料袋提在手上，四川省作家协会会员、攀枝花市作家协会副主席张鸿春陪我打着雨伞于5点45分来到流老家，流沙河先生正在书房烤字。6点钟流老提着装月饼的大纸盒在我对面凳子上坐下，弯着身子取出10个带有墨香的白色长方块字，按"攀枝花市文物管理所"字排列顺序清点给我看，第10张写有"流沙河题"字样，并盖上了红色印章。他边点数边对我说，每个字写了很多张，再从中选一张他满意的字，整整写了一个下午。我用照相机摄下了他交字的瞬间——他正在看"所"字呢。应鸿春要求，为他题写"宁静"二字。我建议我们在他写的对联前合个影。他关上对联两侧房门，请在厨房做饭菜的老伴吴梦华老师握着相机给我们照了半身、全身相。

回到家中，闻到墨香，再次欣赏流沙河先生的题字。10个方块白纸，我用尺量了一下，62公分长，30公分宽，是用白色复

2011年11月12日，流沙河（右），与王春才（左）两人手拉他题字"崇怀"，赠送王春才。（吴梦华 摄）

2011 年 11 月 12 日下午,流沙河(右)与作家王春才(左)手拉他为作家张鸿春题字 "宁静" 二字合影。(吴梦华 摄)

印纸写的字,纸硬,不易破损,便于制牌。流老考虑周密,值得学习。

晚上我给攀枝花市文管所负责人打电话,已取到流沙河先生题字了。他高兴地说:"谢谢流老、谢谢王老。"

(原载 2011 年 11 月 21 日《攀枝花日报》)

附 录

一、夕阳归处大山青

——《彭德怀在"三线"》观后

《光明日报》1996 年 8 月 28 日在"艺海流连"专栏内，刊登了原四川文学院副院长、四川省报告文学学会副会长、中国作家协会会员、著名诗人、编审沈重同志的《夕阳归处大山青——〈彭德怀在"三线"〉观后》。本书再次刊登，让更多的人回顾《彭德怀在"三线"》这部电影。

看完电影《彭德怀在"三线"》，我默坐了许久，泪眼蒙眬中，似觉彭总并未随夕阳远去。

1966 年秋天一个阴郁的傍晚，我刚出门，便见一位气宇轩昂的老人正向布后街走来。老人身穿整洁的银灰色中山装，脚上穿着圆口黑色布鞋，步履沉稳而庄重，他边走边浏览街道两旁在秋风中乱舞的大字报，严肃的眉宇间似在凝思着什么。我觉得这位老人十分面熟，看着看着，不觉暗自喊叫起来："这不是彭德怀元帅吗!"一时间，我真想上前向彭总致敬，但看看四周，忍住了，只能满怀崇敬之情，目送老人缓缓消失在人群中。

庐山会议以后，便不见了彭总的踪影。我当时不知道彭总为什么来到成都，不知道彭总那时的生活、工作和心境，更不知道他从那些大字报丛中走过时，对党和人民的前途、命运思考了些什么。更没有想到的是，这位伟大而平凡的老人，正一如既往，以他坚定庄严的步伐，迎着风暴，走向人生的终点!

几年以后，当我有幸作为第一读者，含泪阅读王春才所著长篇纪实文学《彭德怀在"三线"》的手稿时，对彭总在那个荒唐时代里所走过的这段令人心酸、更令人肃然起敬的艰难历程，才有所了解。这是真实的又是特殊的，在我看来，作为无产阶级革命家和共和国元勋，彭总在最后岁月里所展现的精神品格，和他那些震惊中外的赫赫战功同样重要，同样光彩夺目，是他革命人生中凝重如山的尾声，应该郑重载入革命史册，垂范当代和后世。如果任凭这段历史隐没于大"三线"广袤的崇山峻岭之间，那将是我们这些后辈无法弥补的严重过失。

电影《彭德怀在"三线"》从文学纪实到电影形象，既做到了忠于原著又渗入了再创造。电影选取的只是原著的部分内容，这段经历既无传奇色彩，更无儿女情长，只是彭总与人民群众接触中的一些平凡的工作和生活场景，如果没有对人物精神品格和思想境界的深刻理解和艺术把握，一切电影语言都将显得苍白无力。导演白宏说："感染力的源只能是彭德怀朴实伟大的人格力量。"确实是这样。影片扣人心弦之处正在于此。庐山会议后，罢了官的彭总一直在北京西郊挂甲屯躬耕赋闲。他渴望继续为人民服务，然而案未翻，冤未平，就连为人民服务都失去了资格。1965 年 11 月 30 日，彭总突然受党中央和毛主席委派，到成都担任"三线"建设副总指挥。得到这样一个为人民服务的机会，彭总的欣喜之情可以想象，什么个人冤屈、人间毁誉全都置之度外。谁能想到，在他报到的第一天，《人民日报》上就转载了由江青、张春桥等人策划、由姚文元执笔的《评新编历史剧〈海瑞罢官〉》全文，攻击矛头直指彭德怀。彭总异常愤怒，但他顾全大局，不予理睬，依然忍辱负重，全身心地投入工作，以老迈之躯踏遍千山万水，深入工矿农村调查研究，并提出了具有战略意义的指导性建议。随着"文化大革命"的深入，彭总的处境越来越险恶，到 1966 年 8 月，终于无法继续工作，一场灭顶之灾正向这位刚正不阿的革命老人疯狂袭来。

一面是阴谋策划，残酷迫害，一面是身处逆境，忠贞不渝，历史在崇高与卑鄙的斗争中沉重行进。影片结尾时，彭总去贵州六盘水煤炭基地考察，漫山遍野的原中国人民抗美援朝志愿军战士，顶着"上面"的压力，向彭总报到，向彭总欢呼致敬，"为人民服务，为真理斗争"的喊声惊天动地。这一震撼心灵的场面，真实感人地表达了时代和人民对这位无私无畏的共产主义战士的无限崇敬之情。

作者：沈重

（原载 1996 年 8 月 28 日《光明日报》）

二、"三线"走出彭德怀

——看电影《彭德怀在"三线"》

1996 年 3 月 29 日中国军工报（总第 616 期）刊登了该报记者毛建福写的《"三线"走出彭德怀》文章。选登如下：

电影《彭德怀在"三线"》是根据国家计委"三线"建设调整办公室主任、作家王春才同志的长篇纪实文学《元帅的最后岁月——彭德怀在"三线"》改编的。影片由北京电影制片厂和中共四川省委党史研究室联合拍摄，3 月 18 日上午在人民大会堂举行隆重的首映式，我有幸参加了首映式。著名演员雷飞饰演彭德怀，导演白宏用朴实、真诚、生动的笔触再现了彭总的光辉形象，在场的观众无不为之动容。彭总朴实伟大的人格力量对广大观众具有永恒的感染力。

这部影片由王春才、陈文书、王焰、张官尧策划，记录了彭德怀被罢官后复出担任"三线"副总指挥的经历。可是，当他去"三线"报到的第一天，报纸上就发表了批《海瑞罢官》文章，影射地批判了彭总。作为一名元帅，也作为一名普普通通的人，他顶着巨大的政治压力，任劳任怨地"为后代多想事多出力"。他在大山里拼命，报纸上的批判越来越升级，彭德怀也只有拼命，他唯一可说的只有一句话：

"要抓紧时间！"这句简单平白，却包含着太多的内容。"三线"建设需要他，人民需要他，他必须抓紧时间，他快七十岁的人了，他挺直脊梁，看着落日，要使自己的最后岁月也有落日的辉煌，以保持晚节，更要抓紧时间。

生者且偷生，死者长已矣！

片尾字幕是江泽民同志的一段话："彭德怀同志在长期革命斗争中养成了志存高远，顾全大局，忍辱负重的可贵品格。当受到不公正待遇身处逆境时，他仍然心怀革命全局，自觉遵守党的纪律，刚正不阿，坚持真理。他的这种气节，尤为感人。"这是江泽民同志对彭总的高度评价，而影片正是塑造了这一尤为感人的形象。

作家王春才和导演白宏均把彭总塑造成大山的形象，影片一开始就是连绵的大山，大山耸立、尖削，突兀地插入灰沉败絮的云层。彭德怀缓缓抬起他那颗倔强硕大的头颅，极目远眺，眼神里流露出苦涩，悲愤中，但更多的是坚韧和自信，他披一件染成黑色的军呢大衣，步履沉稳坚定，这意思是说："我彭德怀永远是彭德怀！"不惜流血牺牲的人喜欢感受到流血牺牲时的舒畅。

彭总的确是位很富有戏剧性的人物，影片里有个镜头是他和炊事员下象棋，听听这段对话："您是元帅，赢您不合适。""你是怕输，下棋不分元帅士兵。""我怕输？杀遍机关大院无敌手！""那今天我老头子就要煞煞你的威风，让你知道人外有人天外有天。""天？蜀道难，难于上青天，巴蜀多奇才！""杀你个全军覆没俯首称臣！""让您三盘不开壶甘拜下风！""打你个片甲不留目瞪口呆！""杀您个晕头转向，不分南北！""踩车！""将军！"……

这盘棋还是彭德怀下输了，但他赢来的是平易近人和人民的信任。这一细节是作家和导演的精心安排。

影片末尾时旁白1965年12月至1966年8月，祖国大西南的每一座高山，每一条河

彭德怀在"三线"

流，都留下了彭德怀深深的脚印，真诚的叮嘱和殷切的希望。他带着一颗受伤的心匆匆而来，又带着一颗破碎的心无奈而去。无论这里的高山大川怎样呼唤，无论这里的战士、人民如何期盼，彭德怀再也没能回头。"无产阶级文化大革命"的进一步发展，使彭德怀被迫停止了他大西南"三线"建设的考察和指导。

毛主席诗云：江山如此多娇，引无数英雄竞折腰。毛主席在战争年代评价彭德怀时出口成章，诗云：山高路远坑深，大军纵横驰奔，谁敢横刀立马，唯我彭大将军。

彭德怀在片头吟哦于谦的《石灰吟》：千锤万凿出深山，烈火焚烧若等闲。粉身碎骨浑不怕，留得清白在人间！

看电影《彭德怀在"三线"》，使人看到的就是清白在人间。

作者：毛建福

（原载 1996 年 3 月 28 日《中国军工报》副刊）

三、为彭德怀补碑的人

四川彭州"三线"216厂原宣传部长陈光华，中共党员，四川省作家协会会员，中国报告文学学会会员，中国心理学大会特邀嘉宾。荣获国家"全国优秀心理学工作者"称号。曾出任《中国大"三线"报告文学丛书》执行副主编。著有《在这片曾经封闭的天地里》（曾获巴蜀文学三等奖）《拯救灵魂——中国现代心理疾患备忘录》《心理病象报告》《旌出岐山》《西北魂》等书。《"三线"人》是陈光华作家第一部长篇小说。1998年10月《中国军工报》《中国兵器报》发表了陈光华作家写的"为彭德怀补碑的人"文章，现转载如下：

"彭德怀同志在'三线'工作，这段历史，还未见著作文字记载。《彭德怀在'三线'》一书，填补了这个空白，是传记的重要补充，对读者有重大的教育意义。"

这是原陕西省作家协会副主席、已故老作家杜鹏程为《元帅的最后岁月——彭德怀在"三线"》题的词，而该书的作者便是王春才。

王春才怎么和彭德怀接上茬的呢？这要从当时的特殊的时代背景谈起。

1952年，王春才从江苏建湖中学毕业后，被保送到华东第二工业学校（即现在的扬州大学工学院）专攻建筑专业。他1954年加入中国共产党，1955年分配到成都工作。"三线"建设创业之初，组织上调其到西南局国防工办从事"三线"建设工作，后调国务院

"三线" 办公室。他先后任组长、科长、处长、局长。1994 年中央进行机构改革，将国务院 "三线" 办改为国家计委 "三线" 建设调整办公室，任命王春才为主任，挑起了 "三线" 建设的重担。1959 年，彭德怀因在庐山会议上讲了真话而被罢官。1965 年 11 月，毛泽东派彭德怀到西南建委当副主任。王春才在读小学时就崇拜彭大将军，如今他有幸经常见到、接触彭老总，终于有机会感受一代将才的胸怀。他怀着对伟人崇敬的历史的责任感，下决心用自己的笔墨让历史记住一个活着的彭德怀，让后人了解一个活生生的彭德怀。

然而，在那是非颠倒的年代，要写彭德怀这样一个政治上极为敏感的重大题材，有谁敢写?! 又谈何容易! 王春才对当时的政治环境十分了解。他虽然鼓足了政治勇气，但没有急于动笔，只是秘密地整理自己掌握的有关材料，期待正义的 "铁扫帚" 扫除中国上空的阴霾，在真理重新回到人间的春天，让他堂堂正正地书写正直无私的彭帅。

粉碎 "四人帮" 反革命集团后，彭德怀的冤案得了昭雪，明媚的春天终于来了。王春才抓住时机，运用业余时间，从搜集的 70 多万字的素材中，选择最能反映彭德怀闪光的伟绩进行写作。作家经过近 4 年的不懈努力，一个性格典型、爱憎分明、栩栩如生、呼之欲出的彭德怀跃然纸上。

1988 年 8 月，也就是彭德怀 90 诞辰前夕，这部 14 万字的纪实文字《彭德怀在 "三线"》，被多家报刊连载并由四川社科院出版社出版。为纪念彭德怀诞辰 100 周年，四川人民出版社又对此书作了第 3 次修订 5 次印刷。需要说明的是，由于不少青年读者不了解 "三线" 是怎么回事。在第 3 次改版时，作者将书名改为《元帅的最后岁月——彭德怀在 "三线"》，此书还被评为四川省优秀图书奖、四川省优秀报告文学奖。

王春才为使彭德怀这座丰碑完整无缺地屹立于世，经他策划，由峨影厂著名导演白宏将同名纪实文学改编为电影《彭德怀在 "三线"》，又由中共四川省委党史研究室和北京电影制片厂联合摄制。1996 年 3 月 18 日在北京人民大会堂举行首映式，许多同志噙着热泪看完电影后，称赞"这是一部非常好的影片，王春才为教育后人作了贡献"。此片除《人民日报》《光明日报》、中央电视台、《四川日报》等媒体作了报道外，还被评为中国电影"华表奖"提名和四川省精神文明建设"五个一工程"电影奖。

原文化部副部长陈荒煤了解王春才在"三线"工作 30 多年，是"三线"建设中工作时间最长的干部，他最清楚"三线"人的冷暖与功绩。所以，陈老呼吁王春才要多反映"三线"建设的巨大成就。经陈荒煤联系，由国务院"三线"办批准，陈荒煤担任顾问，王春才担任主编，各省、区"三线"办组织千名作者撰稿。经过编委、编审两年的努力，一部四卷、160 万字的《中国大"三线"报告文学丛书》，由四川人民出版社于 1993 年 12 月出版问世。这部丛书尽收眼底，首次系统地反映了"三线"建设历史背景及艰苦创业的历程，歌颂了"三线"人"献了青春献终身，献了终身献子孙"的精神风貌。接着，中央有关领导要求王春才将 160 万字的丛书，浓缩成一部 40 万字精选本。1997 年 1 月，《中国大"三线"》一书又由四川人民出版社出版发行。这五本书出版时，1993 年 4 月 9 日，江泽民总书记为丛书写了"让'三线'建设者的历史功绩和艰苦创业精神在新时期发扬光大"的题词，薄一波、陈荒煤作了序，邹家华题写了书名，题词的还有 16 位中央领导同志。

"三线"有写不尽的重大题材。王春才这位四川作家协会会员、中国作家协会会员、中国报告文学学会会员、四川报告文学学会副会长，并不满足出书、拍电影。1997 年，他又出任《中国大"三线"》大型历史画册编委主任，在全体编委的努力下，1998 年 10 月，中国画报社出版了这部 900 多幅珍贵照片的画册，反映了中国"三线"建设及调整的峥嵘岁月，展现了辉煌的历史画卷。

2010 年 9 月，王春才又组织，协助凤凰卫视大视野摄制了十集"'三线'往事"电视专题片，回忆了彭德怀在"三线"的往事，展现"三线"建设艰难的历程和巨大成就。弘扬"三线"人一切为了振兴中华的奉献精神。

作者：陈光华

（原载 1998 年 10 月《中国军工报》《中国兵器报》副刊）

四、西望巴蜀仰王公

——读《彭德怀"三线"岁月》有感

2013 年 11 月初,我收到原国家计委"三线"建设调整办公室主任、我国著名纪实文学作家王公春才先生从成都寄来他的又一部新著《彭德怀"三线"岁月》,纪念彭德怀元帅诞辰 115 周年,献给国家"三线"建设决策 50 周年。本书是作者自 1997 年退休后整理历年所写旧作,多次采访当年与彭总接触的众多人士,经多年写成的彭总逸事文稿,由中国文史出版社出版,2013 年 10 月第 1 版,36 万字,仅插图就有 150 多张照片,12 月出第 2 版在全国发行。王公胞弟王春瑜先生为该书作序。

《北京日报》2013 年 12 月 9 日理论周刊读书栏介绍这本书和

2008 年 10 月 24 日朱国奎(右)、左太北(中)与王春才合影

作者；《光明日报》2月8日在16版也刊登了本书的序《苍凉巴山蜀水情》，还配印了书的彩色封面。

收到王公杰作，如获至宝，不忍释手。翻开印有彭总像的新书封面，在第一页彩色空页上，春才公谦虚而又情深意长地写了如下几行字：

朱国奎先生　存正

334页有您与左权将军女儿左太北司长，我们三人在湘潭乌石镇彭德怀元帅纪念园彭总铜像前合影相片，2008年10月纪念彭总诞辰110周年，有纪念意义。

乡友　王春才
2013年11月1日于成都

看到以上几行非常熟悉的字体且又情意绵绵的赠书留言，更使我感慨万千，自今年下半年以来，不到5个月，王公已是第三次寄书给我了（上半年寄几次已记不清了），前两次寄的是两部《"三线"风云》书。近20年来，王公一直是我走上业余文艺创作道路的引路人和指导老师，无微不至地对我关爱与鼓励。2008年10月24日是彭德怀元帅诞辰110周年，经王公推荐，湖南湘潭县亦邀请我去参加彭总诞辰的纪念活动。当年，我偕王公和左权将军的女儿、国家航空工业部原计划司司长左太北同往、同行。10月24日这天，在彭总故里彭总高大的铜像前，由彭总生前卫士长景希珍老人为我和王公、左太北大姐三人拍了一张珍贵的合影照，此照片能印在王公的这部新书内，真是喜出望外！感激之情，实在难以用言语表达矣！

春才老主任、左太北司长、景希珍卫士长与我参观彭德怀纪念馆，见到了王春才著《彭德怀在"三线"》的书有几个版本以及他提供的放大贴在墙上的化名"王川"的彭德怀骨灰寄存单。三位老同志都是湘潭县委、县政府举办彭总诞辰110周年纪念活动的特邀代表。王公为了写彭总，30 余年如一日，沿着彭总在"三线"的足迹，走遍千山万水，采访与彭总接触过的一百余人，有的关键人甚至要走访多次。彭总夫人浦安修在家中、医院热情接待王春才，回忆交谈彭总过去以及在"三线"工作生活的往事，反复核对事实。当时浦安修身患乳腺癌，住在北京 301 医院，带病认真修改《彭德怀在"三线"》书稿。1987 年 12 月 25 日，还为该书题词："人间毁誉淡然对之，身处逆境忠贞不矢。"王公积累了近 70 多万字的素材，终于在 1988 年彭总诞辰 90 周年前夕，四川省社科院出版社出版了15 万字的《彭德怀在"三线"》的专著，填补了开国元帅彭德怀在西南"三线"建委任副总指挥这一时期鲜为人知的历史。

　　为了迎接中国共产党建党 70 周年，1991 年 5 月，四川人民出版社修订再版的《彭德怀在"三线"》，补充增加到 23 万字，获四川省优秀图书奖、优秀报告文学奖；1995 年经北影厂改编摄制的《彭德怀在"三线"》电影，获文化部"华表奖"提名、四川省"五个一工程奖"，2011 年 5 月被评定为国家重点公益性文化项目"农家书屋"图书发行。中国作协副主席、著名老作家陈荒煤评价该作说，它"不仅是对彭德怀元帅建设'三线'所作出的伟大贡献的真诚缅怀，也是对全体'三线'建设的同志们所取得伟大成就的真诚纪念和鼓舞。"人们称王公是"为彭德怀补碑的人"。《彭德怀在"三线"》出版面市后即被抢售一空，连王公保存的样书都被人要走。应广大读者的要求和建议，几次再版，书名改为《元帅的最后岁月——彭德怀在"三线"》。2008 年年初，王公又将历年采访补充的材料和征集到的十分珍贵的多幅图片，对原书再次修订增补，由四川人民出版社第四次再版，因当今年轻

《彭德怀在"三线"岁月》书影

人对 "三线" 的概念模糊不清（按毛泽东的战略思想，从地理上划分，我国沿海为一线，中部地区为二线，西部纵深地带为 "三线"），故将书名又改为《元帅的最后岁月——彭德怀在大西南》。当年笔者偕王公到湖南参加彭总诞辰 110 周年纪念活动，他随身带 200 余册新书，分送给各阶层人士，另外，又有很多人慕名向他要书，几天后连一本书都没能留下来。凡再向他要书的人，他都一一记下姓名、住址，回到成都后又把书分别寄出去。王公在任何时候都是言行一致，凡他承诺的事，千方百计都要兑现。

王公和左权将军女儿、国家航空工业部原计划司司长左太北很早就相熟，他们都曾经为 "三线" 企业的调整、搬迁、相互协调等做过大量的工作，王公为写彭总的书亦多次采访左太北。1942 年日军两万多人对太行腹地实施铁壁合围，八路军副总参谋长左权将军在指挥突围中不幸壮烈牺牲，解放区军民无不悲痛，朱德总司令还作了一首七绝诗，深切怀念这位为国捐躯的高级将领：

名将以身殉国家，愿拼热血卫吾华。

太行浩气传千古，留得清漳吐血花。

我在未出发前，在宝应县城请人把这首诗刻在一个水晶工艺品上，到长沙后当日赠送给左太北大姐，她看了又看，连声说 "让你太费心了！" 王公见了也很高兴，笑着说："你想得真周到。" 左权将军牺牲后，太北的幼年和学生时代大部分时间都生活在彭总家里，彭总和夫人浦安修没有子女，视太北如亲生，太北对彭伯伯和浦阿姨更怀有十分特殊的感情。左太北的名字还是彭伯伯起的。

在彭总故里彭总高大的铜像前，为王公、左太北大姐和我拍合影照的景希珍老人，一生追随彭德怀，在彭总身边当了 16 年卫士长，王公曾多次采访景老，他为王公写彭总的书提供了很珍贵的材料，且与王公结下很深厚的友谊。2008 年 10 月 23 日下午，我们到湘潭后，王公见到接待的同志首先问："景希珍来了没有？" 当得知景老由其二女儿景燕陪同已到湘潭时，颇感欣慰，住进宾馆房间后，便带上一本签好名的《元帅的最后岁月——彭德怀在大西南》的新书，让我同他去拜访景老，两位老友见面，十分高兴，似有说不完的话……景老亦为我写下他在北京的住址，邀我方便时去他家里做客。万万没有想到，时隔一年多，景老已在北京病逝，当年我写了一首悼念景老的小诗：

> 景公驾鹤归西去，噩耗传来梦亦惊。
>
> 卫士忠诚谁可比，彭帅天国旧部迎。

在《彭德怀"三线"岁月》一书中，王公亦收录了他怀念景老的文章，情深意切地写道："我与希珍相处40多年，感谢他帮助我为彭总补碑提供了翔实的材料。2010年6月19日，我由成都乘飞机专程到北京301医院看望了病重的希珍。他与疾病作斗争，最终抢救无效，于7月7日去世，享年82岁。我非常怀念他。"

光阴似箭，2013年又快过去了，迎来2014年，我经常西望巴蜀，想到的第一人便是王公春才先生，他极力鼓励、帮助我搞业余

出席2008年10月24日，彭德怀元帅诞辰110周年纪念活动，王春才（左一）、景希珍（左二、彭总卫士长）、张景全（左三、彭总卫士）、朱国奎（左四、诗人、作家）在湖南省湘潭县乌石彭德怀故居前合影。（景燕 摄）

文艺创作。1995 年年初，王公亲自请成都年逾八旬的老诗人辛自权、张志英帮我改诗稿，亲自帮我联系出版社，而且又请原国家文化部副部长、著名老作家陈荒煤和四川省作家协会主席、著名老作家马识途为我的诗稿出版题词，并请他的胞弟——中国社会科学院著名历史学家、杂文作家王春瑜先生为诗稿作序，他又为我诗稿的出版写了情深意长的前言。我几次去成都，王公和夫人吕婆常老师都亲自到机场或车站接我，不让我住招待所，叫我吃、住都在他家里，并说："你是残疾人，办了沪宝玻璃仪器厂，挣点钱也不容易，能省的钱就尽量少花。"他每次回盐城，也是多次到宝应看我，或让我坐他的车到建湖、阜宁等地采风。

王公生活朴素，吃住不讲究，到宝应看我时，我安排他住宾馆，他谢绝了，就住在我家中与我闲谈交流。于是对他学习、工作、创作的经历有了全面的了解。王春才 1935 年 11 月 12 日出生于苏州尚义桥，避日寇战火，在建湖水乡长大。1943 年在高作镇蒋王庄小学上学，1949 年夏天考入海南初中，1952 年建湖中学毕业，保送到扬州工专（扬州大学前身）读建筑专业，1954 年加入中国共产党，1955 年毕业入川投身大西南建设。先后担任成都国营七八四厂基建科长、中共中央西南局国防工办、四川省国防工办基建规划处长、国务院"三线"建设调整改造规划办公室规划二局局长、国家计委"三线"建设调整办公室主任。他本是高级工程师，却与文学有缘，受他大哥王荫（原名王春友，剧作家，盐城知名文艺工作者）影响，1957 年开始业余写作，先后发表了一些有影响的作品。勤奋出成果，成为四川省作家协会会员、中国作协会员，中国报告文学学会会员，四川省报告文学学会副会长，《中国大"三线"报告文学丛书》主编。王公对坚持创作也有过难言之处。老伴吕婆常见他经常深夜还在看书爬格子，起床推开书房门批评他说："你不要命啦！说了你多次老不听，病了再住医院，我不陪你！你是家庭一棵大树，不能倒！""感谢你关心，好，好，我马上睡觉！"王公耐心地回答。几十年来，王公从工厂到机关工作单位,有人称他文武双全,但更多的人说他写文章、出书不务正业。直到 1994 年 1 月 14 日高层领导对他从事精神、物质建设取得的成绩给予高度评价。这天上午,在成都军区新华礼堂举行《中国大"三线"报告文学丛书》首发式,各方人士 200 多人出席了会议。首先由主编王春才汇报了出书的过程,感谢领导与同志们的支持,宣读了中共中央总书记江泽民 1993 年 4 月 9 日为丛书题词:"让'三线'建设者的历史功绩和艰苦创业精神在新时期发扬光大。"大家听后热烈鼓掌。坐在主席台的丛书顾问著名老作家陈荒煤发言说王春才为"两手抓"的作家,丛书顾问国务院"三线"办主任鲁大东赞扬王春才为"两手抓"的领导。2002 年电子工业部副部长蒋崇璟是王春才的老领导,用毛笔写了一张条幅赠给王春才:"人生一征程,共长 120,事业大无边,努力往前行。"

王公退休后,有时间了,参加社会活动更多,有的"三线"的企业领导经常请他去观光指导,他常说:"有人讲干部退下来后,人走茶凉,这是正常的。我退休后,'三线'情深,'三线'的干部、职工对我更热情,不仅茶没凉,甚至升温了!"王公把毕生的精力奉献给中国大"三线"的建设与调整,退休后仍然心系"三线"企业的生存与发展,并关心"三线"人的疾苦,宣传"三线",呼吁高层努力为"三线"人排忧解难。王公还十分关心家乡盐阜革命老区的建设与发展,每年清明节他都要回家乡看看,我都几次陪王公到大卜舍河堤他的父母墓地扫墓,王公牢记父母的大恩大德,体谅家乡父老乡亲过桥行路的困难,在建湖县交通局支持下,帮助近高村、蒋王村建了桥、修了公路;还为建阳镇陆秀夫纪念馆征集 100 多幅名人字画,盐城市陆秀夫研究会李世安会长邀请王公春才担任名誉会长,我担任常务理事,我们应邀出席了 2008 年 11 月 5 日在建湖会展中心召开的"陆秀夫诞辰 770 周年纪念大会",参观了新建的陆秀夫纪念馆。家乡的领导也非常欢迎他的光临与指导。步入晚年后,王公愈加辛勤笔耕,又相继出版了《苍凉巴山蜀水情》《九九艳阳天》《日出长江》等几部百余万字的著作。凡他发表文章的报刊或出版的新书都尽快寄给了我，将他的喜乐与我共享。在收到他的又一部新著《彭德怀"三线"岁月》一书的同时，我又认真翻阅了在他担任中国"三线"建设研究会筹备领导小组副组长后，在不到一年的时间内策划出版的《中国"三线"建设文选》《"三线"风云》两部丛书。此时此刻，我仿佛又来到慈祥温厚的王公身边，聆听他讲述"三线"人"献了青春献终身，献了终身献子孙"的爱国情怀和为"三线"事业不怕牺牲的故事。

王公年逾古稀，仍然笔耕不辍，而且不断有佳作问世，我问他有什么经验？他说马老（四川省作家协会名誉主席、著名老作家、书法家、获终身文学成就奖）100岁了，还用电脑写作，是他学习的榜样、笔耕的动力。马老鼓励指导他创作，还为几本书题写了书名。

2004年8月15日，王公打电话给马老，向他汇报中国文史出版社已定稿，出版他的新著——53万字的报告文学集《日出长江》一书，请马老题写书名。马老记下王公家庭住址，王公8月20日收到了马老用毛笔写在宣纸上的《日出长江》书名，还盖了马识途红色印章，题写了两幅不同字体，王公征求家人意见都说马老书法好，从中选了一幅，印在封面上，大为新书增色。12月12日上午，王公到指挥街马老家中。马老正在利用电脑写回忆录，停机到客厅坐在沙发上，接过春才手中《日出长江》，首先翻阅目录，对苏北情怀这一章很感兴趣，放声读了"朱坝活鱼锅贴"给春才听，介绍他20世纪30年代在扬州中学读过书，苏北话他都听得懂，妻子是淮安人，参加新四军，1941年牺牲，他写的《清江壮歌》小说反映了这点。春才告诉马老，他读过《清江壮歌》，很受教育。春才不想耽误马老宝贵时间，又拿出一本《日出长江》请马老签名留念。春才接过马老签名的书，向马老汇报，这是他最后出的一本书。马老不解反问春才是怎么一回事？春才说年纪大了，该停笔休息了。马老笑着问春才："多大岁数了？""69岁了。"春才说。

"不像，不像，我看您像50多岁。我90岁了，还在写，您有生活，文笔朴实感人，给后人留下点东西，至少再写20年！"马老耐心引导春才前进。

"好，我听您的话，感谢马老鼓励，继续写!"春才向马老保证。

2006年4月15日，我与徐少奎文友，陪王公春才先生到了宝应柳宝镇人民政府，镇长衡达宝、镇人大主席何寿阳、副部长陈建梅陪春才先生参观了二妹子班纪念馆。王公多次看过《柳堡的故事》的电影，又听了班长袁静的讲解，有感而发，写了《再唱"九九艳阳天"》散文，分3个部分：荷藕之美、九九艳阳故事多、二妹今犹在。王公回到成都后，将写的3个部分87节文章目录送给马老看，马老选定书名为《九九艳阳天》，并题写了书名。2006年8月，中国文史出版社出版了《九九艳阳天》。同年9月28日，王公送书给马老，马老在书的扉页上写了鼓励的话：

春才同志

出好书，艳阳天际人共仰。

马识途

2006年9月28日

2004年王公遵照马老指示，未停笔，到2008年，4年内又出版了两册近百万字的书，得到了马老的肯定和赞扬。我问王公，动脑爬格子您身体不但没有垮，反而精神越来越好，吃的是什么灵方仙药？王公开心地告诉我，是马老开的处方，老伴精心照料，他不抽烟、不喝酒，书房坐久了，打开录音机，伴随歌声舞曲漫步，一身轻松，身体自然会好。他将马识途的《长寿三字诀》背给我听。我听了很振奋，写在纸上记在心里，像王公那样，以百岁马老为榜样，人虽老、心不老、多动脑、多动笔、多动腿、促健康、活到老、学到老、文笔妙。

朱国奎　2013年12月1日写于江苏宝应县城
2014年2月20日修改（原载《塘河》2014年1期）

五、王老的书房

我是一个"三线"人，与王老已经相识 20 多年，王老即王春才，是原国家计委"三线"建设调整办公室主任、中华人民共和国国史研究学会"三线"建设研究分会副会长、四川作家协会会员、中国作家协会会员、中国报告文学学会会员，今年 79 岁，被大家尊称为王老。

王老一直鼓励我写作，并介绍我加入了四川省作家协会，我常常到他家向他请教。王老的家位于成都市中心，是王老原单位1984 年修建的职工宿舍的六楼，170 平方米，楼房没有电梯。2014年 11 月的一天，我又来到王老的家，王老将我带进他"专用"的书房，十多平方米的书房中间靠窗口摆着一张大书桌，四周全是书柜，里面装满了书和资料，书柜门上贴满了相片，王老兴致勃勃地向我介绍相片的故事，并打开书柜门向我介绍里面的书籍、收存的纪念物品。随后，打开各房间的门让我参观。王老的家除了客厅外，其他房间也安放着大大小小的书柜，全部成了王老堆放书、资料和纪念物品的库房。

黄包车的故事

在王老书房中的一个书柜里，我看见一个小小的礼品盒，盒上系着红丝带，盒旁放着一辆黄包车模型（实物是广州产的打火机），这是王老珍藏了十多年的生日礼物，是他外孙王珽 12 岁时用自己挣的 23 元稿费买来送给他的。当时王老患中风手拄拐杖，行走困难，王琬希望外公继承他父亲王老太爷拉黄包车的前进精神，坚持走路锻炼身体。

王老的父亲王恒祥老太爷生于 1894 年的苏北平原建湖县高作乡，那里经常发水灾。1918 年，苏北平原又发大水，土地被淹，庄稼颗粒无收，王老太爷几兄弟被迫无奈到苏州谋生，因没有文化，只能做一些出力活，抬轿子或拉黄包车，王老太爷就靠拉黄包车挣钱养家。由于没有文化地方又不熟，不认识街道名和门牌号，有时就不能准确地把客人拉到目的地，这样不但得不到力钱，有时还遭到臭骂和拳打脚踢，王老太爷饱尝了没有文化的苦楚。当王老三兄弟出生后，王老太爷发誓一定要让儿子们读书，能读多少就让他们读多少。王老太爷在苏州拉了二十多年黄包车，直到 1941 年新四军解放了家乡，1946 年进行土地改革，1947 年家中分到 16 亩土地和三间房后，才回到家乡务农。王老太爷靠拉黄包车培养了文坛三兄弟王春友、王春才和王春瑜三个儿子。

2004 年 12 月 4 日，武汉《长江日报》第 6 版"冷暖人生"专栏以整版篇幅，刊登了记者万强采写的文章《文坛三兄弟》，对王老三兄弟作了介绍。老大王春友，1922 年出生，1943 年参加革命，爱好业余文艺创作，笔耕不辍，在报刊上发表的名人风采、淮剧杂谈、往事琐记、乡土拾趣、戏曲剧本、小调、民间故事等各类体裁作品几百篇，先后出版了《淮剧曲调介绍》《艺文枝叶》等书，是中国民间艺术家协会会员，担任江苏盐城市民间艺术家协会主席等职；老二王春才，1935 年出生于苏州，在行政工作之余，写"三线"著作多册，被誉为"为彭德怀补碑的人"；老三王春瑜，1937 年出生于苏州，中国社会科学院历史研究所研究员，享受国务院特殊津贴的专家，中国作家协会会员、散文家、书法家，出版史学、杂文等书籍几十种。

王老说他们家的家风就是他父亲传下来的黄包车精神，即吃苦精神和前进精神。外孙王琬从小耳濡目染，深刻理解并传承了这种家风，这令王老感到十分欣慰和自豪。

一个浓缩的 "三线" 建设史料博物馆

王老的书房资料比书籍还多，资料全部整理成册，分类摆放，俨然一个档案室，这些资料都是王老自己亲自整理的。2011年，王老接受攀枝花市文物局张鸿春局长、文物专家刘胜利的请求，决定将自己收集整理的有关彭德怀和 "三线" 建设的资料捐献给攀枝花 "三线" 建设博物馆。那段时间，王老成天就坐在书房整理资料。七十多岁的王老因长时间坐着不动，脚都坐肿了，前后花了两年的时间，才将资料整理好，并亲自将这批珍贵的文物资料护送到了攀枝花市，令有关领导、文物专家十分感动。这批文物包括中央领导、中央有关部委领导和老将军对 "三线" 建设的题词、给《彭德怀在 "三线"》一书的题词。

在书柜里还放着几十本日记本，包含了王老从1956年开始写日记以来的全部日记。坚持每天写日记让王老养成了写作的习惯，王老从1957年开始发表文章，发表的《和苏联索特尼柯夫专家相处的日子》《多亏贺老总捅了一棍子》《浦氏三姐妹(浦洁修、浦熙修、浦安修)》等作品引起了较大的反响。这一写就一发不可收，至今也没有停止创作的脚步。

因工作的关系，王老常常深入 "三线" 建设地区的各基层企业、单位，照了大量的相片。王老有一个习惯，每到一处拍的照片，他都要整理成一册，几十年下来，他的相册已有200多本。这些珍贵的相片，保留了历史的真实原貌，为王老的写作提供了有力的佐证，也为 "三线" 建设研究留下了珍贵的史料。

从1964年我们国家开始 "三线" 建设起，王老就一直工作在 "三线" 建设的领导岗位上，1997年62岁的他退休以后，也一直在研究 "三线" 建设，撰写反映 "三线" 建设的题材。满屋的资料、书籍、图片，王老的书房就是一个浓缩的 "三线" 建设史料博物馆。

绘图板的妙用

在王老书房的书桌旁，放着一块老旧的绘图板，那是王老年轻时任建筑工程师手工绘图用的。

1999 年 10 月，64 岁的王老由于长期伏案写作形成严重的颈椎病，从而引发中风。经过几个月的住院治疗，王老仍感头痛、头晕、头抬不起来、手脚发抖、抽筋、站不起来、吃饭要人喂，几个医院的西医会诊后确诊是脑梗阻造成的，很难治疗，认为病情控制住不发展就不错了。拄着拐杖回到家的王老，连生活都不能自理了，更别说写作了，这令王老非常痛苦，但生性倔强的王老不甘心这样活着。他想，脑梗阻不就是脑血管不通吗？能不能想办法打通？西医说不能，中医行不行？王老四处求医、八方寻药，成都蓉威诊所的中医刘继贤医生很肯定地告诉他：能打通，地龙就有这个功效。地龙就是蚯蚓，有通络除痹的作用。王老听从刘医生的治疗方案开始服用中药，主要成分就是地龙，并同时辅以颈椎按摩。坚持服用了 3 个多月 60 多付中药后，2002 年，王老的身体开始好转并逐渐扔掉拐杖。

2012 年 12 月，沈阳《老同志之友》杂志刊登了王老写的《地龙助我重新站起来》一文，中断三年的写作又开始了。王老的老伴吕婆常吕老坚决反对王老再写作，担心王老再犯颈椎病，但怎能阻挡得住。王老其实也担心自己的身体，为了减少写作时颈椎弯曲，王老就把以前当工程师时用的绘图板找出来，写作时斜放在书桌上便于写作。

1999 年以前，王老曾主编过《中国大"三线"报告文学丛书》《"三线"建设铸丰碑》《中国大"三线"》《航程》等书，出版了《元帅的最后岁月——彭德怀在"三线"》一书。2003 年后，大病初愈的王老倍感生命无常，更加拼命地写作。王老趴在这块倾斜的绘图板上，用钢笔又写出了《苍凉巴山蜀水情》《日出长江》《九九艳阳天》《元帅的最后岁月——彭德怀在大西南》《彭德怀"三线"岁月》

等书，共计 205 万字。

2004 年 4 月，时已 90 岁高龄的著名作家马识途为王老新作题写了《日出长江》书名，该书出版后，王老将书送给马老，并对马老说：我 69 岁了，身体不太好，我不写作了。马老说：你才 69 岁，怎么能够说自己不行？你熟悉"三线"建设，有生活，要为后人留下点东西，你再写 20 年都没有问题。王老听了马老的话，又不停笔地写作。2006 年 9 月，马老在王老新出版并题写书名的《九九艳阳天》一书的扉页上写下了鼓励的话："春才同志出好书，艳阳天际人共仰。"2008 年 7 月 13 日，马老在王春才新书《元帅的最后岁月——彭德怀在大西南》扉页上题词："好书，王春才同志又出了一本好书，可喜可贺。"10 年过去了，年逾 100 岁的马老还在写作，而曾经患中风的王老也还在写作。王老说，我感觉多动脑、多动手、多动腿，越写作身体越好。我现在的身体状况和精神状况比生病前还好，我要向马老学习，一直写下去。

在王老的书房中，有满满两柜子是有关彭德怀的资料，包括几十年来王老采访 100 多位当事人所做的采访笔记，收集的文物、资料等。

1965 年 11 月，身处逆境的彭德怀奉命到成都担任西南建委第三副主任，负责"三线"建设的工作，1966 年 12 月被红卫兵揪回北京，关押 8 年后被迫害致死。彭老总在成都工作的那段时间，因工作的关系，王老常常接触到彭老总，亲自感受到彭老总忍辱负重、一心为国、一心为民、甘为孺子牛的高尚情操，因敬重彭老总的为人和同情彭老总的遭遇，王老暗暗下决心用自己的笔墨让历史记住一个活着的彭德怀，让后人了解一个真实的彭德怀。他开始悄悄收集有关彭老总的资料。

1988 年 10 月 24 日，为了纪念彭德怀诞辰 90 周年，王老写作的《彭德怀在"三线"》经四川省社科院出版社出版了。该书 14.8 万字，第一次印刷 1 万册两个月就售完了，接着又加印 3 万册也很快售完了。

1991 年，为纪念建党 70 周年，《彭德怀在"三线"》经四川人民出版社再版发行，印刷 1 万册，内容已经增加到 23 万字。

1992 年，《元帅的最后岁月——彭德怀在"三线"》，由薄一波题写书名，由四川人民出版社出版发行，印 1 万册，内容增加到 24 万字。1998 年彭德怀诞辰 100 周年之际，彭老总的家乡湖南湘潭建彭德怀纪念馆，该书又加印了 1 万册。该书荣获四川省优秀图书奖、四川省优秀报告文学作品奖，经北影厂改编摄制的《彭德怀在"三线"》电影，获文化部"华表奖"提名、四川省"五个一工程奖"，2011 年 5 月评定为国家重点公益性文化项目"农村书屋"图书。

2008 年 10 月，为纪念彭德怀诞辰 110 周年，《元帅的最后岁月——彭德怀在大西南》经四川人民出版社出版发行，内容增加到 26 万字。此书前后印刷 4 次，并在中国共产党新闻网和人民网上连载，刚上网 3 天，点击率就达到 33 万。

2013 年 10 月，《彭德怀"三线"岁月》经中共中央党史研究室批准，由中国文史出版社出版发行，内容增至 36 万字。党史专家的评价是："《彭德怀'三线'岁月》是作者通过搜集大量史料、采访不少当事人写成的。书稿从彭德怀在'三线'的一段历史为线索，以丰富的史料和生动感人的故事，描述了无产阶级革命家彭德怀身处逆境，忧国忧民的崇高风范，书稿对广大党员干部具有较强的教育意义。"

王老从 1986 年开始动笔写作彭德怀，几十年从来没有停止过研究和写作彭德怀。1991 年，原陕西省作家协会副主席、老作家杜鹏程为该书题词："彭德怀同志在'三线'工作，这段历史，还未见于著作文字记载。《彭德怀在'三线'》一书，填补了这个空白，是传记的重要补充，对读者有重大的教育意义。"王老因而被称为"为彭德怀补碑的人"。

研究"三线"建设的灵魂

整天趴在书房里写作的王老是一个什么样的人，人们对他有多种评价。

有人评价王老是一个"大傻子"。说如果他退休后利用自己的地位和影响，将用在写作上的时间、功夫用在个人经济建设上，他一定会成为一个收入非常高的人。王老的老伴吕老说："我说他呀最划不来，一天到晚就知道'三线'、'三线'，其他啥也不关心。每天趴着写作，写出一身毛病，出书得的稿费也全部换成书，书拿来送人，还经常倒贴邮费给别人寄去。我叫他别写了，他就是不听。"

有人评价王老是一个"大乞丐"。说他在位时为"三线"企业争取项目、资金、政策，退休后还在为研究"三线"建设八方奔走，筹措经费出专刊、办中国"三线"建设研究网，还以 79 岁的高龄担任中央电视台电视纪录片《中国大"三线"》摄制组的顾问。

中华人民共和国国史研究学会"三线"建设研究分会的理事、常务理事及有关领导对王老是这样评价的：王春才是研究"三线"建设的活字典、带头人，是"三线"建设研究的灵魂。没有王春才的努力，就没有今天的中华人民共和国国史研究学会"三线"建设研究分会，也不可能有现在兴起的"三线"建设研究和宣传的热潮。

"艰苦创业、勇于创新、团结协作、无私奉献"的"三线"精神在王老身上得到了充分的体现。"三线"精神是点燃中华民族灵魂的一簇圣火，这簇圣火永远不会熄灭。王老没有给家人留下什么物质财富，却给世人留下了难得、丰厚的精神财富。

2014 年 12 月 3 日写于成都

（作者简介：晓露，原名刘常琼，女，原兵器工业部天兴仪表厂中层领导干部。中华人民共和国国史研究学会"三线"建设研究分会理事，四川省作家协会会员，吉林省白城市作家协会会员，望月文学报副主编，中国"三线"建设文选丛书《"三线"风云》编委。1971 年 8 岁时随支援"三线"建设的父母从泸州市来到位于南川金佛山脚下天星沟的天兴厂，直到 1999 年才随工厂整体搬迁到成都市。因其特殊的经历，使其对"三线"建设充满了特殊的感情。散文《"三线"精神永放光芒》荣获纪念建国 60 周年"共和国不会忘记"全国征文大赛一等奖，编入四川人民出版社 2013 年出版的大型中国"三线"建设文选丛书《"三线"风云》中。由中国戏剧出版社出版作品集《让优秀成为习惯》一书）

六、"三线"建设50年

——采访原国家计委"三线"建设调整办公室主任王春才

"三线",一个陌生的名字,一个神秘的领域。蘑菇云腾空,火箭飞天,核潜艇下水,战机展翅,呼啸的列车穿越被视为筑路禁区的大裂谷……这壮丽的画面和惊天奇迹的诞生,无不与"三线"建设紧密相连。在那巍巍群山间、莽莽丛林里、连绵草原中、茫茫沙漠上,弹指间,一座座钢都、煤城、都市拔地而起,一轮举世瞩目的"太阳"从这里冉冉升起。

20世纪60年代初,毛泽东高瞻远瞩、运筹帷幄,决定建设"三线",其规模布局之大,资产占有之多,投入资金之巨,参与人员之广,动员幅度之阔,在新中国建设史上前所未有。上千万"三线"建设者在这鲜为人知的神秘领域里,默默无闻、无私奉献,为改善我国生产力布局、增强国防实力,谱写了一曲曲感天动地、催人泪下的壮歌。在中华人民共和国的历史长河中,或许很难再重演这样的场景:在长达16年的时间里,来自祖国大江南北,数百万的工人、知识分子、军人、干部响应党中央号召,打起背包,离乡背井,跋山涉水,来到祖国的大西南、大西北,进入深山峡谷、大漠荒野。他们风餐露宿,肩扛人挑,用十几年的艰辛、血汗和生命,建起了上千座工矿、科研院所和大专院校。在这16个春秋里,占全国同期基建总投资40%的资金被投入了这片叫作"三线"的地区。

由于特殊的历史原因,"'三线'建设"曾经是个带有神秘色彩的字眼,以至于今天很多人并未听说过这个名词。实际上,直到

20 世纪 80 年代，关于它的点滴才公开见诸报端。时至今日，仍然没有公开出版一部较为全面的专门研究著作，只有几部报告文学和回忆文集可以让外界一窥其中究竟。

山雨欲来风满楼

20 世纪 60 年代初期，新中国通过为期三年的经济调整，到 1964 年，国民经济出现了一定的好转。当年 4 月下旬，国家计委提出了《第三个五年计划（1966—1970）的初步设想（汇报提纲）》。计划的主要内容概括来说，即"一农业、二国防、三基础工业"。

按照这一设想，"三五"计划的奋斗目标是集中力量解决人民的"吃穿用"问题。周恩来曾用一副对联概括这一计划的中心任务：上联是"先抓吃穿用"，下联是"实现农轻重"，横批是"综合平衡"。因此，"三五"计划当时也被称为"吃穿用计划"。如果按照这一设想，共和国在前期建设中所出现的缺失既可以得到及时的弥补，业已取得的成绩也可以得到巩固。然而，上天似乎总是在有意考验这个新生的国家。

这一年的 8 月 2 日晚上，一艘美国驱逐舰与越南鱼雷艇在北部湾发生激战，打破了中国西南边陲短暂的宁静。战事随之扩大，越南战争的战火进一步燃烧到了中国的南部边境。这个后来被称作"北部湾事件"的冲突成为一个"蝴蝶效应"的起点，影响波及数千公里外的中国北京。

就在这个夏夜，毛泽东彻夜未眠。原本就在"三五计划"中反复强调备战意识的他，这次更加坚定了对"三五计划"作进一步修改的想法。

半个月后，毛泽东就开始多次在各种会议上指出："只要帝国主义存在，就有战争的危险。我们不是帝国主义的参谋长，不晓得它什么时候要打仗。决定战争最后胜利的不是原子弹，而是常规武器。要搞'三线'工业基地的建设，一、二线也要搞点军事工业，各省都要有军事工业,要自己造步枪、冲锋枪、轻重机枪、迫击炮、子弹、炸药。有了这些东西就放心了。"自此,全国备战的气氛日趋浓厚。

"其实,当时除了借鉴苏联'二战'初期大多数军工业位于大城市而遭受德军重创,进而搬迁军工厂到乌拉尔山区的经验教训,毛主席还有平衡调整沿海和内地发展布局的考虑。因为当时绝大部分资源在内地,而加工产业却大部分在沿海,十分不合理。'三线'建设的决策是有双重原因的。"时任国家计委"三线"建设调整办公室主任的王春才说。

实际上,即使以今天所掌握的资料来看,当时对即将到来的战争的高度估计也并非没有道理:东面的美国不仅袭扰不断,甚至制订了多个对中国予以核打击的军事计划;西部的印度则刚刚与中国结束边境战争不到两年,复仇心切;北面已经反目的苏联更是在中苏边界屯兵百万,虎视眈眈。有共和国史学者研究指出:"'三线'建设的两次高潮,都是面临美国、苏联袭击的威胁之下进行的。这充分说明,我们的战备并非无的放矢。"

作为这种认识的延伸,到1965年9月、10月间,中央工作会议讨论通过了根据党中央和毛泽东的意见重新拟订的"三五"计划。修改后的"三五"计划强调,必须立足于战争,从准备大打、早打出发,积极备战,把国防建设放在第一位,加快"三线"建设,逐步改变工业布局。这样,"三五"计划就正式将原来的以"吃穿用"为中心,改变为以"战备"为中心。

由此拉开序幕,"三线"建设迅速掀起高潮,数以百万计的中国人的命运因此发生改变。他们以及他们的后代子孙,也正是从此时开始,和共和国以一种前所未有的方式联系在了一起。

好人好马上"三线"

曾有社会学者说,"三线"建设是中国历史上一次最宏大的"移民"。更有文化学者说,"三线"建设推动了东部城市文化向西部的进程。

或许今天的人们再难理解一句口号、一个号召所带来的影响力。近年由"'三线'子弟"、著名导演王小帅拍摄的电影《青红》《我11》，鲜有地从侧面反映了在毛主席"好人好马上'三线'、备战备荒为人民"的号召下，数以万计曾经居住在工矿企业的上海人远赴贵州、四川参加"三线"建设的酸甜苦辣、悲欢离合。

实际上，当年举家搬迁、远赴异地他乡、投身"三线"建设的中国人远不止上海一处。在这项横跨三个"五年计划"的建设过程中，各地数以百万计的优秀建设者不讲条件、不问报酬、不计得失，从四面八方会集到这片大"三线"地区。

"当时，我们说好人好马上'三线'，就是要求参加'三线'建设的人员必须没有复杂的社会关系，家里出身要好。"王春才回忆当年全国人民支援三线建设的热情时说，"去不了'三线'的人，在单位里甚至都抬不起头。人们听说毛主席因为'三线'建设睡不好觉，就纷纷号召、互相鼓舞道：为了让毛主席睡好觉，大家要一起奔赴'三线'建设"。

建设者中有从国家机关抽调的上千名领导干部，有从科研单位选调的上万名科技人员；有从沿海内迁的数万名职工，有从老工业基地和老企业调来的十几万工程、管理和生产的骨干；还有成建制调来的数十万人的建筑安装队伍和解放军铁道兵、工程兵指战员，以及上百万退伍军人、民兵、民工。总数超过400万（尚不包括奋战在各省"小'三线'"的建设人员）的人力，投入了"三线"建设这场大的战役之中。

"当时，仅上海一个城市，就去了150多万人，非常不简单。'三线'建设重点在西南地区，其项目投资占全国1/3。1966年'三线'建设高潮时，领导干部带头到'三线'，国务院有18个部委43名副部级以上领导在'三线'蹲点指挥建设。"王春才说。在这些人中，有的人是家中独子，按政策本可以不去，但他们却毅然前往；有的人新婚蜜月未满，就别离出发；还有的人索性携儿女带父母，三代人举家西迁。离开老厂时披红戴花，全厂列队欢送，到新地区后亦受到热烈欢迎；即使明知此行意味着从此与家乡永别，却也意气风发地投入这场热火朝天的建设中来。其精神，即使在今天看来亦不乏崇高之情。

1968 年走出校门来到"三线"建设重点地区（甘肃刘家峡和酒泉基地）、在"三线"这块热土上先后奋战 14 年的胡锦涛、温家宝，被分配到湖北十堰市第二汽车制造厂工作的李岚清、王兆国，这些后来的党和国家领导人，是历经"三线"建设的艰难困苦洗礼成长起来的一批优秀干部的缩影。

或许伴随着铁道部的撤并，今后的人们将更难知道一个叫作中国人民解放军铁道兵的群体。然而，正是这批或许终将为历史所遗忘的群体，在"三线"建设中发挥了举足轻重的作用。

"三线"建设首先是从修建铁路开始并以之为重点的。在遍布广大"三线"地区的铁路系列建设会战中，近 20 万铁路职工、铁道兵指战员和上百万民工队伍，以一往无前、奋不顾身的精神，投入了施工作业中。在很短的时间内，他们开挖了土石方 6 亿多立方米，架构了总长度 420 公里的 3500 座桥梁，打通了总长达 1000 多公里的 1750 个隧道。

"三线"地区铁路建设条件之恶劣艰苦，建设者们奋战精神之英勇顽强，仅从成昆铁路的修建即可见一斑。这条干线途经四川西南和云南北部的崇山峻岭，70%的地段地势险恶，地质结构极为复杂，素有"地质博物馆"之称。干线跨越的大渡河、金沙江等河流两岸，分布着高达几百米的悬崖峭壁。如此艰险的铁路建设条件，在中国和世界铁路史上都是罕见的。

当被问及"什么是'三线'精神"时，王春才如是回答："为了国家和人民，不计个人得失，无私奉献、艰苦奋斗。"

在筑路过程中，每个连队都有一座陵园，少则四五十人，多则七八十人，为筑路牺牲的建设者不下千人。这其中，涌现出了无数可歌可泣的英雄事迹。铁道兵部队某部战士徐文科在隧道发生大塌方、巨石压烂下半身的情况下，临终前仍坚毅地表示："我为修成昆铁路而死，死得光荣。"建设者们以惊人的毅力，付出巨大的牺牲，终于创造出世界铁路史上的奇迹。1970 年 7 月 1 日，总长1085 公里的成昆铁路全线通车。这条铁路全线共修建桥梁 991 座，总长度相当于 56 座武汉长江大桥，修凿隧道 427 座，总延长 341公里。全线有 1/3 的车站因地势险恶，无合适的地方可建，只好建在桥梁上和隧道里。

除了铁道兵这样的群体，其他工矿企业建设者的故事同样可歌可泣。属于建设项目重中之重的攀枝花钢铁工业基地，坐落在四川人烟稀少、山岭陡峭的横断山脉渡口。五万建设者在不具备大规模施工条件的荒凉山坡上，摆开了施工会战的现场。他们的粮食要自己用骡子运，吃水要下到谷底端，吃不到蔬菜就吃野菜。建设人员发扬"干打垒""人拉肩扛"的精神，经过十余年艰辛创业和科研攻关，建起了一个现代化的大型钢铁联合企业。到 1980 年，这一企业成为西南最大的钢铁工业基地。贵州六盘水地区的煤炭会战，十多万建设者在生活十分艰苦的条件下，斗志始终非常高昂，克服种种意想不到的困难，按期完成了年产近 1000 万吨的矿井建设任务。在四川、湖北、河南等省展开的石油、天然气大会战中，40多万建设人员在荒山野岭中夜以继日地奋战，打出了一口又一口高产气井，找到了江汉、南阳两大油田。

面对"三线"建设者们所创造出的一系列奇迹，一直关心"三线"建设的邓小平在视察了成昆铁路一线天工地后，惊叹道："人民创造了历史！"

"可以说，'三线'建设是扬国威、振军威的一项伟大建设！"王春才也激动地说。

著名共和国史学者、社科院研究员陈东林在其专著《"三线"建设——备战时期的西部开发》中这样评价："从西北人迹罕至的荒原沙漠，到西南交通闭塞的深山僻谷，'三线'建设会战工地的动人事迹随处可见，不胜枚举。正是靠这种高度的爱国热情和忘我的奋斗精神，'三线'建设者们建起了我国可靠的战略后方基地。他们在创造了巨大的物质财富的同时，也为我们留下了艰苦奋斗、无私奉献的精神财富。"

栉风沐雨十六年

如果用"千军万马"来形容"三线"建设之初的热火朝天的话，那么用"跌宕起伏"来形容"三线"建设后来的命运也同样贴切。

1965 年下半年，正在祖国大西南的深山远郊开山修路、建厂生产而将思乡之情抛之脑后的建设者们或许还不知道，一场刮起自北京首都的风波，即将给他们的生产生活带来翻天覆地的影响。

"文化大革命"开始后，从中央到地方，负责"三线"建设的各级领导人几乎都遭到冲击。从在"三线"建设中有职无权的彭德怀，到"三线"建设的规划者、执行者罗瑞卿，无一例外。

1967 年后的两年多时间里，不少"三线"建设重点项目如成昆铁路、重庆兵器工业基地等处于停顿或半停顿状态，其余的也在艰难维持之中。1967 年、1968 年，国家完成的基建投资总额分别只相当于 1966 年的 66.9% 和 50%。动乱最严重的三年中，"三线"建设基本处于停顿状态。本应在 1970 年全部完成的"三五计划"建设任务，也被迫推迟到"四五计划"，不少"三线"企业更是陷入了内斗的旋涡。

因备战而起的"三线"建设，也因战事的紧张而再次获得重生的机会。1969 年，中苏珍宝岛武装冲突爆发，全国局势骤然紧张，因"文化大革命"而瘫痪、半瘫痪的"三线"建设却由此掀起了第二个高潮。一系列整顿和恢复措施的实施，使"三线"地区的投资和建设得到加强。十余年的"三线"建设中，大部分项目在这一阶段续建、新建并陆续完成，如成昆铁路、襄渝铁路、湖北江汉油田、湖北十堰第二汽车厂、四川西昌航天发射基地、西南核燃料生产基地等。

　　"三线"建设的重新崛起，带动了国民经济由"文化大革命"前期的停滞不前和倒退，向相对有序的建设转换。1969 年，工农业生产总产值 2495.5 亿元，比上年增长 23.8%。到 1970 年年底，工业总产值 2421 亿元，为计划的 121.1%，国家财政结余达 13.5 亿元。这其中，"三线"建设的带动作用功不可没。"如果没有'三线'建设举世瞩目的成就，没有其对西部地区战略大后方的建设，也难以对潜在的来犯之敌产生有效的战略吓阻，更没有今天的国防科技、西部地区的经济实力。"王春才评价道。

　　在接下来的"四五计划"中，"三线"建设仍是该阶段的主要任务和中心，甚至有了为配合"三线"建设"新十大协作区战略布局"的考虑。这一时期，由于有国内外多种因素的影响，军事工业在此轮建设中具有压倒一切的地位，但其中存在的盲目性建设也造成了不小的浪费。

　　进入 20 世纪 70 年代，由于国内国际形势的变化，中国在结束"四面受敌"紧张状态的同时，随着邓小平等人的相继复出，中央开始对"三线"建设进行产业、区域上的平衡调整，各项措施也陆续初见成效。而随后真正进一步改变"三线"建设命运的，则是"文化大革命"结束后党的十一届三中全会的召开以及党中央对国内外和平与战争形势全新的判断。

　　"'三线'建设是在错误的时间、错误的地点，进行的一场错误的建设"，"和平与发展在新中国成立后事实上早就是世界的主旋律"，"'三线'建设违背了经济建设的特定规律，造成了人力、物力、财力的巨大浪费"，诸如此类的质疑和批判之声，一时间不绝于耳。这种从未有过的争论之声，在当年那批"献了青春献终身，献了终身献子孙"的"'三线'人"听来，显得尤为刺耳。一时间，"孔雀东南飞""一江春水向东流"的潮流开始在"三线"建设者中涌动。"三线"地区人心浮动，许多"三线"职工提出了解决多年积压问题的要求，如家属就业、子女就学、离退休、返城等问题。据 1999 年出版的《"三线"建设铸丰碑》记载："1980 年，要求调走的'三线'

企业的中年科技骨干占该层面 30% 以上, 部分地区高达 80%。1983年, 甚至出现了赴上海参与设计工作的来自位于四川的中国核动力研究设计院 160 多位技术人员在工程下马后集体不愿回川的事件。"

这一系列的情况, 引起了中央领导人的高度重视。中央专门召开政治局会议, 既充分肯定了 "三线" 建设决策的正确性和实施中取得的巨大成绩, 也客观地指出了其存在的缺陷和仓促之处。鉴于这种情况, 人心浮动的 "三线" 地区得到一定的稳定。

随后, 从 1979 年到 1983 年, 中共中央、国务院采取了一系列稳定 "三线" 的措施, 例如, 对 "三线" 建设进行初步调整, 压缩基建战线、调整投资方向; 将部分军工产品生产任务严重不足的企业转入生产民品; 在关停部分难以维持的企业的同时, 制定了一系列解决 "三线" 职工困难的政策。到 80 年代初期, "三线" 建设基本进入收尾阶段。

调整与改造: "三线" 新生

不可否认, 诞生于备战年代的 "三线" 建设, 确实存在着诸多弊端: 选址分散、偏远, 有的条件相当闭塞且恶劣; 规模进度过大、过快而经济效率又过低; 军事重工业过多导致工农业比例失衡等。这些弊端无一不成为阻碍和制约 "三线" 企业生存与发展的 "绊脚石"。

"由于备战需要, 不少企业处于交通信息不便的深山之中。一个工厂数万人的水、电都要自己解决。因为担心飞机轰炸, 厂房修建地都靠山且小而分散。位于甘肃天水的某厂就因为靠山太近, 1991 年因下暴雨而引发山体滑坡造成数名工人被冲埋在泥石下面, 伤亡惨重。还有的工厂选址不当, 存在地方病甚至放射性物质, 造成不少职工患病、职工生活困难。" 亲自全程参与 "三线" 工厂调整改造过程、走过为数众多的 "三线" 工厂的王春才, 至今回忆起这些场景仍觉历历在目。

　　针对这些情况，中央采取一系列措施为"三线"企业寻求出路。在对"三线"企业进行长达半年多的调查后，认定成功的企业占 48%，基本成功的占 45%，不成功的主要是厂址存在严重问题的占 7%。为此，国务院对"三线"企业制定了"调整、改造、发挥作用"的方针，为"三线"企业带来了生存发展的转机。

　　1988 年 7 月，国务院"三线"建设调整改造规划办公室在襄阳召开"三线"军工企业重大民品开发座谈会，会后向国家计委提出《关于发挥"三线"军工优势，进一步开发重大民品的报告》，"三线"企业以军转民为代表的产品方向和产业结构调整就此展开。有的生产手枪的工厂改生产冰箱，有的生产雷达的工厂改生产面包车。在此轮调整中，涅槃重生的东风汽车公司、红河卷烟厂、中国嘉陵工业股份有限公司等陆续上市的"三线"企业就是其中的佼佼者。

　　"实际上，虽然'三线'建设历经 16 年，但是对其调整和改造却历经'七五''八五''九五''十五'才基本完成，到'十一五'才真正完善。搬迁改造过程中，由国家、企业主管单位、企业自身三方共同出资完成搬迁改造。其中，国家还给予列入'三线'调整规划企业生产的民品享受免缴 17% 增值税的政策。以 2008 年曾遭遇汶川大地震的四川德阳东方汽轮机厂为例，山沟里旧厂房、旧住宅震毁一大片，死伤人员惨重，而用这退税的 5 亿多元新盖的科技大楼、厂房、医院、住宅却没有倒塌，减少了人员伤亡。"王春才说。

　　1993 年 4 月 13 日，时任国务院总理的李鹏在中央专委第八次会议上高兴地评价道："我想，我们有两件事是做对了：一件事是军转民，应该说外国挺羡慕我们的；第二件事就是'三线'企业的搬迁改造……现在看来这两件事情是走在人家前面了。"

"三线"伟业，永载史册

　　长期关注和研究"三线"建设的陈东林教授这样评价"三线"建设："'三线'建设使我国确立了巩固的西部战略后方，初步改变了中国东西部经济发展相差过大的状况，成绩是主要的；同时，在当时的历史环境中，也出现了不容忽视的失误和偏差。"

"不能单纯从经济角度来评价'三线'建设，这是不全面的。要从战略高度和当时的特殊历史背景来考察。我们今天的西昌、酒泉卫星发射基地和钢城攀枝花等一系列'三线'建设时期留下的宝贵遗产，在当今形势下，仍然具有现实意义，为国家发挥了重要作用。"作为参与"三线"建设时间最长的"活字典"王春才，丝毫不掩饰自己对"三线"建设的崇敬之情。

实际上，21世纪发生的和正在进行的伊拉克战争、阿富汗战争已经从侧面证明，在高科技战争、信息化战争等概念不断被刷新和实践的时代，"三线"建设的一系列成就对中国这样一个陆海复合型国家的国土安全仍然具有重大的战略意义。从大战略角度来看，"三线"建设其实是中国近现代史上第一次确立了以东西方划分前后方的国防战略方针，由此建成了巩固的西部后方，为维护国家安全多了一道坚实的屏障。

从区域经济发展来看，"三线"建设甚至与后来的西部大开发、现在热议的"西进战略"一脉相承。在初步改变了中国东西部经济布局不平衡的同时，还为后续的建设发展奠定了基础。通过"三线"建设，西部地区建成了一大批工业交通基础设施，新增了一大批科技力量，提高了西部地区的生产力水平。湖北第二汽车制造厂、陕西汽车制造厂、四川汽车制造厂等骨干企业的汽车年产量，已占当时全国产量的1/3。无论是能源工业、机械工业、钢铁工业还是科研院所，在当时已经在国民经济建设中扮演了举足轻重的角色。到1978年，经过"三线"建设的投入，西部地区的工业总产值从1952年的占全国9.61%上升到40.29%，是新中国成立以来的最高水平。东部地区与西部地区的工业、重工业总产值的比例，已经从1952年的约7∶3变为1978年的约6∶4，其中西部重工业总产值在"三线"建设第一个高潮的1965年已经接近东部水平。

一批新兴工业城市在西部陆续建成，西部地区经济、社会、文化生活也被带动起来，这是"三线"建设的又一贡献。攀枝花、六盘水、十堰、金昌过去都是山沟野岭，现在成为世界著名的钢城、煤都、汽车城和镍都。几十个古城被注入新鲜血液而成为现代化的工业城市和交通枢纽，如四川的绵阳、泸州，湖北的襄阳、宜昌，云南的曲靖，陕西的宝鸡，贵州的遵义、凯里等。

除此之外，"三线"建设也为后来的西部大开发和"西进战略"提供了经验教训：进行大规模建设必须按经济规律办事，处理好各方面的关系；注意走可持续发展之路；注重环境保护等。"由于'三线'建设钻山太深、过于分散，信息和交通都不大方便。甚至有的工厂因为近亲结婚，不少第三代还出现了遗传病。如果没有后期的调整改造，不少厂子确实将难以为继。"当谈及"三线"建设中存在的一些问题，王春才实事求是地说。

但是无论如何，"三线"建设中所凸显的奉献精神、艰苦奋斗的优良传统则值得世代继承。正如曾经奋战在甘肃酒泉的"'三线'人"温家宝在 2003 年答记者问时所说："我在大学学地质到从事地质工作整整 25 年。这期间大部分是在非常艰苦和恶劣的环境中度过的。我深知人生的艰辛，也知道国家建设的艰难，但我也树立了一种信念：一个人、一个民族、一个国家，只要不畏艰险，勇于攀登，一定能达到光辉的顶点。"

作者：姚亿博

（原载《纵横》2014 年第 6 期）

后　记

一

长期搞行政工作，业余别无爱好，一有空闲就喜欢写点什么，有时在差旅途中、在节假日、在妻儿的梦榻之旁。为此，曾被视为"不务正业"，大多是善意的，规劝性的；但更多的则是鼓励，希望我多写一点。对这两种意见，我都心存感激，同时也颇感歉愧，因为都辜负了他们的好意。既没有放弃这种业余爱好，本职工作也不敢稍有懈怠和疏忽，所以真正执笔的时间少得可怜，更无充裕的时间来精雕细琢了。虽然如此，我并不后悔，因为我是付出了心血的，对社会也算是做了一点微薄的贡献。

我是学理工科的，1955 年 7 月从江苏扬州工专建筑专业毕业后，响应建设大西南的号召，分配到成都 784 厂。当年 8 月 1 日由镇江上船，在武汉转船经三峡到重庆，又从重庆乘火车到成都，路上整整走了 17 天。这是我第一次领略巴山蜀水的雄奇险峻。那时的成都火车站比较简陋，站前也没有公共汽车，我只得雇了一辆黄包车，将行李放在车上。拉车的是位老年车夫，他让我坐上车去，我说我不坐。他奇怪地看了我一眼，拉着车在前面走，我在后面跟着车子走。这位老车夫不知道，我的父亲恒祥公和他一样，旧社会在苏州拉了三十多年黄包车，饥寒交迫、含辛茹苦，好不容易才拉扯大了我们三兄弟和大姐，我不能一踏上工作岗位就忘本，让老车夫拉我。我的第一篇日记，记的就是这件事。从此我养成了记笔记的习惯，既练笔，也积累了素材。我时时觉得父亲在冥冥之中慈爱地注视着我。

　　成都784厂和715厂、719厂、773厂是20世纪50年代苏联援建的电子工业项目，当时刚开始建设，我背着经纬仪、水平仪在工地测量放线，成天既忙碌又愉快。1956年我被抽到四厂建厂指挥部苏联专家办公室工作。1957年恰逢庆祝俄国十月革命40周年，报纸上热烈宣传中苏友好，当时《成都日报》副刊部的萧青老师约我写一篇有关苏联专家工作生活的文章。我抱着试试看的心情，写了《和格·阿·索特尼柯夫专家相处的日子》，被采用，刊登在1957年11月16日的《成都日报》上。这是我发表的第一篇习作，虽然粗糙，却引发了我业余写作的兴趣，从此便陆陆续续写了一些东西。直到"文化大革命"搁笔，十年中没有写过一字。如果没有党的十一届三中全会后大地回春，我与文学恐怕就此断缘了。

　　我在基层工作了十年，1965年调中共中央西南局国防工办，1970年转四川省国防工办，1983年调国务院"三线"办，在"三线"国防建设、规划、调整领导机关工作了三十多年，我经常出差，去北京开会，在"三线"建设的大山沟里出没，接触的面广了，认识了许多老领导，结识了许多老同志新朋友，看到、听到了许多使我感动的人和事。其中令我终生难忘的彭德怀元帅受党中央、毛主席委派，从北京挂甲屯到西南"三线"建设指挥部工作、生活、挨批、被揪，忍辱负重，直至含冤去世的那一段悲壮的经历。这些发生在巴山蜀水间的故事，就像一座苍凉的大山，沉甸甸地压在我心上，使我坐立不安。搜集的资料越积越厚，我终于下定决心，怀着崇敬的心情，以自己拙劣的文笔，把彭总在"三线"的事迹如实地写下来，让更多的人学习彭总的崇高品德。1988年，长篇纪实文学《彭德怀在"三线"》一书终于由四川省社科院出版社出版了。作品问世后，不少报刊转载，读者反响强烈。1991年，四川人民出版社又修订再版了该书，书名改为《元帅的最后岁月——彭德怀在"三线"》。为纪念彭德怀元帅诞辰110周年，四川人民出版社2008年

7月第四次修订再版《元帅的最后岁月——彭德怀在大西南》。

遗憾的是，虽经增补，仍有不少事迹未及收入；更多的则是在我采访过程中了解到的一些感人故事。我曾把这些书外的故事告诉过中国作家协会副主席、著名作家陈荒煤同志和其他朋友，他们听后都很感兴趣。1996年3月27日，我去北京医院探望病中的陈荒煤老人，旧话重提，他热情鼓励我再写一本书《我写彭德怀》，当即为我题写了书名。我自己也有这个想法，陆续写了一些，但行政工作繁忙，心有余而力不足。1997年下半年，我退休了，这才有时间开始整理历年所写旧作，又采访了当年与彭总接触的众多人士，经过多年写成彭总逸事文稿，也即陈荒煤老人建议的 "我写彭德怀"，总算没有辜负他生前对我的期望。彭总无产阶级革命家的崇高品德是一座不朽的丰碑，他留在巴山蜀水间最后岁月的苍凉深情是丰碑上浓重的一笔，因此取了《苍凉巴山蜀水情——彭德怀 "三线" 岁月》这个书名。

2011年，本书稿由三弟王春瑜交给中国文史出版社张建安主任，出版社领导确定殷旭编辑担任该书责任编辑。为了增强读者直观感，文稿中配置了一些 "三线" 历史及人物图片。这次撰写本书采纳了一些热心读者好的建议。2011年10月30日晚上，我接到成都航天工业西南物资站汪俊华女医生的电话，收到郭自力老友送给她的《元帅的最后岁月——彭德怀在大西南》一书，她几天就读完了，彭老总的事迹感人，但书中不足之处，没有邓小平对彭德怀一生评价的文章。感谢汪医生提出的好意见，本书增加了 "中共中央副主席邓小平同志在彭德怀同志追悼会上的悼词"，对彭德怀伟大坎坷的一生有个全面的了解。近期，中央电视台正在摄制 "永远的铁道兵" 电视剧，年内即将公映。在铁二局宣传部积极组织安排下，5月23日，剧组刘洪浩导演、摄影师在成都摄影棚专题采访我，我讲述了彭德怀1966年3月22日至3月31日，重返长征路，考察正在艰难施工的成昆铁路时所历所为和感人的故事。成昆铁路是西南地区交通的大动脉，凝聚了彭德怀的心血。永远不忘彭老总在逆境中忧国、忧民为"三线"建设作出的重大贡献。

要感谢钱敏、陈东林、许水涛、张振亚、左太北、綦魁英、赵凤池、刘云、贾月泉、杜信、雷文、彭文政、左德新、孙世安、孙文启、雷飞、郑幼敏、陈文书、白宏、张官尧、田文义、沈重、张力、胡曲平、陈晓宏、刘卫平、王春瑜、张吉霞、张建安、殷旭、姚智瑞、李乔、顾勇、曹国斌、杨克芝、骆卫阳、倪同正、陆仲晖、沈钧、赖小红、张鸿春、刘胜利、余朝林、沈世平、王俊、王观庭、程立斌、王春颖、李汉君、陈光华、杨盛清、张永陆、于锡涛、毕小青、薛晓燕、鲁军民、毛建福、郭自力、李忠德、王桂田、王学言、付涛、唐为国、王亚军、王光辉、刘焰光、李世安、肖景林、杜乃彤等同志对我撰写出版《彭德怀在"三线"》多年的鼓励与帮助和大力支持。

非常怀念已去世的宋任穷、张爱萍、洪学智、浦安修、景希珍、王焰、朱光、彭梅魁、程子华、邓华、鲁大东、陈荒煤、杜鹏程、李尔华、文新华、浦洁修、黄碧华、杨沛、陈凤悟、辛自权、周万松、石永寿、李鸣鹏、徐弈培、季文广、郭万夫、杜恒产、陈如品、徐弛、李非平、李敏、李敏鹏、孟久振、刘森、于淑琴、廖开诚、何光、沈学礼、陈雪峰、周长庆、吉大伟、陈功文、邓肇麟、付显文、李发魁、余庆、赵达、宋书法、黄少云高层领导同志与友人，他们为我抢救彭德怀在"三线"的材料补碑作出重大贡献。他们永远是我不忘感恩，努力奋进的力量。感谢中共中央党史研究室支持中国文史出版社出版《彭德怀"三线"岁月》一书，并向他们表示敬意。谨以此书深刻缅怀彭德怀元帅。

还要感谢大哥王春友（又名王荫），他从 1943 年参加革命起开始写作，在江苏盐城市文化局离休 30 年依然笔耕不辍，2011 年 90 岁了，仍然带病伏桌创作了 20 多万字的《凤凰展翅迎铁军》的书稿交江苏文艺出版社出版。多年来倾心支持我撰写《彭德怀在"三线"》，1987 年以故事倒叙性手法帮我改写了书中"天涯海角觅忠魂"文稿，手抄 33 页寄给我，收入《彭德怀在"三线"》书中，成为第十章，即寻找彭德怀骨灰这一章，提升了史料价值和文学价值，该文章曾被国内外多家报刊转载文摘。大哥 2012 年 5 月 7 日在盐城市第一人民医院因心肌衰竭逝世，享年 91 岁。他是我和春瑜弟为人为文的学习榜样；三弟春瑜是历史研究员，"文史一线牵" 作家，创作颇丰，破例为我著作《彭德怀 "三线" 岁月》一书作序。最后要感谢贤惠勤劳的妻子吕娄常，几十年来她抚儿育女，操劳家务，精心照顾我，我能坚持从事写作并取得一定成绩，有一半以上功劳是属于她的。

二

2013 年 5 月，我的著作《彭德怀 "三线" 岁月》书稿，由中国文史出版社出版，360 千字。中国文史出版社 2013 年 10 月印了 5000 册，很快脱销，同年 12 月又印了 5000 册，深受读者欢迎。

日子过得真快，三年过去了。春瑜弟又帮助我筹划出版《巴山蜀水 "三线" 情》一书。

2005 年 12 月 4 日，武汉长江日报冷暖人生专栏刊登了高级记者万强写的 "文坛三兄弟" 文章，开场白是这样写的："一个人闲来酷爱写作，并时有作品见诸报刊，这并非难事；一家人都有写作热情，这也没啥了不得的；如果一门三兄弟都以各自的见识和文字功力跻 '国' 字号协会，这就不能不叫人称奇了。苏北里下河平原的王氏家门走出了三兄弟——84 岁的王春友，江苏省盐城市文化局离休干部，中国民间艺术家协会会员，70 岁的王春才，曾任国家计委 "三线" 建设调整办公室主任，中国作家协会会员，68 岁的王春瑜，中国社会科学院历史研究所研究员，中国作家协会会员。三兄弟是如何走上写作道路的呢？请听记者慢慢道来。" 记者万强分三部分写的：

寒门手足情、崎岖文学路、为霞尚漫天。

春友兄看了 "文坛三兄弟" 文章，说自己不够资格，上不了文

坛，我也说，我也不
够资格，上不了文坛，
但春友兄与我一致认
为三弟春瑜是文坛资
深人物，春瑜弟看了
该文章，首先感谢记
者对我们三兄弟的鼓
励，但拔高了。只是

1998 年 10 月 12 日，
"文坛三兄弟"在故乡阜
宁河边合影

"黄包车夫的三个儿子"罢了，三兄弟退休了，父亲是天，人老精
神不能老，退而不休，但人总要离世的，2012 年 5 月 7 日 91 岁的
春友大哥生病去世了，要学习传承大哥一生勤奋学习创作的精神，
他是盐阜文化的传承者，也是我们童年学习的启蒙老师。春友兄留
下 20 多万字的文稿很有价值，还原历史，留给后人，长兄如父，
提出作为春友兄《艺文枝叶》书续集编印，得到了侄儿爱东、爱楠
及侄女爱琴的支持。

2016 年元旦，三弟春瑜从北京家中打电话到成都祝贺我及家
人新年快乐，他策划我再出版一册《巴山蜀水"三线"情》的书，
将文稿先寄给他看看。我答应了，并向他表示感谢。春瑜弟说不用
谢，我们在父母培植下，从苦水中长大的。1943 年兄弟俩同一天
上小学读书，1949 年夏天同时考入初中，1952 年夏天同时建湖初
中毕业，从小学到初中，同班同组学习，上初中时，同床睡觉，母
亲给我们三条裤子兄弟两个换着穿，一次我将洗的裤子挂在教室外
的绳子上晒，不知被谁取走了。母亲得知后将春友大哥一条旧裤子
改小给我们换着穿，并鼓励我们克服困难勤奋读书成长。母亲的教
导，一直是我们三兄弟创作的动力。

我抓紧时间，选了 40 多万字文章寄给春瑜弟，他收到后，花
了两天时间，将选上的 17 万字文章进行删改，我又新写了多篇，
重新组合，内容分两个部分：一、彭总丹心照日月；二、情系"三
线"展宏图。本书的重点还是写彭德怀逆境受命气犹壮，奔赴"三

线",为国为民无私奉献。以示纪念彭德怀元帅。

春瑜弟很理解支持国家所采取的战略措施进行"三线"建设，增强了国家国防和经济实力，他也到过四川攀枝花、陕西汉中、湖北襄阳、孝感、宜昌"三线"单位参观，感受很深。如 2010 年 12 月 27 日他在成都为上海柴油机厂包建的彭州锦江油泵油嘴厂联谊会题了词："三生有幸到锦江，风雨同舟铸辉煌，莫道'三线'今已矣，青春无悔在心房。"锦江联谊会成都分会周文龙会长，上海人，将题词装入玻璃框中，挂在锦江缘茶楼墙上，得到众人赞赏。2016 年 4 月 24 日，锦江厂退管站站长陆仲辉。成都飞机设计研究所高级主任设计师王建平，辽宁铁法矿区企业文化中心主任、作家南庆杰，周文龙会长与我交流创作 41 支队工程兵历程书后，以春瑜弟题词为背景，五人合影留念。周文龙会长感慨地说：这是王春瑜教授赠给我们的"三线"人的精神产品啊！

2016 年 4 月 13 日上午，春瑜弟来电话告诉我，人民出版社最近出版了《王春瑜杂文精品集》上下册，60 多万字，大 32 开，人民出版社王世勇先生登门送样书给他，春瑜弟向王先生介绍了《巴山蜀水"三线"情》一书的内容，王先生高兴地对春瑜弟讲："我不知道王春才先生是您的二哥，我和他未见过面，但对他有所了解，最近人民出版社出版了李杰著作《"三线"记忆》，读者喜欢看，我是该书责任编辑，王春才先生是该书总顾问，他还作了序，标题为《看到了"三线"建设的明天》。李杰采访王春才先生的文图，叙述了彭总在'三线'的故事以及王春才先生的'三线'人生。王教授，您把《巴山蜀水"三线"情》文稿给我带回去看看，争取由人民出版社出版。"春瑜弟把这些情况告诉我，答应由他题写书名，具体事宜让我与王世勇主任联系，几天后，王世勇先生告诉我，他向人民出版社领导汇报了，社领导很重视，让我再充实一些文章。

今年年初，我收到湖南省湘潭县彭德怀纪念馆寄来的一册馆志，报道了 2011 年 3 月 21 日，中共中央政治局常委、中共中央副总书记、国家副主席习近平参观彭德怀故居讲话摘要："彭老总是我非常敬重的一个人，他的精神永远是我们中国共产党宝贵财富重要组成部分，我们要以他的精神来激励广大党员领导干部，把伟人家乡建设好，要把这个爱国主义教育基地办好！"2016 年 5 月 20 日，晚上 8 点钟，中央电视台播放新制作的《彭德怀元帅故事》，我看了很受鼓舞。这样，更多的人能够了解彭德怀元帅，学习他为国为民的高尚情怀。

本书大部分文章都是从我以往出版的书中、发表在报刊上优选的可读性文章。

本书增加了新的内容。一是研究关心"三线"建设、弘扬"三线"精神的人多了。尤其在宋平、钱敏、甘子玉等老前辈倡导下，2012 年 9 月 18 日在宜昌召开了中国"三线"建设研究会筹备会议，2014 年 3 月 23 日在北京正式成立中国国史学会"三线"建设研究分会，我被选为副会长，事情就多了，2014 年正逢"三线"建设 50 周年，座谈开会发言，与"三线"人交流学习，为作者出书作序，积累了不少文稿。

2015 年 3 月 2 日，在攀枝花市召开了"中国'三线'建设研讨会"，正逢攀枝花建市 50 周年，这是感恩历史的盛会，牵动各方的盛会。中共中央组织部原部长、中国"三线"研究会顾问张全景，军事科学院副院长、中将，中国"三线"建设研究会会长钱海皓，中共中央文献研究室副主任、毛泽东思想生平研究会会长陈晋、中共中央党史研究室副主任吕世光，中国社会科学院当代中国研究所陈云与当代中国研究中心主任陈东林等出席了会议并发言，晚上又聚会座谈，新闻媒体及时报道。我在会上也发言，"攀枝花：中国'三线'建设的龙头"。此文收入本书。二是国家广电新闻出版总局 2014 年 11 月 17 日批准中央电视台组织中央新闻电影制片厂（集团）拍摄文献电视片《大"三线"》（共 10 集，每集 45 分钟），总制片人、执行总导演刘洪浩；中央新闻记录电影制片厂（集团）2014 年 10 月 16 日聘请我为大型纪录片《大"三线"》总顾问；为纪念中央实施"三线"建设战略决策 50 周年，国家国防科工局决定摄制大型系列纪录片《军工记行——"三线"建设 50 年》，2015 年 3 月，国防科工局特聘我为该片高级顾问。我向摄制组讲"三线"建设与调整的历程，多次接受采访。2015 年 1 月 6 日在贵州六盘水市举行了《大"三线"》片开机仪式，当晚中央电视台进行了报导，深受广大"三线"人欢迎，国家没有忘记他们。2015 年 6 月 1 日，在德阳市东汽厂、7 月在攀枝花市举办了拍摄仪式，两个摄制组在贵州、四川、湖北、陕西、重庆选景点拍摄，到过 50 多个单位，采访了 500 多人，深受教育与感动，媒体新闻报道宣传的文图不少。本书也选择了部分与我相关文章，以飨读者。

感谢李洪烈、宋毅军、倪同正、沈世平、杨克芝、张鸿春、刘胜利、余朝林、陆仲晖、李汉君、彭嘉、莫兴伟、郑志宏、田景彪、韦万豪、朱国奎、刘常琼、王学言、李世安、杜乃彤、李和瓶同志对我创作的指导和帮助。

感谢本书顾问中国社会科学院当代中国研究所陈云与当代中国研究中心主任、中国三线建设研究会副会长陈东林研究员，上海大学历史系副主任、中国三线建设资料部长徐有威教授，四川广安市原政策研究室主任、中国三线建设研究会宣传部长傅琳客座教授对出版本书的关心和指导。

有不妥之处，请读者批评指正。

王春才

2018 年 3 月 5 日于成都

策划编辑：王世勇

图书在版编目（CIP）数据

巴山蜀水"三线"情 / 王春才 著 . — 北京：人民出版社，2018.5
ISBN 978 - 7 - 01 - 019008 - 2

I.①巴…　II.①王…　III.①彭德怀（1898—1974）- 生平事迹　IV.① K825.2

中国版本图书馆 CIP 数据核字（2018）第 040240 号

巴山蜀水"三线"情
BASHAN SHUSHUI SANXIAN QING

王春才　著

人民出版社 出版发行
（100706　北京市东城区隆福寺街 99 号）

北京汇林印务有限公司印刷　新华书店经销

2018 年 5 月第 1 版　2018 年 5 月北京第 1 次印刷
开本：787 毫米 ×1092 毫米 1/16　印张：24
字数：332 千字

ISBN 978 - 7 - 01 - 019008 - 2　定价：72.00 元

邮购地址 100706　北京市东城区隆福寺街 99 号
人民东方图书销售中心　电话（010）65250042　65289539